D1693002

Strauchpfingstrosen

Strauchpfingstrosen   *Strauch – Paeonia*

Im Gegensatz zu unseren bekannten Gartenpfingstrosen bilden sie verholzende Triebe. Ihre Hauptblütezeit liegt 2 bis 3 Wochen vor den Staudenpfingstrosen.

Sie sind sehr winterhart. Bei einigen Sorten erfolgt aber in milden Wintern ein zu früher Austrieb, bei welchem dann bei stärkeren Spätfrösten die Blütenknospen geschädigt werden können.

Die Wildformen der Strauchpfingstrosen kommen ursprünglich aus China und Tibet. Seit langer Zeit in China gezüchtet und verwendet, wurde sie später in Japan zur beliebten Gartenpflanze. Viel später haben sich französische, englische, deutsche und amerikanische Gärtner mit der Züchtung befaßt.

Strauch-Päonien sind in der Regel auf Wurzelstücken von *Paeonia lactiflora* (Staudenpfingstrose) veredelt. Beim Pflanzen muß die Veredlungsstelle ca. <u>15 cm unter der Erdoberfläche liegen,</u> damit das Edelreis in künftigen Jahren eigene Wurzeln bilden kann.

Pfingstrosen bevorzugen leicht lehmige, mäßig trockene Böden. In Norddeutschland sollte also auf guten Wasserabzug größten Wert gelegt werden. <u>Sie sollen möglichst luftig und frei stehen</u>, um besonders bei länger anhaltenden Regenperioden Pilzinfektionen vorzubeugen.

Bitte unbedingt darauf achten, auch im Spätsommer keine hohen Stauden etc. zwischen die Blätter wachsen zu lassen.- Pfingstrosen sind sehr empfindlich gegen Konkurrenz von Nachbarpflanzen, auch im Wurzelbereich.

Die meisten Gartenböden enthalten ausreichend Nährstoffe. Dünger sollte Kali- (K)- und Phosphorbetont (P) sein, also wenig Stickstoff (N) enthalten. Durch hohen N-Gehalt steigt die Anfälligkeit gegen Pilzinfektionen.

Für eine Topfpflanzung ist die Pfingstrose nur bedingt geeignet. Große Kübel mit gutem Wasserabzug eignen sich besser als irgendwelche kleinen Blumentöpfe. Im Winter dürfen die Wurzeln nicht ganz einfrieren und im Sommer der Topf sich nicht zu stark erwärmen (ca. 15°C).

Irmtraud Rieck und Friedrich Hertle

Strauchpfingstrosen

150 Farbfotos
12 Schaubilder und Zeichnungen
1 Scherenschnitt

Verlag Eugen Ulmer

Strauchpäonien in der Akademie für Forstwirtschaft in Beijing

Die Deutsche Bibliothek – CIP-Einheitsaufnahme
Ein Titelsatz für diese Publikation ist bei Der Deutschen Bibliothek erhältlich

Das Werk einschließlich aller seiner Teile ist urheberrechtlich geschützt. Jede Verwertung außerhalb der engen Grenzen des Urheberrechtsgesetzes ist ohne Zustimmung des Verlages unzulässig und strafbar. Das gilt insbesondere für Vervielfältigungen, Übersetzungen, Mirkroverfilmungen und die Einspeicherung und Verarbeitung in elektronischen Systemen.

© 2002 Eugen Ulmer GmbH & Co.
Wollgrasweg 41, 70599 Stuttgart (Hohenheim)
www.ulmer.de
Info@ulmer.de
Lektorat: Christine Weidenweber und Hermine Tasche
Herstellung: Caroline Bechtold und Otmar Schwerdt
Printed in Germany
Satz: Dörr+Schiller, Stuttgart
Druck: Karl Grammlich, Pliezhausen
Buchbindung: Koch, Tübingen

ISBN 3-8001-3657-0

Vorwort

*E*rst in den letzten zwei Jahrzehnten haben Strauchpfingstrosen in weiten Teilen unseres Kontinents den ihrer unübertroffenen Blütenpracht angemessenen Platz in unseren Gärten gefunden. Die Gründe dafür sind vielfältig. Im Vordergrund steht die politische Abschottung im Mutterland China, die den Zugang zu den dort heimischen Arten und jahrhundertealten Kulturformen lange Zeit verhinderte; aber auch die atemberaubenden amerikanischen Züchtungen mit der gelben Form der *P. delavayi*, die der Strauchpfingstrosenblüte eine ungeahnte Farbenvielfalt verleihen, wurden verhältnismäßig spät in Europa bekannt.

Ähnlich verhält es sich mit der einschlägigen Literatur im deutschsprachigen Raum. Hier erschien bei DuMont 1990 der Bildband von Josh Westrich mit ausgezeichnetem Text des hervorragenden Strauchpäonienkenners Sir Peter Smithers und kurz darauf das wertvolle Päonienbuch des bekannten französischen Züchters MICHEL RIVIÈRE, im Verlag Eugen Ulmer 1996 auch in deutscher Sprache veröffentlicht.

Dies sind zweifelsohne unverzichtbare Publikationen über unser Thema. Doch sind dabei, wie wir meinen, die Wiege der Strauchpäonienkultur, also China, und das vorläufige Ende der intensiven Züchtung, nämlich der so wertvolle Beitrag aus Amerika, nicht ihrer Bedeutung gemäß behandelt worden. Diesen, die Päonienwelt umspannenden Bogen möglichst erschöpfend und mit Text bezogenem Bildmaterial anschaulich darzustellen, ist das besondere Anliegen dieses Buches. Wir hoffen und wünschen, dass es uns gelungen ist, dies zu verwirklichen. Geboren wurde dieser Gedanke im Anschluss an das »Gartenpraxis«- Päonienseminar 1998 in Grünberg.

Bei aller Einsicht, dass nichts vollkommen sein kann, lag uns aber auch eine dem neuesten Stand entsprechende Darstellung der Arten am Herzen. Ebenso sollten die Kulturprobleme bei Strauchpfingstrosen gebührend zu Wort kommen. Bei der Besprechung der ungezählten Hybriden und Kulturformen haben wir uns bewusst darauf beschränkt, nur die im mitteleuropäischen Raum bewährten und im Handel befindlichen Namenssorten vorzustellen. Dies gilt mit Einschränkungen auch für die chinesischen Hybriden, die in nennenswertem Umfang erst seit Mitte der neunziger Jahre erhältlich sind. Verzichten mussten wir dagegen auf die Darstellung der so genannten intersektionellen Päonienhybriden (Kreuzungen zwischen Staude und Strauch), weil diese Staudencharakter haben und deshalb botanisch nicht zu den Strauchpäonien gehören.

Manch wertvoller Beitrag wäre uns allerdings versagt geblieben, wenn uns nicht gute Päonienfreunde ihr großes Fachwissen und hervorragendes Bildmaterial zur Verfügung gestellt hätten. Prof. Hong Tao, der bedeutende chinesische Erforscher einiger Wildarten der

'Feng Dan Fen' (rosa Phönix) im Schlosspark von Bad Rappenau

'Xin Xing' (neuer Stern), unregistrierter Sämling der Peace Peony Nursery in Gansu

Strauchpäonien, erstellte für uns einen botanischen Schlüssel und ermöglichte uns den Zugang zu den Sammlungen des Institutes für Botanik in Beijing. Dr. Cheng Fangyun war uns bei Anfragen über chinesische und japanische Strauchpäonien behilflich. Frau Wang Shuo war eine nie versiegende Quelle an Informationen über die Päonienhybriden Chinas. Ji Jian und Wu Zhongde übersetzten für uns chinesische Texte und vermittelten Verständnis für die chinesische Poesie. Eric Schmitt, Frankreich, tauschte regelmäßig wichtige botanische Informationen. Herrn Karlheinz Rücker danken wir für die Anregung und Unterstützung, dieses Buch zu schreiben. Dank schulden wir auch Frau Brigitte Burkert aus Nürnberg für ihren vorbildlichen Einsatz bei der Vorbereitung der Texte.

Ein Buch über Pflanzen lebt von den Bildern. Sir Peter Smithers verdanken wir hervorragende Farbbilder japanischer Zuchtformen und seiner eigenen Züchtungen. Die Bilder Josh Westrichs von der Chinareise 1994, die er zusammen mit Prof. Hong Tao und Dr. Gian Lupo Osti unternehmen konnte, stellen ein kulturhistorisches Dokument dar. Frau Bruni Esleben unterstützte uns mit wertvollen Zeichnungen. Unser Buch wäre unvollständig ohne die vielen Bilder von Gottlob Rieck.

Aber auch unserem Verleger schulden wir Dank und Anerkennung für den Mut zu diesem Buch, das aus Liebe und Begeisterung zu den Strauchpfingstrosen geschrieben wurde und den Strauchpäonienliebhaber ansprechen soll. Möge unsere Arbeit dazu beitragen, dass diese wunderbare Blütenpflanze noch viele neue Freunde gewinnen kann.

Friedrich Hertle/ Irmtraud Rieck
September 2001

Strauchpäonie im Botanischen Garten Nanjing

Inhaltsverzeichnis

'Gauguin', Lutea-Hybride, von Nassos Daphnis gezüchtet

Inhaltsverzeichnis

Die Strauchpäonie (F. Hertle) 9

Die Bedeutung der Strauchpäonie in China (I. Rieck) 10
Zur Kulturgeschichte der Strauchpäonie in China (I. Rieck) 12

Die Erforschung der wilden Strauchpfingstrosen (I. Rieck) 21

Bedeutende Forscher und Sammler (I. Rieck) 21
Einteilung der Wildarten (I. Rieck) 25

Die Päonien der Untersektion Vaginatae
(I. Rieck) 31
Die Päonien der Untersektion Delavayanae
(I. Rieck) 41

Die Züchtung und ihre Ergebnisse in China (I. Rieck) 49

Züchtung und Registrierung (I. Rieck) 51
Unterscheidungskriterien (I. Rieck) 51
Anbaugebiete und Päoniensorten
(I. Rieck) 54

Die Züchtung und ihre Ergebnisse in Japan (F. Hertle) 75

Das chinesische Erbe und der eigene Weg
(F. Hertle) 75
Bedeutung und Wert der japanischen
Züchtungen (F. Hertle) 76
Das Standardsortiment (F. Hertle) 76

Die Züchtung und ihre Ergebnisse in Europa (F. Hertle) 85

Importe aus China und Japan (F. Hertle) 85
Die französischen Züchterfamilien
(F. Hertle) 87
Rockii-Hybriden aus Vico Morcote
(F. Hertle) 88

Die Züchtung und ihre Ergebnisse in den USA (F. Hertle) 93

Prof. A. P. Saunders (F. Hertle) 93
Nassos Daphnis (geb. 1914) (F. Hertle) 100
Dr. David Reath (1927–1995) (F. Hertle) 104

Pflanzung und Pflege (F. Hertle) 111

Standort (F. Hertle) 111
Pflanzung (F. Hertle) 112
Düngung (F. Hertle) 117
Schnitt (F. Hertle) 117
Formschnitt (F. Hertle) 119

Erhaltungspflege (F. Hertle) 121

Frostschutz (F. Hertle) 121
Wasserversorgung (F. Hertle) 121
Hacken und Mulchen (F. Hertle) 122
Pflanzenschutz (F. Hertle) 122

Strauchpäonien im Garten (F. Hertle) 123

Angebot und Auswahl (F. Hertle) 123
Verwendung im Garten (F. Hertle) 125
Begleitpflanzen (F. Hertle) 127
Das Erlebnis der Blüte (F. Hertle) 131

Strauchpäonien vermehren (F. Hertle) 133

Vermehrung durch Teilung (F. Hertle) 133
Vermehrung durch Veredelung (F. Hertle) 134
Vermehrung durch Samen (I. Rieck) 136

Anhang 151

Vollständige Liste der Saunders-Hybriden
(F. Hertle) 151
Registrierte Daphnis-Hybriden (F. Hertle) 153
Bezugsquellen (I. Rieck) 155
Literatur (I. Rieck) 156
Glossar (I. Rieck) 162
Bildquellen 162
Liste der genannten Sorten 163
Register (I. Rieck) 165

Die Strauchpäonie

Die Strauchpfingstrose ist die weniger bekannte Schwester der in unseren Gärten weitverbreiteten Staudenpäonie, deren oberirdische Triebe im Winter absterben und deshalb zurückgeschnitten werden müssen. Im Gegensatz dazu entwickelt sich die Strauchpäonie zu einem robusten Halbstrauch. Schon im Spätsommer bildet er seine Blatt- und Blütenknospen am winterharten Holz aus, so dass diese in milden Wintermonaten besonders früh austreiben. Das macht sie – je nach Standort und fortschreitender Erwärmung im Frühjahr – anfällig gegenüber Spätfrösten im März und April.

Strauchpäonien sind in den Gebirgen Chinas und Tibets beheimatet. Extreme Temperaturunterschiede schaden den meisten Pflanzen daher nur wenig. Unter günstigen Wachstumsbedingungen werden Päoniensträucher bis zu 2 m hoch, einige Arten und Zuchtformen sogar noch höher.

Die Blütezeit der Strauchpfingstrosen dauert, standort- und sortenbedingt, ungefähr sechs Wochen. In den Südalpen und im milden Klima des süddeutschen Rheingrabens beginnt sie oft schon Anfang April, während sich ihr Beginn in mitteleuropäischen Gegenden mit kontinentalem Klima (Franken, Mittelgebirge) manchmal bis in die zweite Maihälfte hinauszögert. Die Blüten erfreuen uns dann aber auch bis weit in den Juni hinein.

Wie bei den staudigen Pfingstrosen finden wir auch bei den Strauchpäonien die unterschiedlichsten Blütenformen: einfache und schalenförmige, aber auch halb- und vollge-

Die Strauchpäonie

Päonien werden in China zutiefst verehrt und bewundert

Die Strauchpäonie

Kunstvolle Scherenschnitte mit Päonienmotiven haben in China eine lange Tradition

fen. Sie zählt zu den ältesten ornamentalen Kulturpflanzen der Menschheit und hat seit mehr als 1 500 Jahren als prachtvoller Zierstrauch einen festen Platz in Gärten und öffentlichen Anlagen gefunden.

Die Bedeutung der Strauchpäonie in China

China und Tibet sind die Heimat der Strauchpäonien, der »Mu Dan«. Der Begriff ist ein Eigenname und lässt sich nur schwer übersetzen. Das aus zwei Silben bestehende Wort bedeutet wörtlich übersetzt: »Mu = männlich« und »dan = Rot«. Unter diesem Begriff versteht man in China die strauchigen Päonien, deren Äste und Zweige verholzen. In China wird die »Mu Dan« seit der Han-Dynastie vor zwei Jahrtausenden, einige Quellen sagen noch früher, gärtnerisch kultiviert und seit dieser Zeit intensiv züchterisch bearbeitet.

Noch heute gilt die »Mu Dan« als die verehrungswürdigste unter allen Blumen. Der Dichter Ao Yangxiu der Song-Dynastie (960 – 1276 n. Chr.) rühmte sie in einem Gedicht: »Unter dem Himmel ist nur die Mu Dan die echte Blume«. Die Strauchpäonie ist ein Symbol für alles Positive im Leben, wie Glück, Frieden, Ehre, Ansehen und Vornehmheit, Weiblichkeit, Reichtum und Wohlstand (»Fu gui hua«). Insbesondere rote Päonien sind das Symbol für Glück. Weiße Strauchpäonien dagegen versinnbildlichen ein schönes, junges und kluges Mädchen. Zusammen mit der Orchidee symbolisiert die Päonie den Frühling, während Lotus, Pflaume und Chrysantheme die anderen Jahreszeiten darstellen.

Über Jahrhunderte war die Strauchpäonie die Nationalblume Chinas. Sie wurde zeitweise sogar als die einzig erwähnenswerte Blume angesehen, als die Königin der Blumen (»Hua wang«). Man gab ihr Beinamen wie »Beste unter dem Himmel«, »himmlische Schönheit« oder »nationale Schönheit und himmlischer Duft«.

Welch symbolhafte Bedeutung die Strauchpäonie nicht nur für das kulturelle Leben, sondern auch für das alltägliche Leben im heutigen China hat, ist für einen Europäer kaum vorstellbar. So fährt man besonders sicher in dem

füllte Blüten. Dazu kommt eine breit gefächerte Palette an Farbtönen: von klarem Weiß über Rosa, Rot und fast Schwarz, oft durch dunkle Schlundflecken noch stärker betont; ineinander übergehende Töne mit durchscheinenden Effekten anderer Farben, manchmal mit interessanten Schattierungen. Besonders beeindruckend sind gelbe Farben aller Abstufungen. Die Strauchpfingstrosenzüchtung ist in diesem Bereich der Staudenzüchtung weit überlegen. In ihrer Gestalt sind die Blüten oft von zauberhafter Wirkung, wenn sie über dem kräftiggrünen Laub zu schweben scheinen und die Blütenblätter wie aus Seide gesponnen dicht und doch leicht übereinander liegen. Andere tragen riesige Blüten, ohne aufdringlich zu sein. Mit diesem Farbenspiel wird die Strauchpfingstrose von keiner anderen Blütenpflanze übertrof-

Busmodell »Mudan« der Marke »Peony«, die erste Kreditkarte Chinas mit dem Namen »Peony« verspricht ihrem Besitzer Reichtum und finanzielles Glück, die 1-Yuan-Münzen werden von einer Päonie geziert und mehrere Zigarettenarten mit dem Namen »Peony« vermitteln dem Raucher besonderen Genuss. Die Beispiele ließen sich beliebig fortsetzen. Selbst Gegenstände des täglichen Bedarfs wie Thermoskannen oder Waschschüsseln werden häufig mit einer Päonie verziert, damit sie dem Besitzer beim Benutzen Glück bringen.

Es ist für uns schwer vorstellbar, dass in den Päonienzentren von Heze und Luoyang jährlich Päonienfestivals organisiert werden, bei deren Eröffnungsveranstaltungen riesige Menschenmassen ein ganzes Fußballstadion füllen. Der Besuch einer solchen Veranstaltung zu Ehren der Päonie vermittelt vielleicht vermeintliches Glück und Wohlstand im Alltag.

Die Bedeutung der Strauchpäonie in der Medizin

Lange bevor die Päonie zum Symbolträger für vieles Positive im Leben wurde, war die medizinische Wirkung der Pfingstrosen den Menschen in China, aber auch in Europa bekannt. Schon in der Ilias beschreibt Homer (um 750 – 650 v. Chr.), wie Paeon die blutende Wunde des Ares nach der Schlacht um Troja stillt. Vermutlich hat die ganze Gattung Paeonia von dem Wunderarzt Paeon ihren Namen erhalten. Auch das altgriechische Wort »paieónios« bedeutet »heilsam«.

Die älteste Erwähnung der Päonie als Heilmittel findet man wahrscheinlich in dem Buch des legendären Kaisers Shen Nong, der vor et-

Ein Bauer aus der Provinz Anhui zeigt Dan Pi, getrocknete Päonienwurzeln

11

Die Strauchpäonie

Bäurin aus der Provinz Anhui bei der Arbeit in ihrem 'Feng Dan Bai'-Feld

Aus gefärbten Strohschnipseln hergestelltes Päonienmosaik aus der Provinz Guandong

wa 4 700 Jahren gelebt haben soll. In seinem »Shen Nong Ben Cao Jing«, das leider im Original nicht mehr erhalten ist, wird im Band II die strauchige und die weiße Pfingstrose (*P. lactiflora*) als Arzneimittel genannt. Den chinesischen Heilkundigen war dieses Buch seither genauestens bekannt und wurde in späteren medizinischen Werken immer wieder zitiert, so auch in dem von dem Ming-Kaiser Xiao Zong 1503 n. Chr. in Auftrag gegebene medizinische Werk »Yu zhi ben cao pin hui jing yao«.

Die älteste erhaltene chinesische Erwähnung der Päonie fand man bei archäologischen Forschungen als medizinische Schriften in einem Grab in Wuwei, Gansu, das 1972 gefunden wurde. Die auf Bambusstreifen geschriebenen Texte sollen etwa 2 000 Jahre alt sein.

Alle Päonien wirken Blut stillend und den Blutkreislauf anregend. Der höchste Gehalt der Droge befindet sich in den Wurzeln. Die Medizin, die aus der Rinde der Strauchpäonienwurzeln gewonnen wird, wird in China »Mu-dan Pi« oder in der Kurzform »Dan Pi« genannt. Dieses Heilmittel soll das Fieber senken, bei Frauenkrankheiten wie Dysmenorrhoe und Amenorrhoe wirken, Blutungen wie Nasenbluten stillen, äußere Wunden, Entzündungen und Prellungen lindern. Gegen Krämpfe, Epilepsie und Schüttelfrost soll die Droge außerdem helfen und die »fünf Eingeweide« (Herz, Leber, Milz, Lungen und Nieren) beruhigen. Dies ist nur ein Teil der Angaben aus chinesischen Arzneibüchern. Es scheint kaum eine Krankheit zu geben, die man mit »Dan Pi« nicht heilen kann. In den Rezepten der traditionellen chinesischen Medizin ist »Dan Pi« außerdem sehr häufig ein Bestandteil von Kräuterteemischungen.

Zur Gewinnung der Droge wird *P. ostii* cv. 'Feng Dan Bai' oder 'Weißer Phönix' in großem Maße landwirtschaftlich angebaut. In der Provinz Anhui in Süd-China ist dies ein wichtiger Wirtschaftsfaktor. Es werden aber auch andere Strauchpäonien zur Gewinnung von »Dan Pi« verwendet, und leider auch immer noch zu diesem Zweck der Natur entnommen.

Neuere chemische Untersuchungen nennen mehrere Wirkstoffe in »Dan Pi«, neben Paeonol auch Glycopeptid, das eine ähnliche Struktur wie Heparin aufweist. In einer anderen Untersuchung wurden in der getrockneten Rinde von Strauchpäonienwurzeln elf Wirkstoffe isoliert: Mudanpinoinsäure, Mudanosid, Benzoesäure, Resacetophenon, Paeoniaflorigenon, Betasitosterol, Betulinsäure, Oleinsäure, Quercetin, Betasitosterol-Beta-D-Glukosid und Transkaffeesäure-Stearylester.

Zur Kulturgeschichte der Strauchpäonie in China

Auf dem Lössplateau, das vom Gelben Fluss, dem Huang He, entwässert wird, wurden die meisten Strauchpäonienarten der Untersektion Vaginatae (siehe Seite 25) entdeckt. Die Menschen in den dort angesiedelten Provinzen haben sich aus diesem Grund in besonderem Maße mit der Kultur und der Züchtung der Strauchpäonien befasst.

Genaue Angaben darüber, wie alt die Kultur der Strauchpäonie in China ist, gibt es nicht. Es gibt aber Aufzeichnungen, die belegen, dass schon in der frühen Chou-Dynastie (1025 – 770 v. Chr.) die damaligen Herrscher Landschaftsparks anlegen ließen, die zugleich als botanische und zoologische Gärten dienten. Der berühmte Jagdpark des Kaisers Wudi (141 – 87 v. Chr.) der Han-Dynastie in Chang'an (heute Xi'an) soll ein Miniaturabbild des Reiches gewesen sein, in dem jedes Tier und jede Pflanze vertreten war.

Klassische Päonienabbildungen in einer chinesischen Briefmarkenserie von 1964

Spätestens seit etwa 1500 Jahren wird die Päonie nicht nur wegen ihrer medizischen Bedeutung, sondern mehr und mehr ihres ornamentalen Wertes wegen erwähnt. Die älteste chinesische Abbildung einer Päonie scheint von Gu Kaizhi (346 – 407 n. Chr.) »Die Göttin des Luo-Flusses« der östlichen Jin-Dynastie zu stammen.

Seit der Sui-Dynastie sind bereits Varietäten der »Mu-Dan« bekannt. Der zweite Sui-Kaiser Yang-di (604 – 618 n. Chr.), uns als Erbauer des Kaiserkanals bekannt, ließ im Westen von Luoyang einen kreisrunden Landschaftspark von riesigen Ausmaßen anlegen, wofür er von der Grafschaft Yizhou (heute Provinz Hebei) 20 Kisten Päonien als Tribut bekam, deren verschiedene Kulturnamen erhalten geblieben sind. Wird Luoyang unweit des Gelben Flusses während des Sui-Kaisers Yang-di zum ersten Mal im Zusammenhang mit Päonien genannt, so begegnet uns in den folgenden Jahrhunderten der Name der Stadt als Päonienzentrum immer wieder.

Während der Tang-Dynastie (618 – 907 n. Chr.) erlebte China eine Zeit der wirtschaftlichen Hochblüte. China war geeint und reichte von Nord-Korea bis Samarkand. Handel und Gewerbe blühten, auf der Seidenstraße bewegten sich Menschen aller Rassen und Religionen. Es herrschte ein Klima außergewöhnlicher Weltoffenheit und Toleranz und in der Hauptstadt Chang'an (heute Xi'an) konnten sowohl Christen, Juden und Muslime ihre jeweilige Religion neben den Buddhisten ungehindert ausüben. Am kaiserlichen Hof gab man sich dem Luxus hin und beschäftigte sich mit Kunst, Literatur und Kultur. In der damaligen Hauptstadt Chang'an wurden Päonien hoch geschätzt und als kostbare Pflanzen in den kaiserlichen Gärten angepflanzt. Adlige und Reiche eiferten dem Hof nach. Auch Tempel und Klöster pflanzten Päonien. Die Dichter der Tang-Zeit besangen die Päonien, Künstler malten sie und Kalligraphen verewigten sie in ihren Rollbildern. Das Gemälde »Die 18 Gelehrten« unter Kaiser Dai-zhong (Taizong) (626 –

13

Die Strauchpäonie

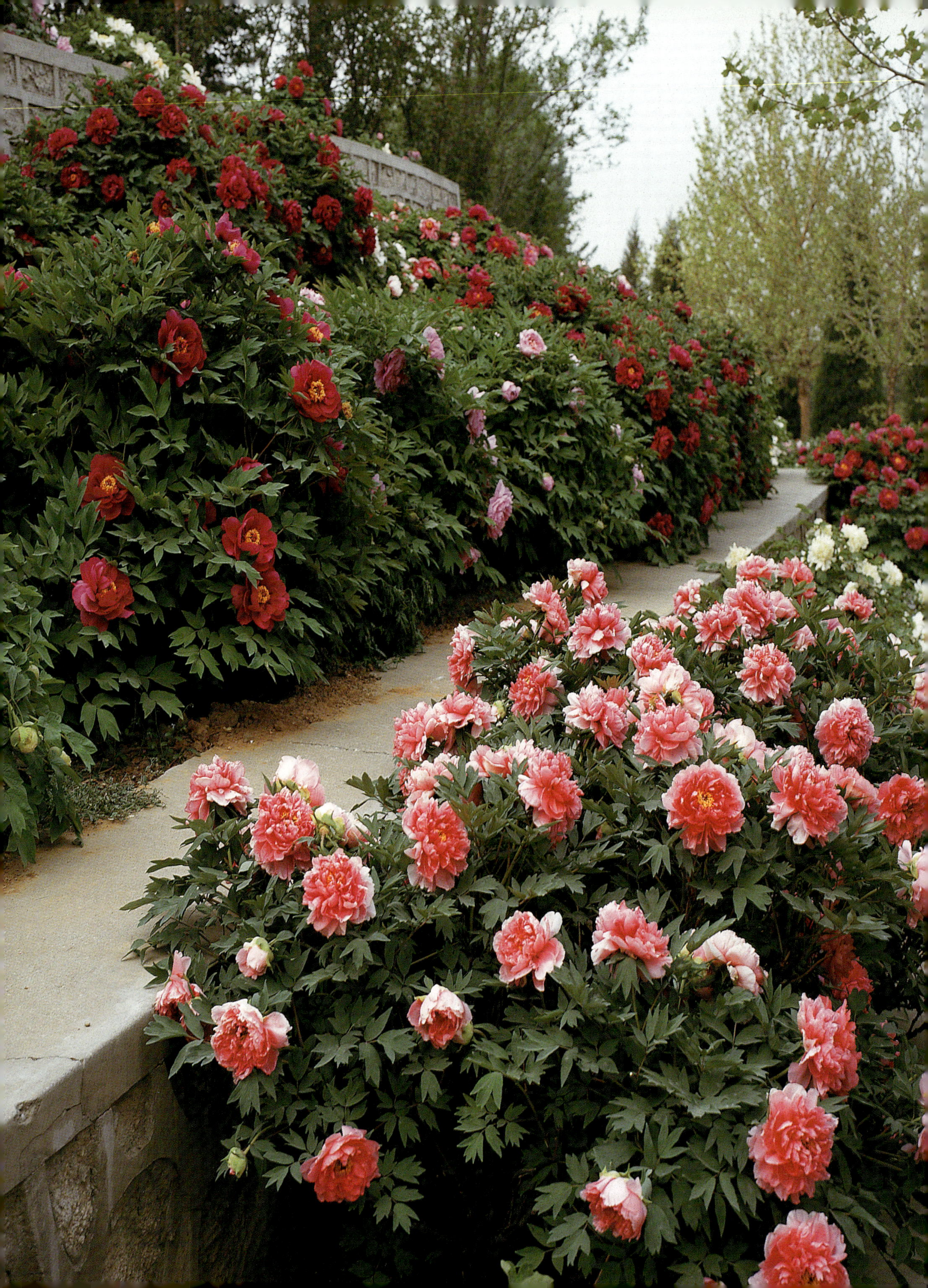

Ming-Dynastie: Lackdose mit Päonienmotiven aus dem Besitz des Lindenmuseums Stuttgart (um 1426–1435 n. Chr.)

649 n. Chr.) zeigt mehrere weiße und rote, gefüllt blühende Strauchpäonien.

Da während der Sui-Zeit (581–619 n.Chr.) Luoyang eine der drei Hauptstädte des Reiches war, unterhielt auch die nachfolgende Tang-Dynastie Luoyang als zweite, östliche Hauptstadt. Weshalb Luoyang während der Tang-Zeit zum Zentrum der Päonienkultur wurde, erzählt eine hübsche chinesische Legende:

Die despotische Kaiserin Wu Tse-tien (683–705 n. Chr.) befahl an einem Wintertag in Chang'an, sie wolle am nächsten Tag blühende Päonien in ihrem Garten sehen. Natürlich war dies nicht möglich und so verbannte sie die Päonien nach Luoyang.

Während der Song-Zeit (960–1127 n. Chr.) verlor Luoyang zwar den Status, Hauptstadt des Reiches zu sein, erlebte aber in dieser Zeit den Höhepunkt der Päonienkultur. In Luoyang begann ein regelrechter Wettbewerb um die schönsten Pflanzen und besondere Varietäten. Quer durch alle Bevölkerungsschichten legte man zur Päonienblüte die Arbeit nieder, sah sich bei jedem Wetter die Päonien an und feierte Feste zu Ehren der »Mu-Dan«.

Natürlich trieb die Nachfrage auch den Preis der Pflanzen in die Höhe. Besonders gefragte Sorten erzielten unvorstellbare und nie wieder erreichte Spitzenpreise. In dieser Zeit muss in Luoyang eine »Mu-Dan-Manie« vergleichbar mit der »Tulpomanie« der Holländer im 17. Jahrhundert geherrscht haben.

Interessanterweise wurden die Päonien damals in terrassenförmig angelegten Gärten kultiviert. Diese Pflanzweise wurde in den folgenden Jahrhunderten beibehalten. Selbst im Sommerpalast in Beijing wurde der Päoniengarten in Terrassen angelegt. Chinesische Gärten versuchten immer, Landschaftselemente nachzuahmen. Man pflanzte die Päonien also so an, wie man die Arten in der Natur vorfand, nämlich an gut dränierten Berghängen wachsend.

Durch die Verehrung der Päonien in den Kaiserstädten verbreiteten sich die Pflanzen im ganzen Land. Im 10. Jahrhundert n. Chr. soll

15

Die Strauchpäonie

Links: Die Päonienanpflanzung in der Akademie für Forstwirtschaft in Beijing simuliert die ursprünglichen Heimatstandorte der Strauchpäonien an Berghängen

Kalligraphie „Ode an eine Päonie" des Kaisers Huizong (1101–1126 n. Chr.)

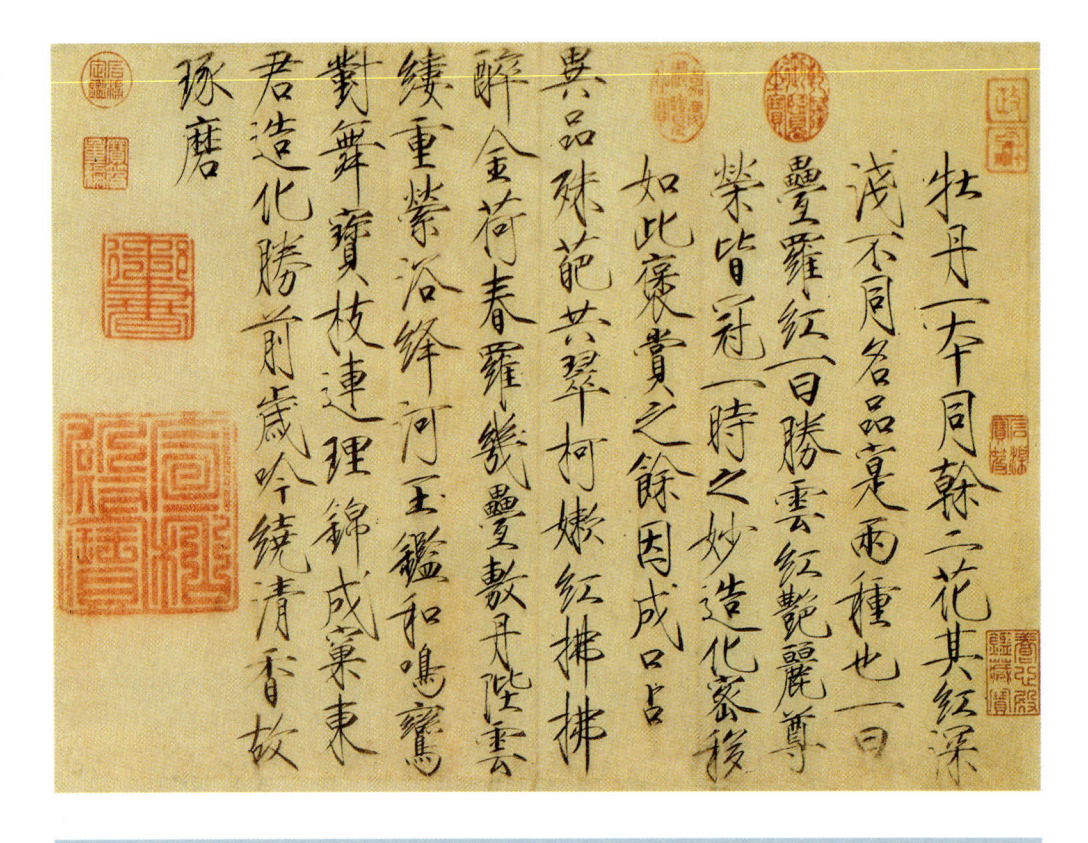

16

Die Strauchpäonie

Huizong schrieb ein Gedicht mit acht Zeilen und einem Versfuß mit sieben Wörtern. Zuerst erklärt er den Anlass für das Gedicht:

»Eine Päonie hat mit zwei verschiedenen Blüten an derselben Pflanze geblüht. Diese zwei Blumen sind beide rot, doch die eine ist tiefrot und die andere hellrot. Sie sind beide zwei verschiedene Formen berühmter und wertvoller Arten und sitzen auf den Wurzeln einer einzigen Pflanze. Diese beiden Blumen sind prachtvoll, zierlich und ehrenvoll und übertreffen jede andere Blume zur Blütezeit. Die eine heißt »Die Luo Hong« (sich auftürmendes Rot) und die andere »Sheng Yun Hong« (röter als die Abenddämmerung). Ihr Ursprung muss eines der geheimnisvollsten Wunder der Natur sein. Während ich sie bewundere, kommt mir ein Gedicht in den Sinn:

Zwei verschiedene Arten von Blumen blühen auf demselben smaragdgrünen Stamm,

zarte rote Blüten wiegen sich im Wind und machen die goldenen Lotusblüten betrunken, fallende Blütenblätter bedecken die Palasttreppe wie frühlingshafter Brokat,

die geschmeidige Gestalt erinnert an eine sich in der Milchstraße auftürmende tanzende Wolke,

an den Wechselgesang eines tanzenden Phönixpärchens im Jadekäfig,

an ein liebliches Nest aus Seide inmitten verschlungener Zweige zweier Bäume.

Die lauen Frühlingswinde dieses Jahres haben sie schöner als je zuvor erblühen lassen,

die Blumen genießend, ihren erfrischenden Duft riechend, so entstand dieses Gedicht.«

(Anmerkung der Autorin: die zweierlei Blüten auf einem Strauch sind wahrscheinlich nicht durch ein Wunder, sondern durch Veredelung entstanden. Auch heute noch werden Strauchpäonien in China durch Anplatten im Frühling veredelt und dadurch in ihrem materiellen Wert erheblich gesteigert.)

der Onkel des Shu-Herrschers Wang Yan eine sehr alte Päonie von Tianshui in Gansu nach Chengdu in Sichuan gebracht haben, eine unvorstellbar lange Strecke von 1 500 km durch unwegsames Hochgebirge, um sie in seiner neuen Residenz anzupflanzen. Bei solchen Transporten kam es durch die Einkreuzung von Wildarten natürlich zu einer starken Veränderung des genetischen Potentials der ursprünglich in Luoyang gezüchteten Päonien.

Zu dieser Zeit war das Wissen über die Züchtung, die Kultur und die Floristik der Päonien sehr hoch entwickelt. Eine Reihe von Büchern über dieses Thema erschienen kurz nach der Jahrtausendwende. Der hohe Beamte, Dichter und vielseitige Gelehrte Ouyang Xiu verfasste 1034 n. Chr. das erste nur der Päonie gewidmete Werk »Luoyang Mudan Ji«. Ouyang Xiu beschreibt 24 Kulturformen der Päonien von Luoyang. Er nennt bereits 'Yao Huang' (Yao's Gelbe) und 'Wei Zi' (Purpurne der Familie Wei), die es heute noch gibt. Zehn Jahre später veröffentlichte er ein weiteres Buch über Päonien. Zhou Shihou vervollständigte 1082 n. Chr. die Liste der von Ouyang Xiu genannten Kulturformen Luoyangs.

Der letzte Song-Kaiser Huizong (1101 – 1126 n. Chr.) war ein begnadeter Künstler und Kalligraph und überließ das Regieren seinem Eunuchen. Von ihm ist uns eine Kalligraphie mit dem Titel »Ode an eine Päonie« erhalten geblieben. Als Luoyang von den Dschurdschen-Mongolen 1126 n. Chr. zerstört wurde, brach auch die Kultur der Päonien in dieser Stadt zusammen. Luoyang verlor seine hervorragende politische und kulturelle Bedeutung und wurde zur Provinzstadt degradiert.

Glücklicherweise hatten sich inzwischen andere Zentren herausgebildet, welche die Tradition der Kultur und Züchtung der »Mu-Dan« erhalten konnten. Während der Ming-Zeit (1368 – 1644 n. Chr.) waren dies die Städte Bozhou (Provinz Anhui) und Caozhou (heute Heze in der Provinz Shandong). Gegen Ende der Ming-Zeit, Mitte des 17. Jahrhunderts, setzte sich endgültig die Stadt Caozhou als neues Zentrum der Päonienzüchtung durch. In der Provinz Gansu bildete sich die Stadt Linxia als ein weiteres Päonienanbaugebiet während der Qing-Zeit heraus.

Bemerkenswert ist der in der Ming-Zeit 1598 n. Chr. erschienene Roman »Die Päonien-

Porzellan mit Päonienmotiven aus der 1822 gesunkenen chinesischen Dschunke »Tek Sing«

17

Die Strauchpäonie

18

Die Strauchpäonie

Chinesisches Seidenrollbild aus der Qing-Zeit (1644–1911 n. Chr.), alle Entwicklungsstadien von der Knospe über den Austrieb bis zur Blüte darstellend

laube« von Tang Xianzu. Er handelt von einer Liebesgeschichte, die entfernt an unser Märchen vom Schneewittchen erinnert. Auch hier erweckt die Liebe eine Tote zum Leben.

Während der Qing-Zeit (1644 – 1911 nach Chr.) befanden sich bedeutende Päoniensammlungen in den kaiserlichen Gärten und den Gärten der Adligen in der Hauptstadt Beijing. Die Regentin Ci Xi (1835 – 1908 n. Chr.) ernannte die Päonie zur Nationalblume Chinas. Die Gärtner waren jetzt imstande, dem kaiserlichen Hof das ganze Jahr über blühende Päonien zur Dekoration zu liefern.

Nach dem Zusammenbruch der Qing-Dynastie 1911 wurde China jahrzehntelang von Unruhen heimgesucht. China zerfiel in zahlreiche Provinzen, die von verfeindeten Militärmachthabern, so genannten »Warlords«, beherrscht wurden. Leider sind während der Bürgerkriege auch bedeutende Päoniensammlungen verloren gegangen. Gegen Ende des Bürgerkriegs gab es in Luoyang nur noch 1 000 Päonien, an Varietäten waren nur noch 30 übrig geblieben. Im Gründungsjahr der chinesischen Volksrepublik (1949) waren von der großen Sammlung im Sommerpalast in Beijing nur noch sieben Strauchpäonien vorhanden. Erst nach der Gründung der Volksrepublik konnte sich langsam wieder eine Päonienkultur etablieren. Von 1965 bis 1969 herrschte in China die Kulturrevolution. Besonders die Stadt Luoyang verlor erneut viele wertvolle Päonien durch das Wüten der Roten Garden. Die Päonien galten als Symbol des Kapitalismus und wurden vorwiegend in den Städten vernichtet, während sie versteckt im Hinterland in privaten Gärten erhalten bleiben konnten. Auch einige Tempelhöfe scheinen Refugien für Strauchpäonien gewesen zu sein. So berichtet das Ehepaar Furman auf ihrer Website, dass sie in der Hauptstadt Taiyuan in der Provinz Shanxi in einem Klosterinnenhof 350 Jahre alte Strauchpäonien gesehen haben. In Wang Lianying's »Chinese Tree Peony« wird von einigen noch älteren Päonienexemplaren berichtet.

Die jahrhundertealte Verehrung der Päonie wurde auch durch die Kriegswirren des 20. Jahrhunderts und besonders der Kulturrevolution kaum oder nur kurz unterbrochen. Nach der politischen Stabilisierung des Landes wurde zielstrebig mit dem Wiederaufbau der verlorenen Sammlungen begonnen.

Die Kulturgeschichte der Strauchpäonie in China war immer eng verknüpft mit den politischen und wirtschaftlichen Gegebenheiten des Landes. In Zeiten des Friedens und des Wohlstands wurden Päonien gezüchtet und die Forschung vorangetrieben. In Kriegszeiten, während Naturkatastrophen und beim Wechsel der Dynastien gab es Rückschläge oder die Zentren der Päonienzüchtung wurden verlagert. Bei Hungersnöten mussten Päonien dem Anbau von Nahrungsmitteln weichen.

Es ist außerordentlich bemerkenswert, dass es trotzdem möglich war, an der Kultur und Züchtung der Päonien über mehr als 1 500 Jahre nicht nur festzuhalten, sondern sie auch stetig weiter zu führen und weiter zu entwickeln.

Die Strauchpäonie

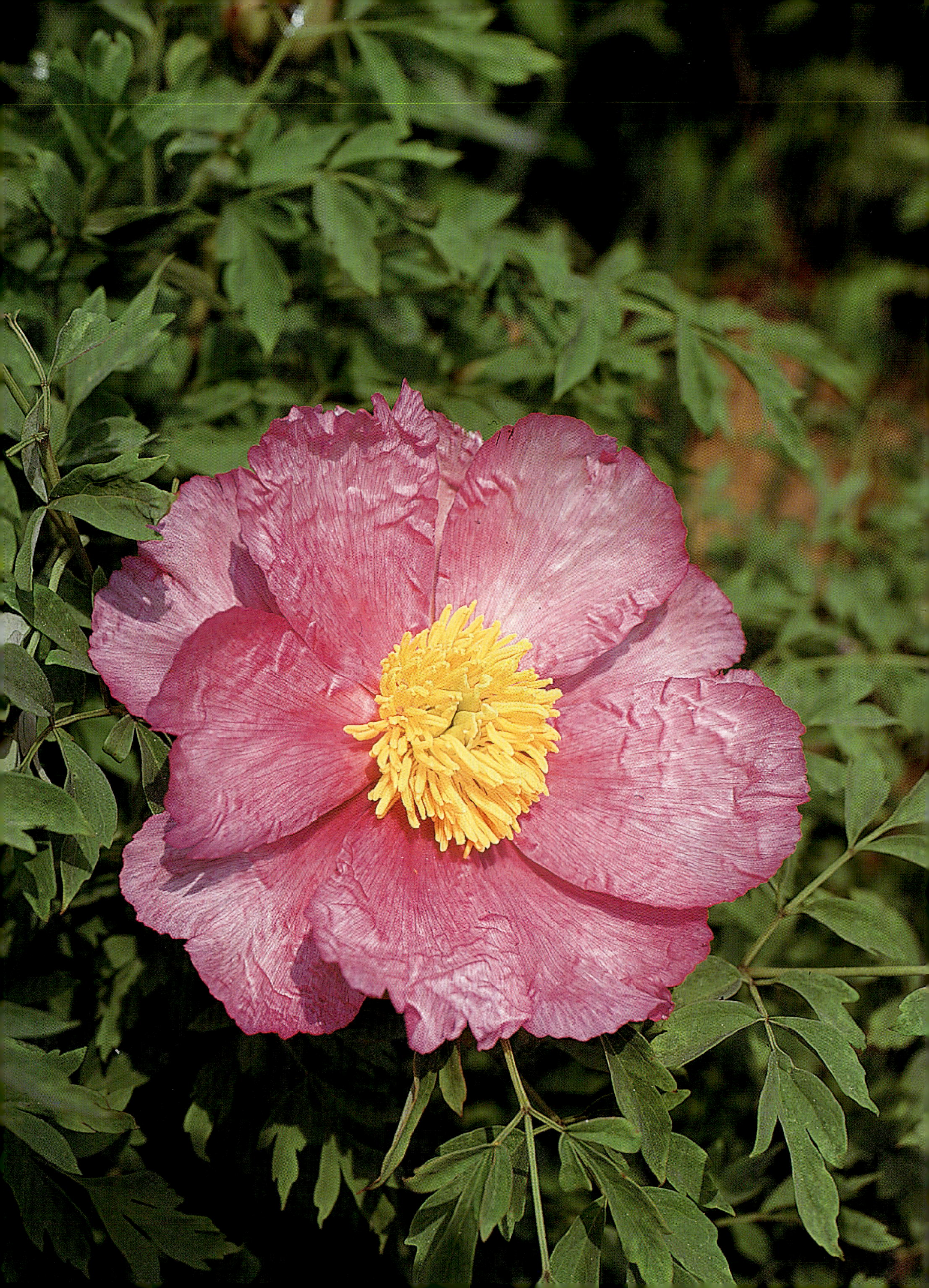

Die Erforschung der wilden Strauchpfingstrosen

Vor etwas mehr als 100 Jahren wurden die ersten Arten der Strauchpäonien in Chinas wildem Westen von westlichen Botanikern gesammelt. Die Männer, die diese unerschlossene Gebirgslandschaft bereisten, vereinte die Liebe zu den Pflanzen, Entdeckerfreude, Mut zum Abenteuer und die Fähigkeit, Entbehrungen zu ertragen. Auch wenn das Reisen in China heute wesentlich einfacher und bequemer geworden ist, sind die Forscher, die gegenwärtig unterwegs sind, immer noch großen Strapazen ausgesetzt. Damals wie heute ist eine robuste Gesundheit Voraussetzung, um die extremen Höhen- und Temperaturunterschiede ertragen zu können. Nur wer selbst einmal Chinas westliche Gebirge bereist hat, kann dies ermessen. Das Reisen im bequemen Allradfahrzeug ist keinesfalls mit einer Autoreise in den europäischen Alpen zu vergleichen. Die chinesischen Gebirge sind verkehrstechnisch kaum erschlossen und durch die Monsunregen extremen klimatischen Bedingungen ausgesetzt.

Die Erforschung der chinesischen Strauchpäonienarten scheint in Etappen verlaufen zu sein. Hier sind besonders die 80er Jahre des 19. Jahrhunderts und die darauf folgende Jahrhundertwende zu nennen. Vor allem von den ersten 25 Jahren des 20. Jahrhunderts gewinnt man den Eindruck, dass ein regelrechter Wettlauf um die Erforschung der Pflanzenwelt Chinas stattfand. Seit etwa 1990 bringen chinesische Botaniker das Wissen über die verschiedenen Päonienarten einen erheblichen Schritt voran.

Bedeutende Forscher und Sammler

Die mutigen Männer und Frauen, die Herbarmaterial oder Samen der wilden Strauchpäonien gesammelt oder ihr Wissen anderen zugänglich gemacht haben, wollen wir hier in alphabetischer Reihenfolge vorstellen:

DELAVAY, PIERRE JEAN-MARIE; 1834 – 1895
Als Missionar nach China gesandt, sammelte er eine unglaubliche Zahl an Herbarmaterial und Samen, die er an das Pariser Museum für Naturgeschichte sandte. In Yunnan fand er 1883 eine gelb blühende Päonie und schrieb auf die Samenlieferung *P. lutea*. Diesen Namen verwendete Adrien René Franchet 1886, um *P. lutea* einzuführen. Im Jahr 1884 sammelte Pater Delavay *P. delavayi*.

FANG, WEN-PEI; 1899 – 1983
In seinen Notizen über chinesische Päonien von 1958 beschrieb Wen-Pei Fang die Art *P. szechuanica*. Durch Hong De-yuans Forschungen stellte sich jedoch heraus, dass die von Fang beschriebene Pflanze mit *P. decomposita* HAND.-MAZZ. (1939) identisch ist. Aus diesem Grund hat der ältere Name Gültigkeit. Fangs weitere Einführung *P. yunnanensis* aus der Sektion Delavayanae scheint nicht anerkannt worden zu sein.

FARRER, REGINALD JOHN; 1880 – 1920
In seinem Reisebericht »On the Eaves of the World« beschreibt Farrer eine weiße Wildform von *P. moutan* (*P. rockii*), die er 1914 in Gansu entdeckte. Leider ist die botanische Beschreibung nur ungenau und es ist nicht sicher, ob er Herbarbelege oder Samen sammelte.

FRANCHET, ADRIEN RENÉ; 1834 – 1900
Franchet arbeitete am Jardin des Plantes, Paris, und wertete die Sammlungen Jean Pierre Armand Davids und Delavays wissenschaftlich aus. Er wurde eine Autorität auf dem Gebiet der Pflanzen Chinas und Japans. Er benannte

Links: Paeonia decomposita

Prof. Hong Tao in einem 'Luo Yang Hong'- Feld

Die Erforschung der wilden Strauchpfingstrosen

P. delavayi FRANCH. 1886 und *P. lutea* DELAVAY EX FRANCH. 1886.

HANDEL-MAZZETTI, FREIHERR HEINRICH VON; 1882 – 1940

Im Jahre 1913 bekam Dr. von Handel-Mazzetti Gelegenheit, an einer österreichischen Forschungsexpedition nach Yunnan teilzunehmen. Vom Ausbruch des ersten Weltkriegs überrascht, konnte er nicht mehr nach Hause reisen und blieb deshalb bis 1919 in China. Er unternahm ausgedehnte Forschungsreisen im Westen Chinas und Tibets. Nach seiner Rückkehr entwickelte er sich zu einem der führenden Experten der Flora Chinas. Oft wurde er gebeten, die Sammlungen anderer Reisender zu begutachten.

Anhand des unvollständigen Herbarmaterials, das von dem Schweden Karl August Harald Smith 1922 gesammelt worden war, beschrieb Handel-Mazzetti 1939 die neue Entdeckung als *P. decomposita*.

HONG, DE-YUAN; 1936

Professor am Institut für Botanik der chinesischen Akademie der Wissenschaften, Direktor des Herbariums und des Laboratoriums für Zytotaxonomie und Systematik an diesem Institut. Zahlreiche Veröffentlichungen haben ihn bekannt gemacht. Im letzten Jahrzehnt des 20. Jahrhunderts befasste er sich zunehmend mit der Erforschung der Päonien. Er unternahm viele Forschungsreisen. Mit seinen Mitarbeitern wies er darauf hin, dass *P. decomposita* identisch mit Fangs *P. szechuanica* ist. Er entdeckte die unterschiedlichen Standorte dieser Art und erkannte, dass sich deren botanischen Merkmale standortbedingt unterscheiden. Ihm verdanken wir die Erkenntnis, dass *P. ludlowii* aus Tibet eine eigene Art ist und nicht mehr *P. delavayi* var. *ludlowii* zugeordnet werden kann. Weiterhin fungierte er als Co-Autor bei *P. qiui*.

Ob sich seine Auffassung durchsetzt, dass alle Varietäten von *P. delavayi* (*P. delavayi* var. *lutea*, *P. delavayi* var. *angustiloba*) nur Variationsformen sind, wird die Zukunft zeigen. Seine Überlegungen hinsichtlich der botanischen Einordnung von *P. suffruticosa* und *P. rockii* sind ebenfalls noch umstritten, siehe Seite 27 und 33f.

HONG, TAO; 1923

Vor seiner Pensionierung arbeitete der Dendrologe Prof. Hong Tao an der chinesischen Akademie für Forstwirtschaft in Beijing. Durch Gian Lupo Osti angeregt, beschäftigte er sich mit den Strauchpäonien-Arten. Er machte zahlreiche Forschungsreisen innerhalb Chinas, auch in militärische Sperrgebiete. Seine Forschungen führten zu zahlreichen Veröffentlichungen über die Arten der Pfingstrosen: *P. ostii* T. HONG et J. X. ZHANG, (1992), *P. jishanensis* T. HONG et W. Z. ZHAO, (1992), *P. yananensis* T. HONG et M. R. LI, (1992), *P. rockii* (HAW et LAUENER) T. HONG et J. J. LI, (1992), *P. rockii* subsp. *linyanshanii* T. HONG et G. L. OSTI, (1994), *P. ridleyi* Z. L. DAI et T. HONG, (1997), *P. baokangensis* Z. L. DAI et T. HONG, (1997). Durch seine Hinweise wurde erkannt, dass Andrews 1804 mit *P. suffruticosa* eine Hybride beschrieben hatte.

KINGDON WARD, FRANK; 1885 – 1958

Zwischen 1909 bis 1956 unternahm Kingdon Ward mehrere Forschungsreisen in den südostasiatischen Raum. Seine Reisebeschreibungen wurden zu Bestsellern. Er war der erste, der 1924 Herbarmaterial von *P. ludlowii* (nach seiner Meinung *P. delavayi* var. *lutea*) sammelte.

Komarov, Vladimir Leontjevich; 1869 – 1945
Komarov, der in seinen jungen Jahren selbst Forschungsreisen in Asien unternahm, veröffentlichte 1921 eine Studie über *P. potaninii*, die der Botaniker Grigori N. Potanin 1893 in Sichuan gesammelt hatte. Er vermutete, dass Potanins Pflanze mit Ernest Henry Wilsons *P. delavayi* var. *angustiloba* identisch sei. Diese Varietät wurde 1904 und 1908 gesammelt und bereits 1913 erschien ihre botanische Veröffentlichung durch Rehder und Wilson.

Li, Jia-jue; 1938
Prof. Li Jia-jue arbeitet als Dendrologe in der Forstverwaltung der Provinz Gansu. Er veröffentlichte zahlreiche interessante Studien über Strauchpäonien und fungierte als Co-Autor von *P. rockii*.

Ludlow, Frank; 1885 – 1972
Er unternahm zusammen mit Major George Sherriff und später auch mit Dr. George Taylor Expeditionen in den östlichen Himalaya und nach Südost-Tibet. Zusammen mit Sherriff sammelten sie 1936 Samen von *P. ludlowii*, von der sie zum damaligen Zeitpunkt annahmen, es sei eine tibetische Form von *P. lutea*.

Osti, Gian Lupo; 1920
Als die International Dendrology Society eine Chinareise organisierte, lernte Dr. Osti den chinesischen Dendrologen Prof. Hong Tao kennen. Seine Fragen nach den Wildarten der Päonien lenkten das Interesse Hong Taos auf die »Mu-Dan«. Er begann, sich mit ihnen zu beschäftigen und unternahm mehrere ausgedehnte Forschungsreisen. Dr. Osti begleitete ihn 1990 und 1994. Nach ihm wurde *P. ostii* benannt.

Pan, Kai-yu; 1937
Frau Pan Kai-yu ist die Ehefrau von Prof. Hong De-yuan. Neben anderen Veröffentlichungen über Päonien arbeitete sie auch an der Flora Sinica 1979 und Flora Xizangica 1985 mit.

Pei, Yan-long; 1964
Dr. Pei, ein ehemaliger Mitarbeiter von Hong De-yuan, benannte *P. qiui* nach seinem Kollegen Dr. Qiu Jun-zhuan. Dieser hatte die Pflanze 1988 in Hubei erstmals entdeckt.

Potanin, Grigori Nikolaevich; 1835 – 1920
Potanin unternahm mit seiner Ehefrau Alexandra vier lange Reisen nach Ostasien, der Mongolei und China und sammelte, hauptsächlich für den Botanischen Garten St. Petersburg, Herbarmaterial und Samen. 1893 entdeckte er in Sichuan zusammen mit Kaschkarov *P. potaninii* Kom.

Purdom, William; 1880 – 1921
Im Auftrag der Firma Veitch und des Arnold Arboretums sammelte Purdom in China Pflanzen. 1910 fand er die Päonie mit der Nummer Purdom 338, die von Rehder 1920 als *P. suffruticosa* Andrews var. *spontanea* Rehder bestimmt wurde.

Rehder, Alfred; 1863 – 1949
Der amerikanische Dendrologe deutscher Herkunft arbeitete am Arnold Arboretum und wer-

23

Die Erforschung der wilden Strauchpfingstrosen

Prof. Li Jia-jue (rechts) mit Chen De-zhong (links), dem Gründer der Peace Peony Nursery in Gansu

Zhang Jia-xun, der Co-Author von Paeonia ostii, vor einer Paeonia ostii, die er vor 1980 in der Natur gesammelt hat

24

Die Erforschung der wilden Strauchpfingstrosen

tete die Sammlungen Ernest Henry Wilsons und Joseph Rocks sowie anderer Forscher aus. 1913 benannte er *P. delavayi* var. *angustiloba* REHDER et E. H. WILSON und 1920 die von Purdom gesammelte Pflanze *P. suffruticosa* Andrews var. *spontanea* REHDER.

ROCK, JOSEPH FRANCIS CHARLES; 1884 – 1962
In den 20er Jahren hielt sich der österreichisch-amerikanische Pflanzensammler Joseph Rock einige Zeit im Lamakloster von Choni (Jo-ni), Gansu auf. Dort sammelte er Samen einer Gartenvarietät von *P. rockii* und sandte sie 1926 in die USA. Ihm zu Ehren erhob Hong Tao *P. rockii* zur Art.

SHERRIFF, GEORGE; 1898 – 1967
Zusammen mit Frank Ludlow unternahm der schottische Major Sherriff mehrere Reisen in den Himalaya und nach Tibet. Ihnen ist es zu verdanken, dass die ersten Samen von *P. ludlowii* 1936 nach Europa gelangten.

SMITH, HARALD (HARRY) KARL AUGUST; 1889 – 1971
Der schwedische Botaniker Smith machte zwischen 1921 und 1935 drei Expeditionen nach China, wo er 1922 *P. decomposita* fand und ein Exemplar ohne Blüte sammelte. Diese Pflanze wurde von Heinrich Freiherr von Handel-Mazzetti 1939 als *P. decomposita* beschrieben.

STERN, FREDERICK CLAUDE; 1884 – 1967
Leider hatte keine Namensgebung Bestand, die Sir Stern einer Art gab. Trotzdem sind seine Verdienste um die Klassifikation der Päonien unumstritten. Wichtige Schrift: »A Study of the Genus Paeonia« 1946.

WILSON, ERNEST HENRY; 1876 – 1930
Wilson unternahm im Auftrag der Firma Veitch und des Arnold Arboretums zwischen 1899 und 1911 vier Reisen nach China, um Pflanzen zu sammeln. *P. delavayi* var. *angustiloba* sammelte er 1904 und 1908 in Sichuan. Sie wurde 1913 von Alfred Rehder bestimmt.

TAYLOR, GEORGE; 1904 – 1993
Sir Taylor begleitete 1938 und 1947 Ludlow und Sherriff bei ihren Expeditionen, wo Samen von *P. ludlowii* gesammelt wurde. Seine Zusammenarbeit mit Frederick Claude Stern führte zu der Namensgebung *P. lutea* var. *ludlowii* STERN et TAYLOR 1951. Von 1956 bis 1971 war er Direktor des Botanischen Gartens Kew.

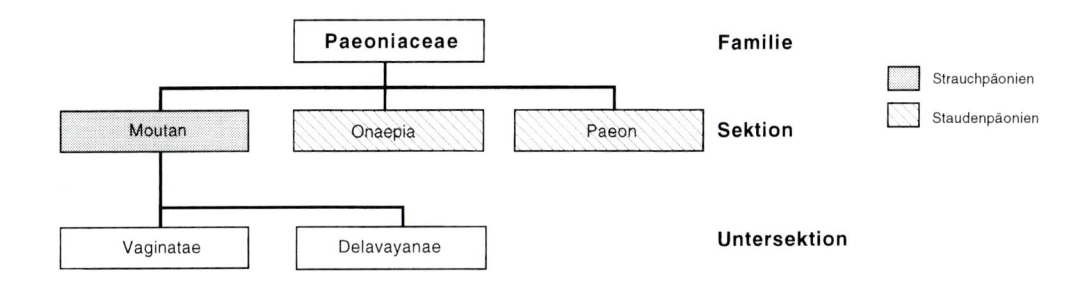

		Familie
	Paeoniaceae	
Moutan	Onaepia	Paeon	Sektion
Vaginatae	Delavayanae		Untersektion

☐ Strauchpäonien
▨ Staudenpäonien

ZHANG, JIA-XUN
Herr Zhang ist der Co-Autor von *P. ostii*. Er sammelte bis zum Anfang der 80er Jahre des 20. Jahrhunderts *P. ostii*-Pflanzen in der Natur Henans und pflanzte sie im Garten des Instituts ein.

Einteilung der Wildarten

Als der englische Bankier Sir Frederic Stern 1946 seine Monographie über die Pfingstrosen veröffentlichte, folgte er der Einteilung Richard Irwin Lynchs von 1890, der die Pfingstrosen in drei Sektionen untergliedert hatte. Die Strauchpäonien fasste er in der Sektion **Moutan** DC (De Candolle) zusammen und verwendete dabei die damalige Schreibweise des chinesischen Wortes. Die staudigen Pfingstrosen ordnete er den Sektionen **Onaepia** und **Paeon** zu.

Innerhalb der Sektion **Moutan** unterschied Stern die Pflanzen nach dem Bau der Blüte. Bei allen Pfingstrosen, den Stauden wie den Sträuchern, sitzen die Fruchtblätter auf einer Art Scheibe auf, dem so genannten Diskus. Bei einigen Strauchpäonien allerdings gibt es Arten, bei denen der Diskus ein hautähnliches Gebilde ausformt, das einer Scheide (lateinisch: Vagina) ähnlich die Fruchtblätter umhüllt. Diese Arten teilte er der Untersektion **Vaginatae** zu.

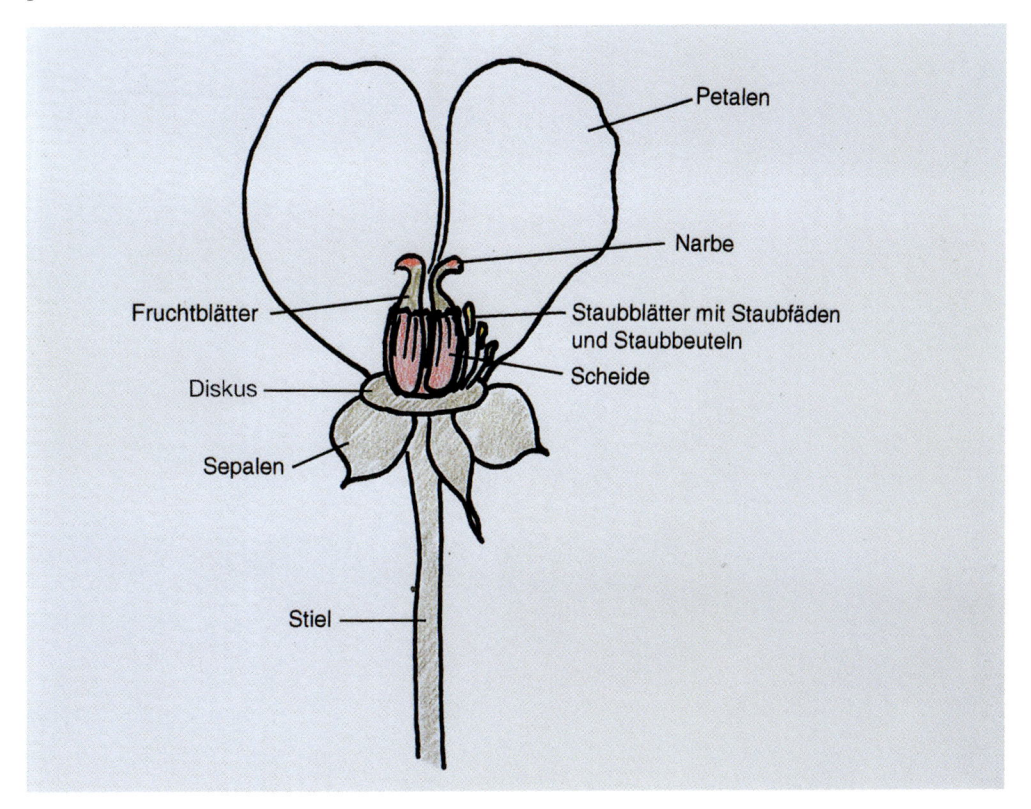

Die Erforschung der wilden Strauchpfingstrosen

Aufbau der Blütenteile einer Päonie

Rockii-Hybride als Beispiel einer Vertreterin der Vaginatae; die Fruchtblätter werden deutlich sichtbar von einer Scheide umhüllt

26

Die Erforschung der wilden Strauchpfingstrosen

Paeonia delavayi als Vertreterin der Delavayanae, die Fruchtblätter sind von keiner Scheide umgeben

Alle Strauchpäonien, die keine Haut um die Fruchtblätter ausbilden, fasste er in der Untersektion **Delavayanae** zusammen. Der Name Delavayanae leitet sich von dem französischen Pater und Forscher Delavay ab.

Die Veröffentlichungen über die chinesischen Arten der Strauchpäonien stagnierte nach Sterns Monographie einige Jahrzehnte lang, weil sich China im politischen Umbruch befand. Chinesische Botaniker erforschten zwar die Arten der Pfingstrosen, konnten aber erst mit der politischen Öffnung Chinas ihre Ergebnisse mit dem Herbarmaterial des Auslands vergleichen und daraufhin ihre Veröffentlichungen abstimmen.

Bei den neueren Forschungen sind vor allem zwei Professoren gleichen Familiennamens zu nennen, Hong De-yuan vom Institut für Botanik der Chinesischen Akademie der Wissenschaften und Hong Tao von der Chinesischen Akademie für Forstwirtschaft. Beide sind allerdings nicht miteinander verwandt.

Als im Jahre 1992 die erste englischsprachige Veröffentlichung in der APS (American Peony Society) über Strauchpäonienarten von

Hong Tao erschien, war diese Publikation in interessierten Kreisen eine Sensation. Seit Sterns Monographie von 1946, Fangs Bemerkungen über chinesische Päonien von 1958 sowie der Flora R. P. Sinicae von 1979 waren aktuellere Informationen über Chinas Strauchpfingstrosen rar geworden.

Nun begann eine aufregende Zeit, denn nahezu jedes Jahr brachten chinesische Wissenschaftler neue Aufsätze heraus, darunter auch die Ehefrau Hong De-yuans, Pan Kai-yu, sowie mehrere seiner Studenten und Mitarbeiter. Das Jahrzehnt beendete Hong De-yuan mit einer umfassenden Revision der Sektion Moutan.

Der Ansatzpunkt beider chinesischer Botaniker unterscheidet sich wesentlich. Für einen westlichen Beobachter, der kaum Zugang zu den Wildpflanzen in Chinas Hinterland hat, ist es äußerst schwierig, hier Stellung zu beziehen. Aus diesem Grund können die verschiedenen Ansatzpunkte der beiden Botaniker nur vorgestellt werden. Wahrscheinlich ist die Diskussion über das Thema noch immer nicht endgültig abgeschlossen. Allerdings läuft die Zeit den Forschern davon. Mit der zunehmenden Entwicklung Chinas und der damit einhergehenden Motorisierung und Mobilität weiter Bevölkerungskreise sind die Arten an ihren natürlichen Standorten extrem gefährdet. Hinzu kommt, dass die Päonien auch wegen ihrer medizinischen Wirkstoffe gesammelt werden.

Um die verschiedenen Ansatzpunkte der beiden Botaniker verstehen zu können, muss man einen Rückblick in die Geschichte der Erforschung der Strauchpäonien vornehmen. Die erste Strauchpäonie, die wissenschaftlich beschrieben wurde, war *P. suffruticosa*. Der Botaniker Henry Charles Andrews beschrieb sie 1804 u. a. wie folgt: »Flores speciosissimi ut in affinibus, sed in nostris exemplaribus pleni, rosei. .« (pleni = gefüllt). Damit hatte Andrews eine gefüllte Kulturform, eine Hybride, beschrieben.

Hong Tao folgerte daraus, dass unter dem Namen *P. suffruticosa* keine Wildart geführt werden darf. Nach seiner Auffassung ist die von Andrews benannte Pflanze ein Abkömmling verschiedener Hybriden und Arten. Daraus zog Hong Tao den Schluss, dass die von *P. suffruticosa* abgeleiteten Unterarten (Subspecies) ungültig sind. Sich auf diese Überlegung stützend beschrieb er neue Arten wie beispielsweise *P. rockii* und *P. jishanensis*.

Hong De-yuan und seine Ehefrau Pan Kai-yu wiederum benutzen den Namen *P. suffruticosa* weiterhin. Sie gehen davon aus, dass die von Andrews benannte Pflanze eine Selektion der »Urform« von *P. suffruticosa* ist. Über ihre Schlussfolgerungen, resultierend aus der Ähnlichkeit eines bei Andrews dargestellten Päonienblatts zu einer umgesiedelten »Wildpflanze« im Garten eines Dorfschullehrers und der berühmten Pflanze aus der Felsspalte am Berg Yinping, Provinz Anhui, herrscht ebenfalls Uneinigkeit. Sie nennen die Pflanze in der Felsspalte *P. suffruticosa* subsp. *yingpingmudan*. Siehe auch Seite 35.

Im Jahre 1997 meldete sich der tschechische Botaniker Josef J. Halda mit einem weiteren botanischen Schlüssel zu Wort. Abgesehen von einigen diskussionswürdigen Einzelheiten führt er zu der Gattung *Paeonia* für die Strauchpäonien eine Untergattung ein, die er »*Moutan*« nennt. Sterns Untersektionen Vaginatae und Delavayanae erhöht er zu Sektionen und schafft gleichzeitig den Begriff Vaginatae ab, an dessen Stelle er wieder den Namen »*Moutan*« verwendet. Wir halten es für verwirrend, den gleichen Namen sowohl für die Untergattung als auch für die Sektion zu verwenden. Da sich der Gebrauch des Begriffs »Vaginatae« in den letzten Jahrzehnten als brauchbar erwiesen hat, behalten wir Sterns Einteilung bei. Sollte sich Haldas Auffassung durchsetzen, möchten wir auf eine weitere Problematik hinweisen: durch die Erhöhung der bisherigen Untersektionen Vaginatae (sie entspricht Haldas Moutan) und Delavayanae zu Sektionen würden Kreuzungen zwischen diesen zu »intersektionellen« Hybriden. Damit wären alle Hybriden, die aus Kreuzungen zwischen einer Suffruticosa-Hybride und *P. lutea* hervorgegangen sind, »intersektionelle« Hybriden. Seit einigen Jahrzehnten versteht man aber unter diesem Begriff einen Bastard zwischen einer Strauch- und einer Staudenpäonie, also zwischen Sterns Sektion Moutan und z. B. eines Vertreters der Sektion Paeon.

Die Erforschung der wilden Strauchpfingstrosen

Kurz vor Drucklegung des Manuskripts erreichte uns ein weiterer botanischer Schlüssel. Stephen Haw veröffentlichte im »The New Plantsman« seine Auffassung über die Einteilung der Strauchpäonien. Danach folgt er Haldas Einteilung in die Untergattung Moutan und der Erhöhung der bisherigen Untersektionen zu Sektionen. Zu den einzelnen Arten hat er zum Teil eine von Hong De-yuan oder Hong Tao abweichende Auffassung.

Nach diesem kleinen Ausschnitt aus der Diskussion um die Systematik der Strauchpäonien wollen wir uns der Beschreibung der einzelnen Arten zuwenden. Dabei müssen wir uns immer vergegenwärtigen, dass die botanische Diskussion noch nicht abgeschlossen ist.

Wir werden bei den einzelnen Arten weiter auf die zum Teil unterschiedliche Auffassung eingehen. Um die Unterschiede zwischen den beiden Botanikern Hong genauer zu verdeutlichen, wollen wir den jeweiligen botanischen Schlüssel hier vorstellen:

*Botanischer Schlüssel von Hong De-yuan und Pan Kai-yu**

veröffentlicht in: »Taxonomical history and revision of Paeonia sect. Moutan (Paeoniaceae)«, *Acta Phytotaxonomica Sinica* 1999.

Anmerkung der Autorin: Die Nummern vor den Namen der bestimmten Arten beziehen sich auf den beschreibenden Text im Artikel Hong De-yuans.

1. normalerweise 2 oder 3 Blüten, endständig und blattwinkelständig, ±hängend; Diskus fleischig, nur die Basis der Fruchtblätter umhüllend.

2. Fruchtblätter 2 cm – 5 cm (–7); Balgfrüchte < 4 cm × 1,5 cm; Kronblätter, Staubfäden und Narbe oft nicht rein gelb; Pflanzen weniger als 2 m hoch. ... 7. *P. delavayi* FRANCH.

2*. Fruchtblätter fast immer einzeln; Balgfrüchte 4,7 cm – 7 cm × 2 cm – 3,3 cm; Kronblätter, Staubfäden und Narbe immer gelb; Pflanzen 1,5 m – 3,5 m groß. ...
8. *P. ludlowii* (STERN et TAYLOR) D. Y. HONG.

1*. Blüten einzeln, aufrecht; Diskus lederartig, die Fruchtblätter vollständig oder bis zur Hälfte umhüllend.

3. Bei geöffneter Blüte umhüllt der Diskus die Fruchtblätter bis zur Hälfte; Fruchtblätter 2 – 4 (5), kahl; Blätter mehr als einzeln zusammengesetzt; Teilblättchen (29) 33 – 63, alle gelappt. ... 6. *P. decomposita* HAND.-MAZZ.

4. Fast immer 5 Fruchtblätter; Teilblättchen schmal, die endständigen im Verhältnis Länge/Breite (1,5) 1,7 – 2,7 (– 3,3); Lappen schmal, die endständigen mit Länge/Breite (1,6) 2,4 – 3,7 (– 4,3). ... 6a. subsp. *decomposita*

4*. Fruchtblätter 2 – 5, normalerweise 3 oder 4; die endständigen mit Länge/Breite (1,0 –) 1,2 – 1,8 (– 2,2). Lappen breiter, die endständigen im Verhältnis Länge/Breite (1,0 –) 1,3 – 2,4 (– 3,0). ... 6b. subsp. *rotundiloba* D. Y. HONG.

3*. Bei geöffneter Blüte umhüllt der Diskus die Fruchtblätter vollständig; Fruchtblätter 5 (– 7), dicht filzig; Blätter doppelt 3-zählig oder doppelt- oder dreifach gefiedert; Teilblättchen normalerweise weniger als 20, wenn mehr, sind wenigstens einige davon ganzrandig.

5. Blätter doppelt 3-zählig; Teilblättchen normalerweise 9.

6. Teilblättchen eiförmig oder rundlicheiförmig, meistens ganzrandig, oberseits oft rötlich; Kronblätter mit einem roten Basalfleck. ...
3. *P. qiui* Y. L. PEI et D. Y. HONG

6*. Teilblättchen länglicheiförmig, eiförmig oder fast rundlich, auf der Blattoberseite grün, Kronblätter ohne Fleck.

7. Teilblättchen länglicheiförmig oder eiförmig, die endständigen Teilblättchen tief dreifach gelappt, mit zusätzlich ein bis mehreren Lappen, seitliche Teilblättchen zwei- oder dreifach gelappt, einige Teilblättchen ganzrandig; Lappen am Ende spitz; Blätter auf der Blattunterseite kahl. ... 1. *P. suffruticosa* ANDREWS.

---

* Botanischer Schlüssel: Die mit Stern versehenen Aussagen (z.B. 1*) markieren die alternative Aussage zu der mit gleicher Nummer, jedoch ohne Stern gekennzeichneten Beschreibung (z.B. 1). Die zwischen den Alternativpaaren genannten Beschreibungen, die voranschreitend nummeriert werden (z.B. 2, 3, 4), dienen der weiteren Differenzierung der zuvor gemachten Aussage

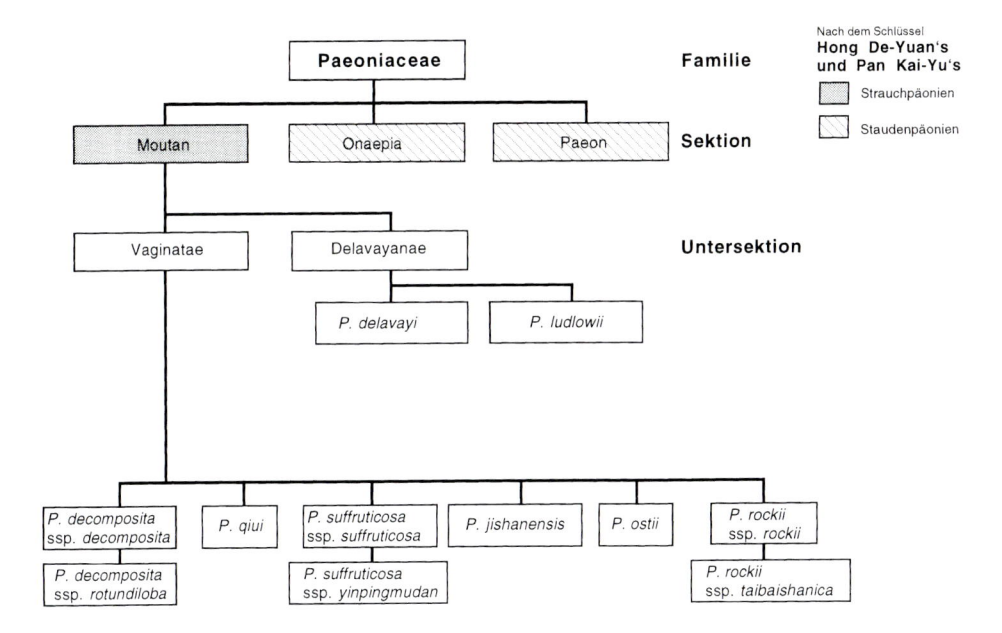

```
                        Paeoniaceae                    Familie          Nach dem Schlüssel
                                                                        Hong De-Yuan's
                                                                        und Pan Kai-Yu's
           ┌─────────────┬─────────────┐
         Moutan       Onaepia        Paeon            Sektion              Strauchpäonien

                                                                           Staudenpäonien
      ┌──────┴──────┐
   Vaginatae    Delavayanae                         Untersektion
                   ┌────┴────┐
              P. delavayi  P. ludlowii
```

| P. decomposita ssp. decomposita | P. qiui | P. suffruticosa ssp. suffruticosa | P. jishanensis | P. ostii | P. rockii ssp. rockii |
| P. decomposita ssp. rotundiloba | | P. suffruticosa ssp. yinpingmudan | | | P. rockii ssp. taibaishanica |

8. Blüten gefüllt, kultiviert. ... 1a. subsp. **suffruticosa.**

8*. Blüten einfach, wild. ... 1b. subsp. **yinpingmudan** D. Y. HONG, K. Y. PAN et Z. X. XIE.

7*. Teilblättchen rundlich-eiförmig bis rundlich, alle tief dreifach gelappt; Lappen noch einmal gelappt, am Ende spitz bis rundlich; Blätter auf der Blattunterseite entlang der Nerven behaart. ... 2. *P. jishanensis* T. HONG et W. Z. ZHAO.

5*. Die am besten entwickelten Blätter gefiedert; Teilblättchen mehr als 9, länglicheiförmig bis lanzettlich, meist ganzrandig, weniger häufig rundlicheiförmig, meist gelappt.

9. Blätter doppelt gefiedert; Teilblättchen nicht mehr als 15, eiförmig bis eilanzettlich, meist ganzrandig; Kronblätter weiß, ohne Basalfleck. ... 4. *P. ostii* T. HONG et J. X. ZHANG.

9*. Blätter dreifach (seltener doppelt) gefiedert; Teilblättchen (17) 19 – 33, lanzettlich oder eiförmiglanzettlich, meist ganzrandig, oder eiförmig bis rundlicheiförmig, meist gelappt. ... 5. *P. rockii* (S. G. HAW et L. A. LAUENER) T. HONG et J. J. LI.

10. Teilblättchen lanzettlich bis eiförmiglanzettlich, meist ganzrandig. ... 5a. subsp. **rockii**

10*. Teilblättchen eiförmig bis eilanzettlich, meist gelappt. ... 5b. subsp. **taibaishanica** D. Y. HONG

In einer schematischen Form dargestellt, ergibt sich die obere Grafik.

Der Schlüssel Hong Taos*

Hier nun zum Vergleich aus persönlicher Korrespondenz der bisher unveröffentlichte Schlüssel Hong Taos.

1. Blüten halbgefüllt oder gefüllt, Kronblätter in verschiedenen Farben, Staubblätter und Fruchtblätter manchmal zu Kronblättern umgeformt; Gruppe von Kulturformen erhalten aus der Kultivierung und Hybridisierung von Wildarten. ... 1. *Paeonia* × *suffruticosa* ANDREWS.

1*. Blüten einfach, Staubblätter und Fruchtblätter normal entwickelt; meist Wildarten.

2. Diskus lederartig, schüsselartig oder taschenförmig, umhüllt etwa die Hälfte der 5 Fruchtblätter.

3. Fruchtblätter dicht behaart, Kronblätter weiß, rosa oder blass purpurrot.

4. Staubfäden, Narbe und Diskus rot, purpurrot bis tief purpurrot.

Die Erforschung der wilden Strauchpfingstrosen

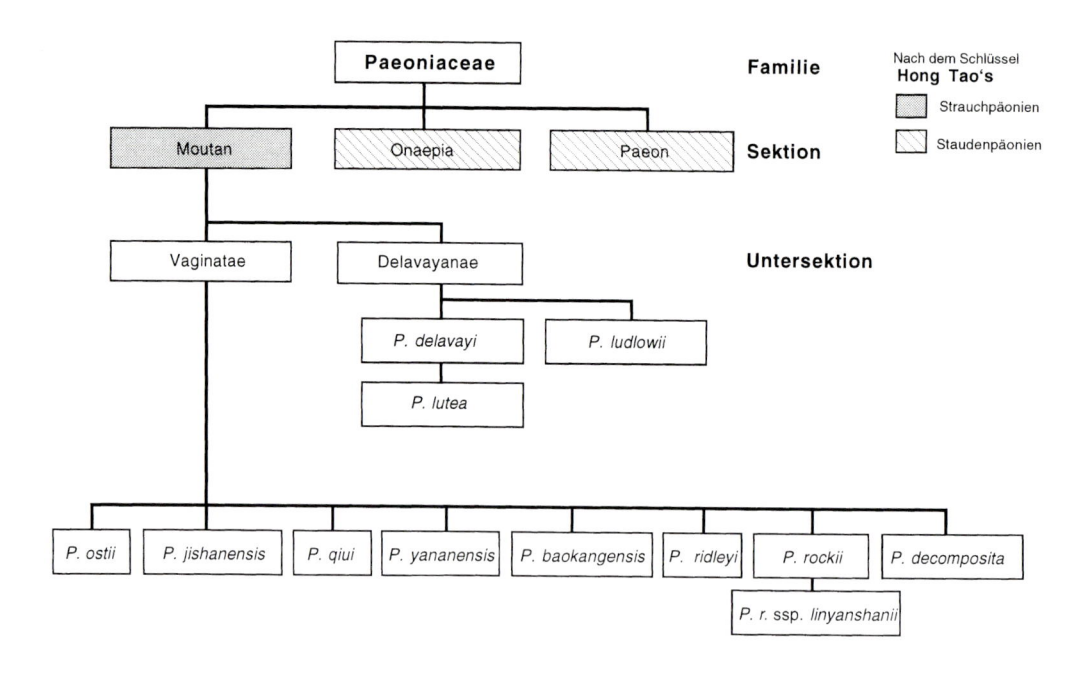

5. Kronblätter ohne roten Basalfleck oder Fleckenlinien.

6. Kronblätter weiß, Blätter doppelt gefiedert, jede Fieder mit 5 Teilblättchen.

7. Teilblättchen schmal eilanzettlich oder schmal länglicheiförmig, ganzrandig, selten ein- bis dreifach gelappt, Blätter auf der Blattunterseite kahl. … 2. **P. ostii** T. Hong et J. X. Zhang.

7*. Teilblättchen rundlich oder eiförmig, eingeschnitten und grob gesägt. … 3. **P. jishanensis** T. Hong et W. Z. Zhao.

6*. Kronblätter rosa, Blätter 3-zählig oder doppelt 3-zählig, jede Fieder mit drei Teilblättchen. … 4. **P. qiui** Y. L. Pei et D. Y. Hong.

5*. Kronblätter mit tief purpurschwarzem-, rotem-, purpurrotem Basalfleck oder gefleckten Linien.

8. Blätter doppelt gefiedert, jede Fieder mit 5 oder 3 Teilblättchen.

9. Teilblättchen rundlich-eiförmig oder eiförmig, tief eingeschnitten, gelappt und grob gesägt, unterseits seidig behaart; Kronblätter mit grundständigem tief purpurschwarzem Basalfleck. … 5. **P. yananensis** T. Hong et M. R. Li

9*. Teilblättchen elliptisch oder eiförmig-elliptisch und ganzrandig, selten ein- bis dreifach gelappt, weich behaart nahe der Basis auf der Unterseite; Kronblätter mit strahlenförmigem rotem Basalfleck. …
6. **P. baokangensis** Z. L. Dai et T. Hong.

8*. Blätter doppelt 3-zählig, jede Fieder mit 3 Teilblättchen, die endständigen Teilblättchen rundlich, seitliche Teilblättchen eiförmig oder breit eiförmig, schwach behaart auf der Blattunterseite; Kronblätter mit grundständigem strahlenförmigen purpurrotem Basalfleck. …
7. **P. ridleyi** Z. L. Dai et T. Hong.

4*. Staubfäden, Narbe und Diskus blass gelblich weiß oder weiß, Kronblätter mit grundständigem dunkelpurpurnem oder purpurschwarzem Basalfleck.

10. Teilblättchen eiförmig, rundlich-eiförmig, selten lanzettlich-eiförmig, dreifach gelappt, grob gesägt. … 8. **P. rockii** (S. G. Haw et L. A. Lauener). T Hong et J. J. Li.

10*. Teilblättchen eilanzettlich oder schmaleiförmig, ganzrandig, die Mittelrippe auf der Blattunterseite fein behaart, Blättchenstiel raubehaart oder büschelig behaart. …
9. **P. rockii** subsp. *linyanshanii* T. Hong et G. L. Osti.

3*. Fruchtblätter kahl, Kronblätter blass rot oder blass purpurrot, Staubfäden weiß, Narbe und Diskus blass gelb, ganze Pflanze kahl. …
10. **P. decomposita** Hand.-Mazz.

2*. Diskuslappen fleischig, scheibenförmig, die Basis der 2 – 4 Fruchtblätter umhüllend; ganze Pflanze kahl; Blätter fiederförmig gelappt, Lappen länglich-bandförmig, auf der Blattunterseite graugrün.

11. Kronblätter rot, tief rot oder tief purpurrot. … 11. **P. delavayi** Franch.

11*. Kronblätter gelb.

12. Blüten 5 cm – 8 cm im Durchmesser, Kronblätter mit grundständigen roten Fleckenlinien oder purpurrotem Basalfleck. … 12. **P. lutea** Delavay ex Franch.

12*. Blüten 8 cm – 10 cm im Durchmesser, Kronblätter ohne roten Basalfleck. …
13. **P. ludlowii** (Stern et Taylor) D. Y. Hong

Die Päonien der Untersektion Vaginatae

Bei den Strauchpfingstrosen der Untersektion **Vaginatae** umschließt der Diskus die Fruchtblätter mit einer Scheidenhaut.

Paeonia rockii (S. G. Haw et L. A. Lauener) T. Hong et J. J. Li 1992

Diese weiß blühende Päonie mit ihrem exotisch wirkenden, auberginefarbenen bis nahezu schwarzen Basalfleck zählt zu den schönsten und für unser mitteleuropäisches Klima am besten geeignetsten Art. Die Schönheit der Blüte lässt sich mit einem Vers des Dichters Mei Xiaochen aus der Song-Dynastie beschreiben: »Innerhalb des weißen Wolkenmeeres sehen wir das Herz der purpurnen Morgendämmerung«. Genauso faszinierend wie die Art sind ihre rosa, rot und dunkelrot gefärbten Hybriden, die ebenfalls mit ihrem kontrastierendem Basalfleck beeindrucken. *P. rockii* unterscheidet sich von den Kulturformen durch eine weiße

Die Erforschung der wilden Strauchpfingstrosen

Das Chan-Ding-Lamakloster in Choni, Provinz Gansu, aus dessen Garten Joseph Rock Samen einer Strauchpäonie nach Nordamerika schickte

32

Die Erforschung der wilden Strauchpfingstrosen

Scheidenhaut und Narbe, sowie durch ihre rein weißen Staubfäden, die bei den kultivierten Formen oft rosa oder purpur gefärbt sind. Die Laubblätter von *P. rockii* sind auf der Blattunterseite behaart und standortbedingt mehr oder weniger stark gelappt. Die Blattstiele sind weich behaart. Unter dem Rasterelektronenmikroskop lassen sich auf der Mittelrippe der Blattoberseite Protuberanzen (vorstehende Gebilde) erkennen.

Beheimatet ist *P. rockii* in den Provinzen Gansu, Shaanxi, Henan und Hubei. Sie liegen im nordwestlichen Teil Chinas und gehören zu den Provinzen entlang des Gelben Flusses, die von einem ausgedehnten mächtigen Lössplateau geprägt werden. Besonders in Gansu ist das Klima fast wüstenartig trocken. Die durchschnittlichen Jahresniederschläge fallen mit 350 mm bis 600 mm relativ gering aus. Dabei fällt in den Sommermonaten mehr als die Hälfte des Jahresniederschlags. Es kommt zu Höchsttemperaturen um plus 40 °C. Im Winter kann das Thermometer auf minus 25 °C absinken. Die kalte Jahreszeit kann von September bis Mai andauern. Die Fundorte von *P. rockii* liegen in Gebirgszonen von 1 000 m bis 3 000 m über dem Meeresspiegel und die südliche Lage um den 36. Breitengrad, vergleichbar mit Kreta oder Tunesien, setzt die Pflanzen weiteren extremen Bedingungen aus.

Durch besonders lange Wurzeln hat sich *P. rockii* diesen Klimaverhältnissen angepasst. Dr. Gian Lupo Osti berichtete von seiner letzten Expedition, die er zusammen mit Prof. Hong Tao im Frühjahr 1994 unternahm, dass *P. rockii* bis zu 2 m tiefe Wurzeln ausbilden kann. Er hat sogar bei Arbeiten an einem Graben bis zu 4 m tief reichende Wurzeln dieser Päonie gesehen.

P. rockii vermehrt sich gut aus Samen, bildet aber auch reichlich grundständige Seitentriebe aus und ist relativ leicht teilbar.

Reginald Farrer entdeckte 1914 in Süd-Gansu als erster Europäer *P. rockii*. In seinem Buch »On the Eaves of the World« beschreibt er begeistert die Pflanze. Leider sammelte Farrer weder Samen noch ein Herbarexemplar der Art. Das lieferte der Pflanzensammler und Ethnologe Joseph Rock. In den 20er Jahren des 19. Jahrhunderts lebte er etwa ein Jahr lang im Chan Ding-Lamakloster in Choni (auch Zhuoni oder Jone) im Süden Gansus. Im Klostergarten stand eine weiß blühende Päonie mit schwarzem Basalfleck. Es wird behauptet, Joseph Rock soll Samen dieser Pflanze an das Arnold Arboretum in Boston gesandt haben, doch ist dies historisch nicht gesichert. Auf jeden Fall gelangten von Joseph Rock gesammelte Samen dieser Pflanze nach den USA und Europa. Die aus den Samen gezogenen Pflanzen wurden unter den Namen *P. suffruticosa* 'Rock's Variety' oder 'Joseph Rock' bekannt und verbreitet. Man trennt eine amerikanische »Arnold Arboretum-Form« von einer britischen »Highdown-Form«, die sich im Laub und in der Anzahl der Kronblätter geringfügig unterscheiden. Sir Frederic Stern soll Samen seiner Pflanze aus seinem Garten Highdown an Rock nach China zurückgeschickt haben, nachdem religiöse Fanatiker das Lamakloster niedergebrannt hatten. Ältere Exemplare dieser Abkömmlinge haben in Europa eine Höhe von etwas über 2 m und einen Durchmesser von bis zu 4 m erreicht.

1990 schlugen die Botaniker Stephen G. Haw und L. A. Lauener vor, die von Joseph Rock entdeckte Pflanze *P. suffruticosa* ANDREWS subsp. *rockii* zu nennen. Der Dendrologe Hong Tao ist der Auffassung, dass *P. suffruticosa* ANDREWS eine Hybride sei und damit auch die Unterart *P. suffruticosa* ANDREWS subsp. *rockii* ein ungültiger Name. Deshalb nannte er 1992 die Pflanze zu Ehren von Joseph Rock *P. rockii*.

Obwohl in den natürlichen Verbreitungsgebieten von *P. rockii*, hauptsächlich in der Provinz Gansu, über Jahrhunderte immer wieder Hybriden in vielen Bauerngärten entstanden, gelangte *P. rockii* relativ spät in die Züchtung. Eine intensive züchterische Weiterentwicklung begann erst durch Herrn Chen De-zhong in den 60er Jahren des vergangenen Jahrhunderts, siehe Seite 65.

Paeonia rockii subsp. *linyanshanii* T. HONG et G. L. OSTI 1994

P. rockii subsp. *linyanshanii* hat die größten Blüten aller Arten, sie erreichen einen Durchmesser von etwa 20 cm. Ebenso wie *P. rockii* blüht diese Unterart mit weißen Blüten und einem schwarzroten Basalfleck. Das Laub unterscheidet sich jedoch grundsätzlich von *P. rockii*. Die Laubblätter sind eiförmig-lanzettlich und meist ungelappt, die Blattstiele rau-behaart. Mit etwa 5 cm ist die Blütenknospe doppelt so lang wie die von *P. rockii*. Die Knospen sind länglich und nicht so stark bauchig-gewölbt. Bei *P. rockii* subsp. *linyanshanii* fällt auf, dass sie sehr große Knospenschuppen hat. Sobald sie sich öffnen und der Trieb zu wachsen beginnt, stehen die Knospenschuppen trichterförmig vom Trieb ab. Bei Dauerregen füllt sich der Trichter mit Wasser und kann den Trieb durch Fäulnis zum Absterben bringen. Für die hier beschriebene Art verwendet Hong De-yuan den Namen *P. rockii* subsp. *rockii*, wäh-

Paeonia rockii subsp. *linyanshanii*

33

Die Erforschung der wilden Strauchpfingstrosen

Knospenhüllschuppen der Paeonia rockii subsp. linyanshanii im Austrieb

Paeonia ostii klammert sich am Yinping-Berg (Silber-Vorhang-Berg), Chaohu, Provinz Anhui, in eine Felsspalte

34

Die Erforschung der wilden Strauchpfingstrosen

Paeonia rockii subsp. linyanshanii am Wildstandort in der Provinz Hubei

rend er die Art mit gelappten Laubblättern *P. rockii* subsp. *taibaishanica* nennt.

P. rockii subsp. *linyanshanii*, wir verwenden den älteren Namen, ist in den Provinzen Hubei und Gansu beheimatet. Dort wurde sie in Gebirgsregionen in etwa 1 500 m über dem Meeresspiegel gefunden.

Im Gegensatz zu *P. rockii* entwickelt sich *P. rockii* subsp. *linyanshanii* sparriger und mit weniger Verzweigungen. Das Längenwachstum pro Jahr ist größer als bei der gelappten *P. rockii*. Bei unseren noch nicht voll ausgewachsenen Pflanzen haben sich auch noch keine grundständigen Seitentriebe gebildet.

P. rockii subsp. *linyanshanii* und *P. rockii* keimen epigäisch, d. h. sie schieben ihre Keimblätter wie eine Bohne über die Erdoberfläche. Auch bei Rockii-Hybriden ist diese Keimung häufig zu beobachten.

Der Name *P. rockii* subsp. *lanceolata*, der von Yan-Long Pei u. a. verwendet wird, aber nicht veröffentlicht wurde, kann als Synonym zu *P. rockii* subsp. *linyanshanii* gelten.

Paeonia ostii T. HONG et J. X. ZHANG 1992

Sie blüht ebenso wie *P. rockii* weiß, doch fehlen ihr die charakteristischen Basalflecken. Am Grund der Kronblätter kann sie auch leicht rosa überhaucht sein. Die Scheidenhaut um die Fruchtblätter ist rot gefärbt, was der Blüte einen wundervollen Kontrast verleiht. Auch die Staubfäden und die Narbe sind rot. Da die Kronblätter sehr dünn sind, bekommen sie nach Regengüssen ein etwas flatteriges Aussehen. Die Laubblätter von *P. ostii* sind lanzettlich oder oval-lanzettlich und ganzrandig, während das Gipfellaubblättchen gelappt ist. Auf der Blattunterseite ist *P. ostii* kahl, dagegen finden sich oberseits an der Basis der Mittelrippe einzelne Haare.

Als Verbreitungsgebiete werden in der Literatur die Provinzen Anhui, Henan, Hunan und Shaanxi u. a. genannt, doch trifft man *P. ostii* in der Natur kaum noch an. Die Gebiete, in denen sie beheimatet ist, sind von einem gemäßigten bis subtropischen Klima gekennzeichnet, auch die Niederschlagsmenge ist verglichen mit den Standorten von *P. rockii* höher. An mehreren Fundorten wie z. B. in der Provinz Henan, wo die Pflanze von dem Co-Autor von *P. ostii*, Herrn Zhang Jia-xun, zu Beginn der 80er Jahre noch gesammelt wurde, ist sie heute ganz verschwunden. Man konnte deshalb bisher vermuten, dass die Pflanzen im Besitz von Herrn Zhang Jia-xun die einzigen überlebenden »Wildpflanzen« seien. Hong De-yuan und Pan Kai-yu berichteten allerdings 1999 von einem weiteren Vorkommen in der Provinz Henan.

Es ist anzunehmen, dass heute im Handel erhältliche Pflanzen einer Kulturform angehören, die *P. ostii* sehr nahe steht, aber nicht als *P. ostii* bezeichnet werden sollten. Die Kulturform ist unter dem Namen *P. ostii* cv. 'Feng Dan Bai' oder 'Phoenix White' bekannt. *P. ostii* cv. 'Feng Dan Bai' wird in China aus Samen angezogen und ist die billigste Strauchpäonie im Handel. In der Provinz Anhui wird sie in großem Maße angebaut und ist ein wichtiger Wirtschaftsfaktor in der Region. Aus den Wurzeln dieser Päonie wird ein medizinischer Wirkstoff gewonnen.

Ein anderer und interessanter Fundort von *P. ostii* liegt in der Provinz Anhui bei der Stadt Chaohu. Dort klammert sich eine jahrhundertealte Pflanze an einer mehr als 100 m hohen Klippe in einer Felsspalte fest, und ist so vor »Interessenten« geschützt. Der Standort der Pflanze soll seit 600 Jahren schriftlich belegt sein. Zur jährlichen Blütezeit um den 20. April wallfahren ganze Menschenscharen und bestaunen das »Wunder auf dem Fels«. Ob diese Pflanze sich alleine in der Felsspalte angesiedelt hat oder durch menschliche Hilfe in diese Felsritze gelangte, wird sich heute wohl kaum mehr feststellen lassen. Auf jeden Fall hat die Pflanze eine besondere mythische Bedeutung für die Chinesen. Die Botaniker Hong Tao und Hong De-yuan haben sich mit dieser Pflanze beschäftigt und sind bezüglich der botanischen Einordnung zu völlig verschiedenen Ansätzen gelangt. In einer unveröffentlichten Studie sieht Hong Tao sie als *P. ostii* an, während Hong De-yuan sie als eine Unterart von *P. suffruticosa* identifiziert und sie *P. suff.* subsp. *yinpingmudan* nennt. Auch im Schutzgebiet am Tai Bai Shan (Shan=Berg) in der Provinz Shaanxi wurde *P. ostii* gefunden. Ob sie dort natürlich vorkommt oder schon vor längerer Zeit angesiedelt wurde, wird sich nicht mehr feststellen lassen. Die Reisegruppe Hong Tao und Gian Lupo Osti fand 1994 am Tai Bai Shan blühende Exemplare.

Es ist anzunehmen, dass diese Päonie seit Jahrhunderten intensiv Eingang in die Züchtung mit anderen Wildarten gefunden hat und dass dadurch sehr schöne Kreuzungen entstanden sind. Einige von ihnen zeigen die für *P. ostii* typischen eilanzettlichen Laubblätter mit einfachen bis stark gefüllten Blüten in den verschiedensten Päonienfarben.

Da *P. ostii* cv. 'Feng Dan Bai' aus einem gemäßigten bis subtropischen Klima stammt, ist sie nicht ganz so winterhart wie *P. rockii*. Sie kann an ihren Heimatstandorten bis zu 1,5 m Höhe erreichen.

In Mitteleuropa erreicht *P. ostii* cv. 'Feng Dan Bai' diese Höhe bisher wohl nur an sehr geschützten Standorten. Da sie im Frühjahr sehr früh austreibt, ist sie stark spätfrostge-

Paeonia ostii

Die Erforschung der wilden Strauchpfingstrosen

Paeonia jishanensis am Wildstandort in der Provinz Shanxi

Die Erforschung der wilden Strauchpfingstrosen

fährdet. Sie braucht einen vor der winterlichen Morgensonne geschützten Platz. Durch ihre Frostanfälligkeit ist sie auch anfälliger gegen Fäulnis. Nach unseren bisherigen Erfahrungen sollte sie einen freien Standort haben und nicht von benachbarten Stauden bedrängt werden, die verhindern, dass Luft an die Pflanze kommt. Auch Standorte im Schatten werden mit erhöhter Fäulnisanfälligkeit quittiert. Es scheint sehr wichtig zu sein, dass *P. ostii* cv. 'Feng Dan Bai' nach Regenfällen rasch abtrocknen kann. Allerdings treiben die Pflanzen bei einem durch Fäulnis erforderlichen Rückschnitt willig wieder aus.

Paeonia jishanensis T. HONG et W. Z. ZHAO 1992

Die Anerkennung der Art war einige Jahre lang umstritten, doch jetzt hat sie sich als Wildart durchgesetzt. Als Hong Tao sie 1992 beschrieb, kannte man bereits eine sehr ähnliche, rosa blühende Pflanze, *P. suffruticosa* ANDREWS subsp. *spontanea* (REHDER) HAW et LAUENER, die Purdom 1910 gesammelt hatte. Hong Tao kam aber zu der Auffassung, dass hier eine Hybride beschrieben wurde, weil sie manchmal die Staubblätter zu Kronblättern umgeformt aufweist (»interdum staminibus petaloideis praeditis«). Nach dem Fundort seines ähnlichen, aber weiss blühenden Exemplars, das er in der Nähe der Stadt Jishan in der Provinz Shanxi gesammelt hatte, benannte er die gefundene Pflanze *P. jishanensis*.

Die Namensgebung brachte ihm allerdings starke Kritik aus Kollegenkreisen ein, denn um auf die Ähnlichkeit hinzuweisen, hätte er die Art *P. spontanea* benennen müssen. Deshalb korrigierte er sich 1994, indem er die Pflanze in *P. spontanea* umzunennen versuchte. Dies wiederum missfiel den Briten, allen voran Victoria Matthews, die im »The New Plantsman« darauf hinwies, dass dies nach den Regeln des Internationalen Codes für botanische Nomenklatur ein überflüssiger und somit ungültiger Name sei, und der ältere Name von 1992 *P. jishanensis* gültig wäre. Trotzdem verwendeten einige Jahre lang verschiedene chinesische Botaniker weiter den Namen *P. spontanea*. Erst seit Zhou Shi-liang in Zusammenarbeit mit Hong De-yuan und Pan Kai-yu 1999 eine gründliche Studie zur Pollenbiologie von *P. jishanensis* veröffentlichte, setzte sich die Anerkennung des Namens *P. jishanensis* endgültig durch. Stephen Haw (2001) wiederum möchte den Namen *P. spontanea* benutzt sehen, weil er der Ansicht ist, dass Purdoms Pflanze Nr. 338 von 1910 der Holotypus (das für die Namensgebung herangezogene Exemplar) der Art sei.

P. jishanensis ähnelt in der Blüte *P. ostii*, sie blüht auch rein weiß mit einer roten Scheidenhaut. Besonders die Laubblätter der Pflanze sind auffallend, die Teilblättchen sind rundlich oder eiförmig und stark gelappt. Auf den ersten Blick erinnert das Laub an eine Akelei. Der Habitus der Pflanze ist klein und gedrungen. *P. jishanensis* wächst in 1 200 m bis 1 500 m über dem Meeresspiegel in den Bergen der Provinz Shanxi im lichtem Schatten niedriger Eichen-Laubwälder. Nach chinesischen Informationen verträgt die Art keine Sommerhitze über 30 °C und muss zumindest halbschattig bis schattig gehalten werden.

P. jishanensis ist in Europa noch kaum in Kultur. Geht man von der oben genannten Studie von Zhou u. a. aus, so ist *P. jishanensis* extrem vom Aussterben bedroht und wird in der Roten Liste Chinas geführt. Das Ergebnis der Studie zeigt, dass sich *P. jishanensis* nur sehr schlecht aus Samen vermehren lässt. Sie zählt zu den Fremdbefruchtern und kann nur vom Pollen benachbarter Pflanzen bestäubt werden.

Herbarblatt von Paeonia jishanensis, Holotypus von Prof. Hong Tao, gesammelt am 10. 5. 1991

Die Erforschung der wilden Strauchpfingstrosen

Auch bei Handbestäubung scheint die Samenausbeute relativ gering zu sein.

Nach einer anderen Studie von Cheng Fang-Yun, Li Jia-jue und Chen De-zhong von 1997 allerdings spielt die Vermehrung durch Samen von *P. jishanensis* nur eine untergeordnete Rolle, denn die Autoren gehen davon aus, dass sich die Art eher vegetativ durch Rhizome vermehrt.

Da es viele Kulturformen gibt, die sich stark durch Ausläufer vermehren, sind sich die Chinesen sicher, dass *P. jishanensis* an der Entstehung vieler Hybriden beteiligt war. Natürlich deuten auch Merkmale des Laubes darauf hin.

Nach der oben genannten Studie von Cheng, Li und Chen vermehrt sich auch eine andere extrem seltene Art eher auf vegetative Weise. Es ist *P. qiui*.

Paeonia qiui im Garten eines Bauernhauses in der Provinz Hubei

Paeonia qiui Y. L. Pei et D. Y. Hong 1995

Die Päonie mit dem eher seltsam anmutenden Artnamen (sprich: tschui) trägt den Namen ihres Entdeckers, des Botanikers Qiu Jun-zhuan, der diese Pflanze 1988 in Hubei gefunden hatte.

P. qiui fällt durch ihr ungewöhnliches Laub auf, das eher an die Staudenpäonie *P. obovata* als an eine Strauchpäonie erinnert. Die Laubblätter sind meist in nur neun Teilblättchen untergliedert, die jeweils rundlich-eiförmig und meistens ganz sind. Die Blattoberseite ist rötlich grün. Die Blüten sind rosa, nach dem Schlüssel von Hong De-yuan mit einem Fleck an der Basis, nach Hong Taos Schlüssel allerdings ohne Fleck. In der Originalbeschreibung von Pei und Hong De-yuan wird kein Fleck genannt. Die Reisegruppe von 1994 (Hong, T. und Osti) fotografierte *P. qiui* im Vorgarten eines Bauernhauses. Diese Bilder zeigen eine Päonie ohne Flecken. Es ist anzunehmen, dass der Bauer diese Pflanze irgendwann einmal der Natur entnommen hat. Die Geschichte der Gattung *Paeonia* gibt immer wieder Hinweise darauf, dass Pflanzen aus der Natur verschwinden und nur noch in Gärten zu finden sind, wo sie gehegt und gepflegt werden. Nach Ansicht von Hong De-yuan ist *P. qiui* die am meisten vom Aussterben bedrohte Art aller Strauchpäonien.

Nach der schon erwähnten Studie von Cheng Fang-Yun, Li Jia-jue und Chen De-zhong vermehrt sich auch diese Art vegetativ.

Dass *P. qiui* den neu entdeckten Arten zuzuordnen ist, scheint allgemein anerkannt zu werden, ob sie sich allerdings bereits in Europa in Kultur befindet, muss bezweifelt werden. Ihr Fundort im Kreis Shennongjia in 1 650 m bis 2 000 m über dem Meeresspiegel deutet aber auf eine für europäische Klimaverhältnisse ausreichende Winterhärte hin.

Paeonia decomposita Hand.-Mazz. 1939

Diese in Sichuan beheimatete Art wurde zuerst von Heinrich von Handel-Mazzetti beschrieben. Er hatte ein Herbarexemplar zur Verfügung, das von dem schwedischen Botaniker Harald K. A. Smith gesammelt worden war. Der chinesische Botaniker Fang Wen-pei beschrieb 1958 eine Strauchpäonie aus dem Nordwesten Sichuans unter dem schönen Namen *P. szechuanica*. Erst im Jahre 1996 erkannte Hong De-yuan durch Vergleich der Herbarbelege Fangs und Smiths, dass es sich bei beiden Pflanzen um identische Arten handelte. Somit ist die ältere Namensgebung von Heinrich von Handel-Mazzetti gültig.

Paeonia decomposita

Die Erforschung der wilden Strauchpfingstrosen

P. decomposita ist die einzige Art der Sektion **Vaginatae**, die kahle Fruchtblätter hat. Sie hat rosa gefärbte Kronblätter, einen weißen Diskus und eine relativ kurze Scheidenhaut. Ihre Blätter sind in auffallend viele Teilblättchen untergliedert und kahl. Während das Blatt von *P. qiui* nur neun Teilblättchen aufweist, kann das Blatt von *P. decomposita* im Gegensatz dazu bis zu 63 Teilblättchen haben.

Der Strauch wird am Naturstandort bis 150 cm hoch. *P. decomposita* kommt in 2 300 m bis 3 100 m über dem Meeresspiegel vor. Sie scheint allerdings weiter verbreitet zu sein als bisher bekannt war. Nach persönlichem Bericht von Cheng Fang-yun sind von ihm erst kürzlich im Süden Gansus weitere Exemplare von *P. decomposita* gefunden worden.

Im Jahre 1997 veröffentlichte Hong De-yuan eine Studie zu *P. decomposita* nachdem weitere Fundorte entdeckt worden waren. Nach dieser Studie unterscheiden sich die Pflanzen im Daduhe Tal von denen im Mingjiang Tal. Die Pflanzen der früheren Fundorte im Daduhe Tal bezeichnete er daraufhin als *P. decomposita* subsp. *decomposita*, die Pflanzen vom Mingjiang Tal als *P. decomposita* subsp. *rotundiloba*. Die Unterarten unterscheiden sich durch die Form der Laubblätter und durch die Anzahl der Fruchtblätter.

In den letzten Jahren gelangte *P. decomposita* vereinzelt nach Europa und hat sich dort bisher zufrieden stellend entwickelt. Weil sie in ihrer Heimat oft heftigen Monsunregen ausgesetzt ist, übersteht die Art auch feuchtere Sommer.

P. decomposita scheint auch selbst unfruchtbar zu sein. Eigene Versuche, die Pflanze mit ihrem eigenen Pollen zu bestäuben, schlugen bisher fehl.

Durch ihre extrem kurze Scheide, die kahlen Fruchtblätter und ihren geographischen Fundort kann *P. decomposita* als eine Art Bindeglied zwischen der Untersektion **Vaginatae** und **Delavayanae** angesehen werden.

Im letzten Jahrzehnt wurden noch drei weitere neue Vertreter der **Vaginatae** beschrieben. Die Diskussion darüber scheint noch nicht abgeschlossen zu sein. Trotzdem wollen wir sie hier kurz vorstellen:

Paeonia yananensis T. Hong et M. R. Li
1992

Sie bekam ihren Namen von der Stadt Yanan, Provinz Shanxi, in deren Nähe sie gefunden wurde und wo der »Lange Marsch« der Roten Armee endete. Die Blüte erinnert mit ihren Basalflecken an *P. rockii*, doch sind Scheidenhaut, Diskus, Narbe und Staubfäden rötlich purpur gefärbt. Die Blattunterseiten sind stärker seidig behaart als bei *P. jishanensis*. Die Blüten sind rosa oder auch weiß.

Über die Namensgebung dieser Päonie wird noch diskutiert. Hong De-yuan ist der Meinung, *P. yananensis* sei aus einer natürlichen Kreuzung zwischen *P. rockii* und *P. jishanensis* hervorgegangen, da beide Arten in denselben Gebieten beheimatet sind. Da Henry C. Andrews Beschreibung von *P. papaveracea* dieser Naturhybride sehr ähnlich sei, schlägt Hong

Die Erforschung der wilden Strauchpfingstrosen

Paeonia yananensis am Wildstandort in der Provinz Shanxi

Herbarblatt von Paeonia yananensis

40

Die Erforschung der wilden Strauchpfingstrosen

De-yuan vor, die Pflanze *Paeonia × papaveracea* ANDREWS (pro sp.) zu nennen.

In seiner Veröffentlichung von 1807 beschrieb Andrews *P. papaveracea* als weiß blühende Päonie mit Basalflecken und einer roten Scheidenhaut. Das Laub der Abbildung bei Andrews zeigt jedoch Unterschiede zu *P. yananenis*. Eingeführt hatte diese Pflanze 1802 Sir Abraham Hume, der sie in seinem Anwesen Wormley Bury anpflanzte. 33 Jahre später hatte die Pflanze über 4 m Durchmesser und trug 320 Blüten. 1940 berichtete der damalige Besitzer von Wormley Bury, Major Pam, dass es in seinem Garten eine Strauchpäonie gebe, die exakt der Beschreibung *P. papaveracea* von Andrews entspreche, also vermutlich eine Nachfahrin oder ein Ableger der ursprünglichen Pflanze sei. Hong Tao nimmt an, dass es sich bei Andrews *P. papaveracea* um eine Kulturform von *P. rockii* handelt. Haw ist ebenso wie Hong De-yuan der Meinung, dass die Pflanze eine Naturhybride zwischen *P. rockii* und *P. jishanensis* sei, möchte aber den Namen *P. × yananensis* benützen, da das Laub von *P. yananensis* wenig Ähnlichkeit mit *P. papaveracea* Andrews habe.

Paeonia ridleyi Z. L. DAI et T. HONG 1997

Sie soll im Laub *P. yananensis* ähnlich sein. Das Gipfellaubblättchen ist 3fach gelappt, während die nachfolgenden Teilblättchen häufig ganzrandig sind. Die rosa Blüten weisen einen kleinen Fleck auf, Diskus, Scheidenhaut, Staubfäden und Narbe sind purpurrot. Ihren Namen bekam die Päonie nach Viscount Ridley.

Hong De-yuan sieht sie als Synonym von *P. qiui* an, da keine klaren Unterschiede erkennbar seien und *P. ridleyi* aus dem gleichen Gebiet stamme. Allerdings hat *P. qiui* laut der Veröffentlichung von Yan-Long Pei 1995 keine Flecken in der Blüte.

Paeonia baokangensis Z. L. DAI et T. HONG 1997

Durch ihre rosa Blüten mit dem Basalfleck kann diese Art mit *P. ridleyi* verwechselt werden, jedoch sind ihre Laubblätter doppelt gefiedert.

Hong De-yuan bezeichnet sie als Hybride, entstanden aus *P. qiui* und *P. rockii*, da beide in der gleichen Gegend bei Baokang in der Provinz Hubei vorkommen. Er nennt sie *Paeonia × baokangensis* Z. L. DAI et T. HONG 1997 (pro sp.)

Es ist zu hoffen, dass chinesische Botaniker die vielen offenen Fragen zu den zuletzt genannten Arten bald klären werden.

Die Päonien der Untersektion Delavayanae

In der Untersektion **Delavayanae** sind alle Strauchpäonien zusammengefasst, deren Diskus die Fruchtblätter nicht mit einer Scheidenhaut umhüllt. Außerdem sind sie meist mehrblütig, das heißt sie können nicht nur an den Triebspitzen eine Blüte haben, sondern auch noch seitlich aus den Blattachseln. Auch diese Strauchpfingstrosen zählen in China zu den »Mu Dan«.

Es handelt sich um Päonien aus den südwestlichen Provinzen Sichuans, Yunnans und Tibets. Hierüber hat Hong Tao nicht publiziert, während Hong De-yuan mit seinen Mitarbeitern einige Aufsätze veröffentlicht und die gesamte Untersektion Delavayanae 1998 neu bearbeitet hat.

Paeonia ridleyi am Wildstandort in der Provinz Hubei

41

Die Erforschung der wilden Strauchpfingstrosen

Paeonia baokangensis am Wildstandort in der Provinz Hubei

Paeonia delavayi mit Hüllkelch

Paeonia delavayi Franch. 1886

P. delavayi wurde 1884 von Pater Delavay gesammelt. Er schickte Samen nach Frankreich. Bei einer Ausstellung 1892 wurde *P. delavayi* zum ersten Mal der Öffentlichkeit vorgestellt. In China wird diese Art »Zi mu dan« genannt, übersetzt: »Purpur Päonie«. Die englische Farbbezeichnung »maroon« beschreibt den Farbton viel treffender als die deutschsprachige Bezeichnung. Die zwei bis fünf Blüten sitzen an der Spitze eines Triebes und an den oberen Blattachseln. Die Kronblätter sind rot und können ins Bräunliche übergehen. Auch die Narben und Staubfäden sind rot. *P. delavayi* produziert so reichlich Pollen, dass die besuchenden Insekten die Blüten über und über gelb einstäuben. Die Laubblätter sind doppelt 3-zählig, auf der Blattoberseite dunkelgrün, auf der Blattunterseite blaugrün.

In älteren Veröffentlichungen wird großer Wert auf einen auffallenden Hüllkelch gelegt. Dies sind acht bis zwölf grüne Hüllblätter, die sich eng an die fünf lederartigen, grünen Kelchblätter anlegen. Dieser Hüllkelch spielte bisher bei der Unterscheidung zu den anderen Arten der Untersektion **Delavayanae** eine entscheidende Rolle. Siehe auch Seite 45.

Die bis etwa 1,5 m hohe Strauchpäonie wächst in den Gebirgen von Yunnan und Sichuan auf 2 300 m bis 3 700 m über dem Meeresspiegel und blüht in ihrer Heimat erst von Mai bis Juni. Dort bevorzugt sie nordseitige Berghänge und Gebirgswiesen. In unserem Garten erblüht *P. delavayi* etwa in der ersten Maiwoche, je nach der Witterung des Frühlings.

P. delavayi produziert reichlich Samen, der auch eine gute Keimfähigkeit besitzt. Sind die Samen ausgereift, müssen sie sofort geerntet werden, da sie leicht aus den schotenähnlichen Fruchtblättern ausfallen. Sie werden gerne von Mäusen oder Eichhörnchen angenagt und meterweit entfernt von der Mutterpflanze vergraben. Der Gärtner findet dann überraschend im nächsten Frühjahr zufällig entstandene Sämlinge.

Die Sämlinge sollten auf die Blütenfarbe und die Haltung der Blüte gesichtet werden. Hin und wieder erhält man aus Samen gezogene Pflanzen mit recht häßlichen Unfarben wie undefinierbare Brauntöne. Gelb blühende Sämlinge von *P. delavayi* erhielten wir bisher nicht. Auch verstecken manche Pflanzen ihre Blüten tief im Laub, während andere Sämlinge ihre Blüten frei sichtbar seitlich ausbilden.

Im dritten Jahr überraschen die Sämlinge mit einem ungewöhnlichen Längenwachstum, bei guten Bedingungen können schon meterlange Neutriebe gebildet werden. Es kann vorkommen, dass diese dreijährigen Sämlinge bereits erste Blühversuche wagen. Trotzdem kann man sich zu dieser Zeit noch kein Urteil über die Schönheit der Blüte bilden und sollte der Pflanze noch einige Zeit geben, da sich die endgültige Blütenfarbe erst an einer »erwachsenen« Pflanze zeigt.

Paeonia delavayi var. *lutea* (Delavay ex Franch.) Finet et Gagnepain 1904

Diese Wildart wurde 1883, also noch ein Jahr früher als *P. delavayi* von Pater Delavay in Yunnan gesammelt. Er notierte auf seiner Samenlieferung den Namen *Paeonia lutea*, also gelbe Päonie. Diesen Namen verwendete 1886 auch der Botaniker Adrien R. Franchet, als er die Pflanze wissenschaftlich beschrieb. In China wird die Art »Yun nan huang mu dan« genannt, »gelbe Mu-Dan von Yunnan«. Damit be-

Die Erforschung der wilden Strauchpfingstrosen

schreibt der Name auch schon die Herkunft aus den westlichen Gebirgen der Provinz Yunnan. Sie wurde aber auch vereinzelt in Sichuan und in Tibet gefunden. *P. delavayi* var. *lutea* wächst in Strauchdickichten und lichten Waldrändern in Gebirgsregionen auf 2 500 m bis 3 500 m über dem Meeresspiegel.

Die Blüten sind gelb und bilden immer mehr als zwei Fruchtblätter aus. Durch die Anzahl der Fruchtblätter unterscheidet sich *P. delavayi* var. *lutea* von *P. ludlowii*, die später beschrieben wird. Die Basis der Blütenblätter ist rötlich gefleckt, es soll aber auch rein gelbe Formen geben.

Die Unterscheidung zwischen *P. delavayi* und *P. delavayi* var. *lutea* fällt schwer, denn beide kommen an gleichen oder an räumlich eng benachbarten Standorten in Yunnan vor. Mehrere westliche Reisende berichteten, sie hätten eine große Variation in der Blütenfarbe dieser Pflanzen vorgefunden, von gelb über orange bis dunkelrot. Aufgrund seiner ausgedehnten Studien und Sammlungen kommt Hong De-yuan zu dem Schluss, dass allein *P. delavayi* für diese Farbvielfalt verantwortlich ist. Die Varietät *P. delavayi* var. *lutea* erkennt er nicht an. Nach seiner Auffassung ist die Art so variabel, dass sich hiermit alle Farbunterschiede der Blüten erklären lassen.

Seinen Berichten zufolge hat er in der gleichen Population Blüten mit Hüllkelch und ohne denselben gefunden. Die Unterscheidung zwischen Hüllkelchblättern und Kelchblättern scheint dabei sehr schwierig zu sein. Unterschiede in der Breite der Laubblätter oder der Anzahl der Teilblättchen sind nach Hong De-yuan variations-, aber auch standortbedingt. Nach Hong De-yuan vermehre sich *P. delavayi* in der Natur vorwiegend vegetativ durch Ausläufer, kaum durch Samen.

In seiner Veröffentlichung erwähnt Hong De-yuan keine Aufsätze zur Zytologie (Lehre vom Bau und Funktion der Zellen) dieser beiden Arten. In einigen anderen Veröffentlichungen wird sowohl von Gemeinsamkeiten als auch von geringen Unterschieden in einigen Chromosomenpaaren berichtet. Selbst die Untersuchung der DNA scheint mit den gegenwärtigen Möglichkeiten noch keine endgültige Antwort geben zu können.

So hilfreich die Untersuchungen Hong-De-yuans über *P. delavayi* sind, bleiben dennoch einige Fragen offen. In unserem Garten treiben die Pflanzen, die wir unter dem Namen *P. delavayi* halten, keine Ausläufer, dagegen vermehren sie sich reichlich durch Samen. Andererseits vermehren wir eine ausläuferbildende *P. delavayi* var. *lutea* vom Botanischen Garten Kunming, Yunnan. Diese Pflanzen blühen sechs Wochen später als alle anderen Angehörigen der Sektion Delavayanae, sie erblühen erst Mitte Juni und sind somit die spätesten Strauchpäonien in unserem Garten. Außerdem setzen sie reichlich Samen an.

In unseren Gärten ist *P. delavayi* var. *lutea* kaum verbreitet. Erhält man Samen unter diesem Namen, so bekommt man meist die später beschriebene *P. ludlowii*. Der Grund kann darin liegen, dass *P. delavayi* var. *lutea* schlecht keimen soll oder aber von den Gärtnern mangels Interesse einfach nicht genug vermehrt wurde. Dabei gibt es solch herrliche Sorten wie 'Annie Rosse' im Nyman's Garden des National Trusts in England. Die Royal Horticultural Society gab dieser Auslese des Lords Rosse sogar eine Auszeichnung. Es ist völlig unverständlich, weshalb eine solche Schönheit nicht

Paeonia delavayi var. lutea

Die Erforschung der wilden Strauchpfingstrosen

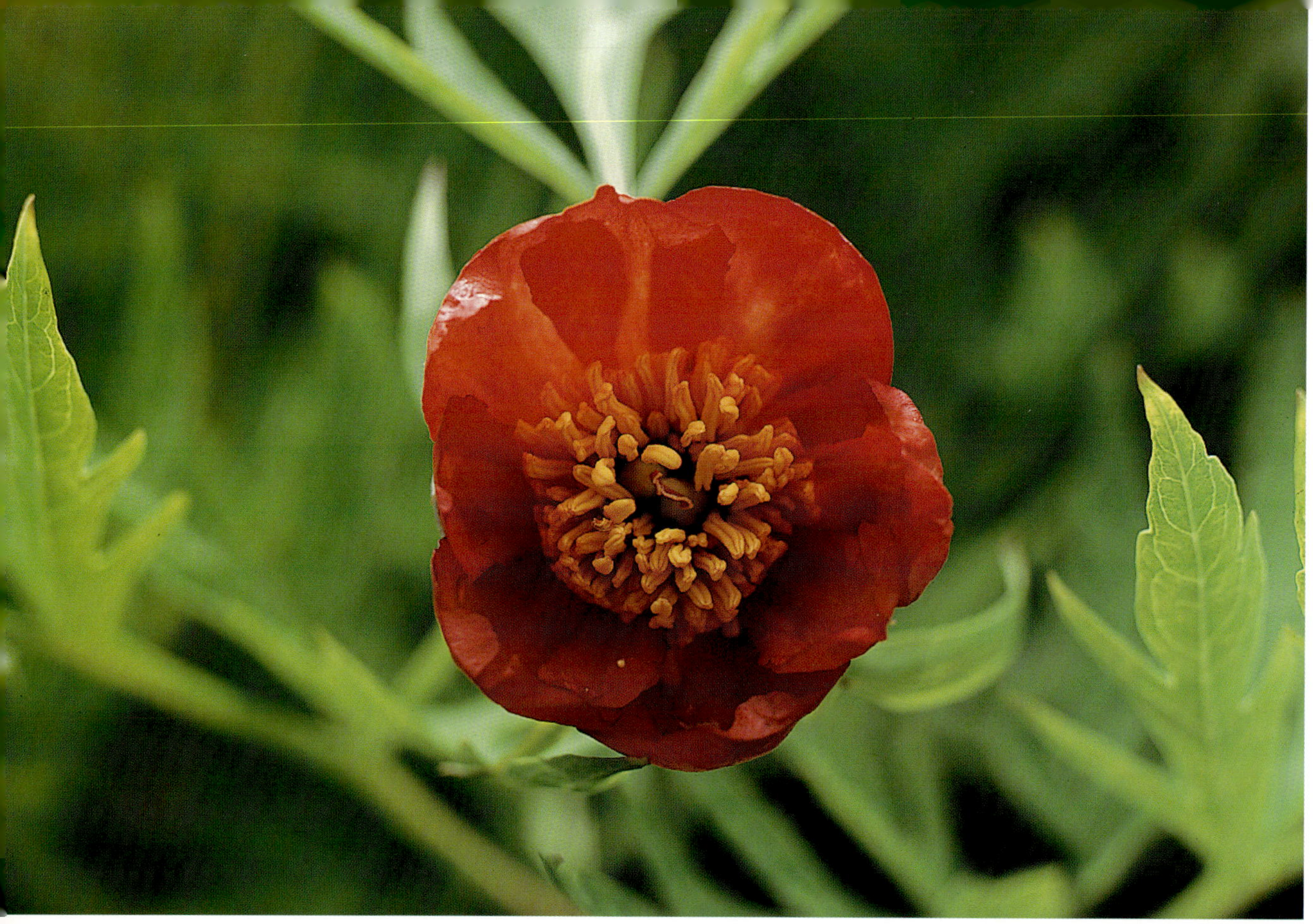

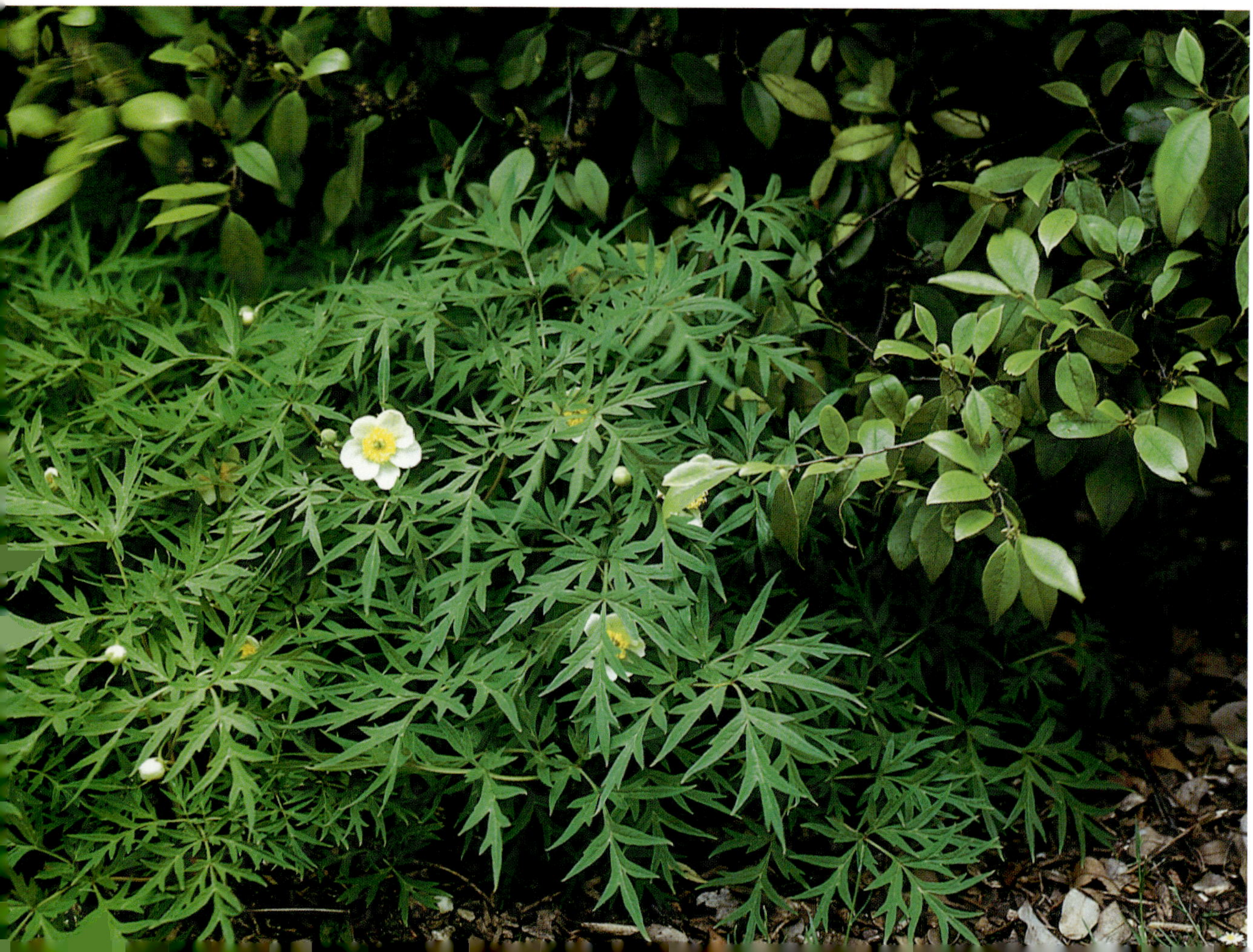

Paeonia ludlowii im Kew Garden aus Samen gezogen, der 1948 am Wildstandort gesammelt wurde

weiter vermehrt und im Handel angeboten wird.

Gelegentlich taucht noch der Name *P. forrestii* ARNOLD 1929 auf. Er ist als ein Synonym von *P. delavayi* var. *lutea* anzusehen.

Paeonia delavayi var. *angustiloba* REHDER et E..H. WILSON 1913 *syn. Paeonia potaninii* KOM. 1921

Diese Art wird häufig noch unter ihrem Synonym *P. potaninii* geführt. Grigory Nikolaevich Potanin war der erste Europäer, der zusammen mit seinem Begleiter Kaschkarov 1893 die Art in Sichuan fand. 1921 veröffentlichte Vladimir

Linke Seite:
Oben: Paeonia delavayi var. angustiloba
Unten: Paeonia potaninii fo. alba

L. Komarov die Beschreibung der Pflanze unter dem Namen *P. potaninii*, wies aber darauf hin, dass es sich um die gleiche Pflanze wie *P. delavayi* var. *angustiloba* REHDER et E . H. WILSON 1913 handeln könnte, die von Ernest H. Wilson 1904 und 1908 gesammelt worden war. Grigori N. Potanin entdeckte die Art zwar früher, aber Rehder und Wilson veröffentlichten zuerst ihre Ergebnisse. Somit ist der gültige Pflanzenname *P. delavayi* var. *angustiloba*. In vielen botanischen Gärten findet man aber häufig noch die Bezeichnung *P. potaninii*. Eine Erklärung dafür liefert Frederick C. Stern in seinem Buch: »Genus Paeonia«. Nach Ansicht des Botanikers Otto Stapf, der hier zitiert wird, sei *P. potaninii* eine eigene Art, da ihr der für *P. delavayi* so typische Hüllkelch fehle. Dagegen findet man in der »Flora von China« (1979) keine Erwähnung

Die Erforschung der wilden Strauchpfingstrosen

Paeonia ludlowii

Die Erforschung der wilden Strauchpfingstrosen

von *P. potaninii*. Somit wird hier die ältere Beschreibung von *P. delavayi* var. *angustiloba* anerkannt. Als Hauptverbreitungsgebiet wird Yunnan und der westliche Teil Sichuans angegeben.

Bezogen auf den Habitus zählt sie zu den kleinsten und zierlichsten ihrer Art. Die einzelnen Teile ihrer gelappten Blätter sind nur 4 mm bis 7 mm breit, während die Blattsegmente von *P. delavayi* 7 mm bis 20 mm breit sein können. Sie vermehrt sich eher durch Ausläufer, aber auch durch Samen. Der ganze etwa 1 m hohe Strauch wirkt wie ein mit der Heckenschere getrimmter kompakter Busch. *P. delavayi* var. *angustiloba* trägt ihre zierlichen Blüten seitlich, auch leicht hängend.

Für den Garten ist *P. delavayi* var. *angustiloba* eher durch ihr fein geschlitztes, dekoratives Laub als für ihre teilweise versteckten, sehr kleinen Blüten interessant. Die Pflanze ist recht genügsam und kommt auch mit mageren Bodenverhältnissen zurecht. Von ihrem Charakter und ihrer Genügsamkeit her betrachtet wäre sie gut als Teil einer Wacholder-Heidelandschaft vorstellbar.

Von *P. potaninii* existieren einige farblich verschiedene Formen. Zu nennen wären die dunkelrot blühende Varietät *potaninii*, die weiß blühende Forma *alba* (BEAN) F. C. STERN und die gelb blühende Varietät *trollioides* (STAPF ex F. C. STERN) F. C. STERN.

Paeonia ludlowii (STERN et TAYLOR) D. Y. HONG 1997

Diese letzte Vertreterin der Untersektion **Delavayanae** wurde lange Zeit von den chinesischen Botanikern völlig ignoriert. 1936 brachte die englische Expediton Frank Ludlow und George Sherriff zum ersten Mal Samen dieser Päonie aus dem Tal des Brahmaputra, dem Yarlung Zangbo, mit. Sie wächst dort in knapp 3 000 m bis 3 500 m über dem Meeresspiegel auf trockenen Schotterterrassen. Obwohl die Pflanzen in solcher Höhe wachsen, handelt es sich doch um Gegenden rund um den 30. Breitengrad, auf dem auch Kairo liegt.

Laut persönlicher Korrespondenz mit Eric Schmitt entdeckte bereits Frank Kingdon Ward im Jahre 1924 *P. ludlowii*, einige Jahre vor Frank Ludlow und George Sherriff. Ward identifizierte seinen Fund allerdings als *P. delavayi* var. *lutea*. Sein Herbarmaterial von *P. ludlowii* befindet sich im Besitz des Kew Herbariums.

Der chinesische Name: »Da hua huang mu dan« bedeutet »große gelbblumige Päonie« und beschreibt damit genau diesen »Riesen« unter allen Pfingstrosen. Unter günstigen Bedingungen kann die Pflanze eine Höhe von 3 m und den entsprechenden Umfang erreichen. Ihr dekoratives Laub ist die ganze Vegetationsperiode über attraktiv.

Die Blüten von *P. ludlowii* sind dem Gelb einer reifen Zitrone sehr ähnlich. Sie zeigen keinen Basalfleck. Auch Narben und Staubfäden sind gelb. Jede Blüte besitzt meist einen bis zwei hellgrüne Fruchtblätter, ein einziges Mal erhielten wir aber auch drei Fruchtblätter. Da *P. delavayi* var. *lutea* immer mehr als drei Fruchtblätter aufweist, ist es unverständlich, dass erst im Jahre 1997 Hong De-yuan *P. ludlowii* als eigene Art anerkannte.

Es ist erstaunlich, wie schnell sich diese Päonie in unseren Gärten eingebürgert hat, obwohl ihre Samen erst vor sechs Jahrzehnten nach Europa eingeführt wurden. *P. ludlowii* ist inzwischen viel weiter verbreitet als *P. delavayi* var. *lutea*, die schon vor über hundert Jahren gefunden wurde.

Strauchpäonien in China

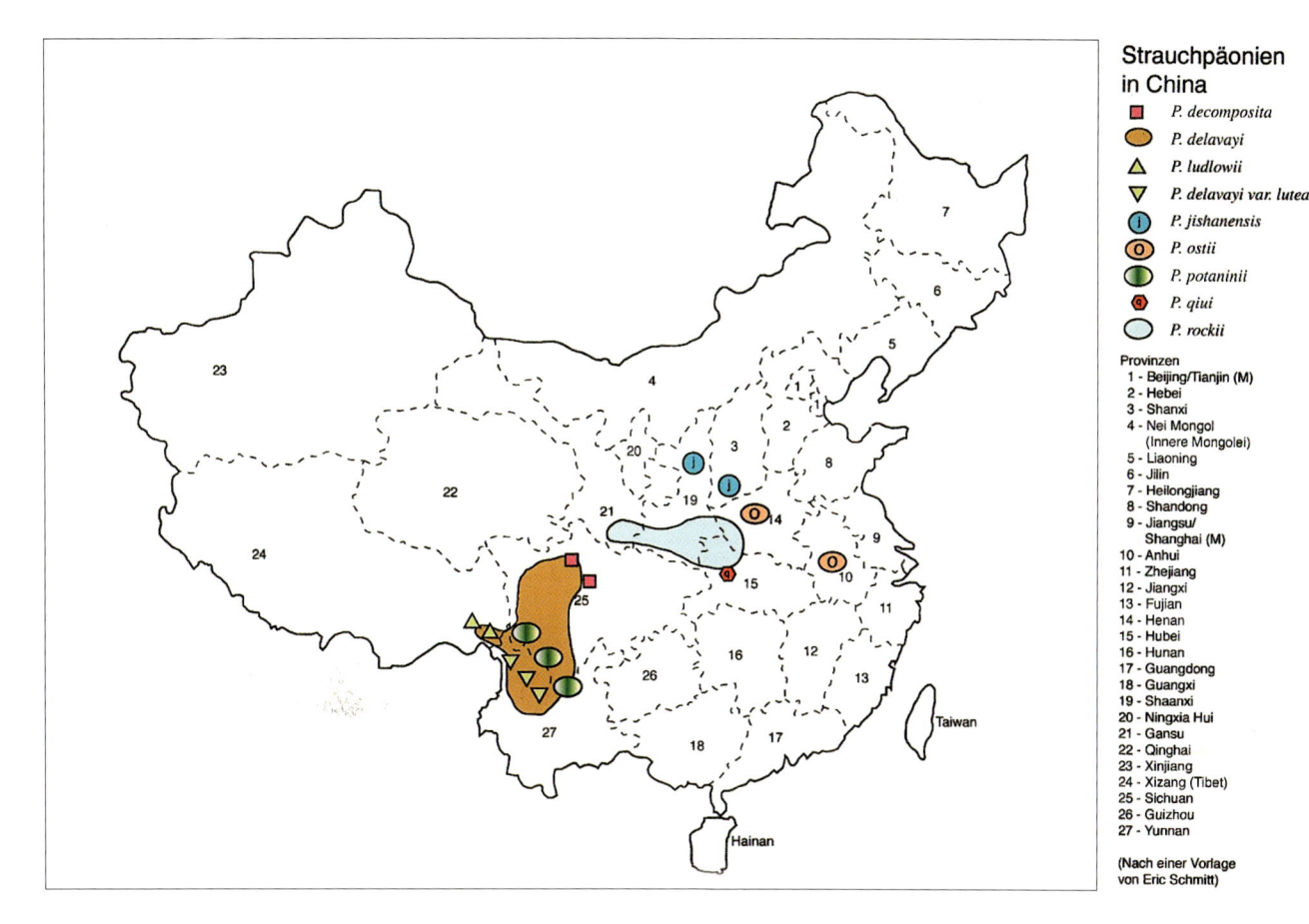

- ■ *P. decomposita*
- ● *P. delavayi*
- △ *P. ludlowii*
- ▽ *P. delavayi var. lutea*
- ⓙ *P. jishanensis*
- Ⓞ *P. ostii*
- ● *P. potaninii*
- ⓠ *P. qiui*
- ○ *P. rockii*

Provinzen
1 - Beijing/Tianjin (M)
2 - Hebei
3 - Shanxi
4 - Nei Mongol (Innere Mongolei)
5 - Liaoning
6 - Jilin
7 - Heilongjiang
8 - Shandong
9 - Jiangsu/Shanghai (M)
10 - Anhui
11 - Zhejiang
12 - Jiangxi
13 - Fujian
14 - Henan
15 - Hubei
16 - Hunan
17 - Guangdong
18 - Guangxi
19 - Shaanxi
20 - Ningxia Hui
21 - Gansu
22 - Qinghai
23 - Xinjiang
24 - Xizang (Tibet)
25 - Sichuan
26 - Guizhou
27 - Yunnan

(Nach einer Vorlage von Eric Schmitt)

In ihrer Heimat ist *P. ludlowii* stark gefährdet. Der Schweizer René Gämperle berichtete, dass Einheimische die Strauchpäonien abhakken, weil sie vermuten, dass die Pflanze für das Vieh giftig ist. Nach Hong De-yuan wird *P. ludlowii* häufig auch wegen der medizinischen Wirkung der Wurzelrinde ausgegraben.

P. ludlowii ist in sehr winterkalten Gebieten nicht leicht zu halten oder zur Blüte zu bringen. In flachen Ebenen wie der ungarischen Tiefebene oder dem Gebiet um die großen Seen im Mittleren Westen der USA, wo kalte Winterwinde ungehindert pfeifen können, hält es *P. ludlowii* gar nicht aus. Auch in Mitteleuropa empfiehlt sich ein etwas geschützter Standort in der Nähe eines Gebäudes oder einer Mauer. Fällt der Herbst kühl, aber relativ mild aus, hat *P. ludlowii* ziemliche Mühe, zur Winterruhe zu kommen. Es kann vorkommen, dass in solchen Jahren *P. ludlowii* Anfang November bis Dezember ein zweites Mal blüht. Ansonsten halten die Triebspitzen das Laub so lange, bis scharfe Fröste es zum Absterben bringen. In sehr kalten Wintern erfrieren die Triebspitzen ganz, was eine verringerte Blüte im nächsten Jahr zur Folge hat. Dafür treibt die Pflanze umso heftiger aus dem Wurzelstock neue Triebe, ohne aber Ausläufer zu bilden.

P. ludlowii lässt sich auch durch Absenker vermehren, allerdings braucht es mehr als eine Vegetationsperiode, bis die gebildeten Wurzeln so stark geworden sind, dass sie den Absenker selbst ernähren können und der Trieb von der Mutterpflanze abgetrennt werden kann. Einfacher ist es jedoch, sich die Pflanze aus Samen heranzuziehen.

Für alle Vertreter der Untersektion Delavayanae kann festgestellt werden, dass im Garten ein Standort vorteilhaft ist, der im Winter an nicht allzu exponierter Stelle steht. Die Sträucher wirken etwas sparrig und die Rinde der Zweige löst sich in Streifen ab. Auch bleibt im Winter das abgestorbene Laub noch lange am Strauch hängen. Hier können ein paar Handgriffe den unschönen Anblick beenden.

47

Die Erforschung der wilden Strauchpfingstrosen

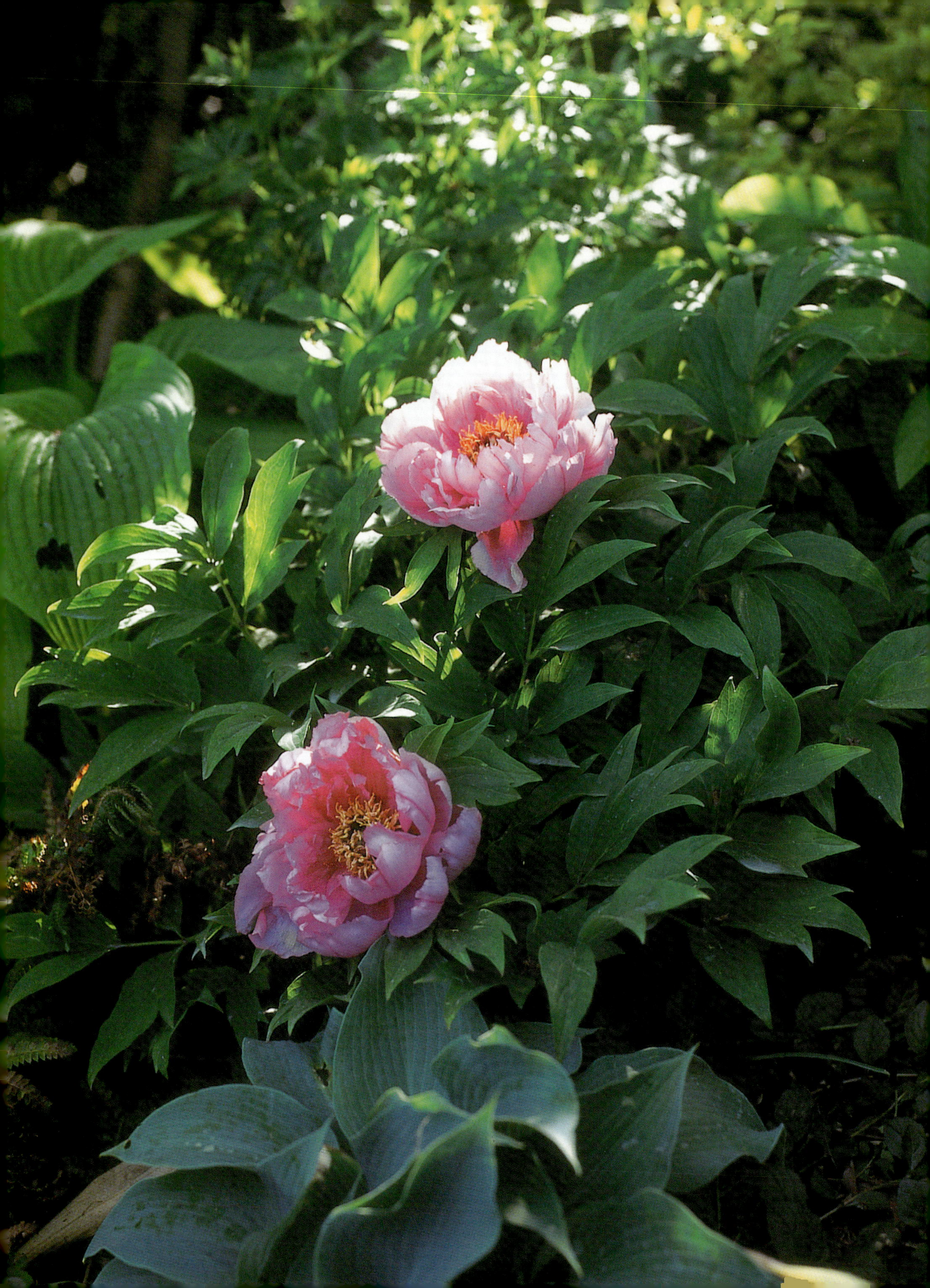

Die Züchtung und ihre Ergebnisse in China

Liebevoll geschützte Päonienpflanzung von 'Da Hu Hong' in einem Privatgarten in Heze, Provinz Shandong

Im Rahmen dieses Buches kann die Vielfalt an Kulturformen der chinesischen Strauchpäonie nur ansatzweise beschrieben werden. Wir versuchen, einige wichtige Hybriden vorzustellen, doch können wir nur einen unvollständigen Überblick geben. Auch sind chinesische Strauchpäonien erst seit Mitte der neunziger Jahre erhältlich, der Beobachtungszeitraum in unserem Klima ist daher sehr kurz und als noch nicht ausreichend anzusehen. Vergleiche hierzu auch Seite 72.

Die heutigen Formen der chinesischen Strauchpfingstrosen-Hybriden wurden im Laufe von mindestens anderthalb Jahrtausenden Züchtungsgeschichte geschaffen. Oft blieb die Entstehung einer neuen Hybride unerwähnt, da keine Zuchtbücher geführt wurden.

Durch den Warenverkehr innerhalb Chinas wurden immer wieder andere Arten oder Hybriden eingetauscht, angepflanzt und eingekreuzt. Die Nachkommen unterscheiden sich oft so sehr von ihren Eltern, dass sich heute nicht oder kaum mehr feststellen lässt, welche Wildarten an der Entstehung beteiligt waren. Gelegentlich gibt die Form der Laubblätter, die Farbe der Scheidenhaut, Basalflecken in der Blüte oder sonstige Merkmale einen Hinweis auf einen möglichen Elternteil der vorhandenen Kulturform. In jüngster Zeit wird mit Mitteln der modernen Biotechnologie versucht, Rückschlüsse auf die Eltern zu ziehen.

Die Strauchpäonien werden in China in vier verschiedenen Hybridgruppen zusammengefasst. Aus drei Hybridgruppen sind Pflanzen bei uns erhältlich und im Hinblick auf die Winterhärte und die Widerstandsfähigkeit interessant.

Die **Päonien aus Heze und Luoyang** scheinen für unsere Klimaverhältnisse ausreichend winterhart und widerstandsfähig zu

Die Züchtung und ihre Ergebnisse in China

Links: 'Cong Zhong Xiao'

Chen De-zhong mit seiner ersten, allerdings nicht registrierten Züchtung 'Li Xiang' (Hoffnung)

sein. Allerdings vertragen sie nicht zu viel Nässe, eine gute Dränage ist äußerst wichtig. Im Frühjahr beginnen diese Päonien sehr früh auszutreiben. Dadurch sind sie eher frostgefährdet als die späten amerikanischen Hybriden. Die Sträucher werden meist nicht allzu hoch, sie wachsen eher in die Breite. Diese Hybridgruppe vereint mit weit über 500 Varietäten die größte genetische Bandbreite in sich, da sie vermutlich von mehreren Wildarten abstammen. Vielleicht haben an der Entstehung der Hybridgruppe Arten mitgewirkt, die es heute gar nicht mehr gibt.

In Europa hat sich in den letzten Jahren für diese Hybridgruppe der Begriff »Suffruticosa-Gruppe« eingebürgert. Der Botaniker Andrews beschrieb 1804 eine Wildart, die er als *P. suffruticosa* bezeichnete. Durch die Unkenntnis der chinesischen Flora nahm man an, dass es sich um eine Wildform handele. Seit dem Hinweis von Prof. Hong Tao, dass es sich bei Andrews *P. suffruticosa* nicht um eine Wildart, sondern um eine Hybride handele, ist der Name ungültig. Unter der Bezeichnung »Suffruticosa-Gruppe« können aber Hybriden unbekannter Herkunft zusammengefasst werden.

Rockii-Hybriden sind toleranter gegenüber Kälte und Trockenheit und widerstandsfähiger gegen Pilzkrankheiten als die Päonien aus Heze und Luoyang. Sie eignen sich sicherlich am besten für unser mitteleuropäisches Klima. Staunässe mögen sie allerdings genauso wenig. *P. rockii*-Abkömmlinge können gut 2 m hoch werden und die doppelte Breite erreichen. In Linxia, Gansu, soll es eine *Rockii*-Hybride von sogar 12 m Durchmesser geben.

Die **P. ostii-Abkömmlinge** *P. ostii* cv. 'Feng Dan Bai' oder 'Phoenix White', 'Phoenix Pink', 'Phoenix Purple' werden im äußersten Osten Chinas rund um den Yang-ze angebaut. Sie kommen aus einem gemäßigten bis subtropischen Gebiet und ertragen große Hitze und höhere Niederschläge, sind aber durch ihren früh einsetzenden Austrieb gegenüber Spätfrösten sehr gefährdet. Ihre Widerstandsfähigkeit gegen Pilzerkrankungen ist gering, sie benötigen bei uns einen absolut freien und sonnigen Pflanzplatz. Allerdings sind sie sehr wüchsig und treiben nach Pilzbefall und Rückschnitt wieder aus. Trotzdem sind sie als relativ heikel anzusehen und für unser Klima weniger empfehlenswert.

Die **vierte Gruppe** soll nur aus etwas mehr als zehn Varietäten bestehen. Es handelt sich um Hybriden aus Sichuan, Yunnan, Guizhou und Tibet. Diese Gruppe ist noch am wenigsten erforscht und bei uns noch nicht erhältlich.

Züchtung und Registrierung

In den staatlichen Parks und Gärtnereien Hezes und Luoyangs werden nicht nur Päonien ausgestellt, sondern die Züchtung wird auch weiter vorangetrieben. Anders als in Europa oder den USA wird mit der Züchtung nicht der Name des jeweiligen Züchters verbunden, sondern nur der Ort der Entstehung, also der Name der Gärtnerei oder des entsprechenden Parks. Selten erfolgt die Nennung des Teams, das die Hybride gezüchtet hat. Einige wenige Züchter, wie beispielsweise Herr Sun Jing Yu aus Heze mit seiner Züchtung 'Jing Yu', einer stark gefüllten weißen Päonie, werden sehr verehrt, finanzielle Vorteile entstehen dadurch allerdings nicht.

Eine Ausnahme macht hier die Peace Peony Nursery in Gansu. Der Manager der Gärtnerei, Herr Chen De-zhong, hat seine Züchtungen bei der Amerikanischen Päoniengesellschaft international registrieren lassen und somit mit seinem Namen verbunden. Alle anderen chinesischen Strauchpäonien wurden bisher international nicht registriert. Die Namenssicherung innerhalb Chinas erfolgt durch die chinesische Päoniengesellschaft. Allerdings kann es sein, dass die Päoniengesellschaft einen anderen Namen vorschlägt als den gewünschten Namen des Züchters. So haben manche Pflanzen zwei verschiedene oder auch ähnliche Namen. Leider kann dadurch einige Verwirrung entstehen. Auch hier brauchen europäische Käufer kenntnisreiche Lieferanten, die mit den Besonderheiten genauestens vertraut sind.

Unterscheidungskriterien

Bau der Blüten

Die natürliche Anlage der Päonie, gelegentlich Staubblätter in Kronblätter umzubilden, wurde von den Chinesen gezielt ausgelesen und gefördert. Dies führte dazu, dass Kultivare entwickelt wurden, die sämtliche Staubblätter in Kronblätter umwandelten, ja sogar in Blüten ohne jegliche Fruchtblätter. Nach chinesischer Auffassung sind gefüllte Päonien höher entwickelt und werden mehr geschätzt als einfache Blütenformen.

'Yao Huang' (Yao's Gelbe), eine seit über 1000 Jahren kultivierte Sorte

Solche Blüten sind ohne menschliche Hilfe, also Vermehrung durch Veredlung oder Handbestäubung, nicht fortpflanzungsfähig und sterben in der Natur ab. Bereits vor 1000 Jahren nannte der Dichter und Beamte Ouyang Xiu unter anderem die stark gefüllten Kultivare 'Yao Huang' (Yao's Gelbe) und 'Wei Zi' (Purpurne der Familie Wei). Es wird berichtet, dass 'Wei Zi' 700 Kronblätter habe.

Die Chinesen klassifizieren die Blüten nach der Anzahl und der Anordnung der Blütenblätter. Daraus entstanden so poetische Namen wie »süß duftende Osmanthushaltung« oder »Pavillongleich«.

Leichter verständlich ist die Einteilung, die uns Dr. Cheng Fang-yun übermittelt hat:

1. einfach: ein bis zwei Reihen Kronblätter, Fruchtblätter und Staubblätter normal, fertile Blüte.
2. lotusförmig: drei bis fünf Reihen Kronblätter, Fruchtblätter und Staubblätter normal, fertile Blüte.
3. rosenförmig oder chrysanthemenförmig: mehr als sechs Reihen Kronblätter, die zur Mitte hin kleiner werden, weniger Staubblätter und normale Fruchtblätter.
4. anemonenförmig: zwei bis drei äußere Reihen normale Kronblätter, die Staubblätter sind meist vollständig zu Kronblättern umgebildet, die Fruchtblätter sind normal oder reduziert.

Die Züchtung und ihre Ergebnisse in China

Abb. 1: Einfache Form

Abb. 2: Lotosform

Abb. 3: Rosenform oder Chrysanthemenform

Abb. 4: Anemonenform

Die Züchtung und ihre Ergebnisse in China

Abb. 5: Kronenform

Abb. 6: Hydrangeaform

Chinesische Klassifizierung der Blütenformen von Strauchpäonien (nach Dr. Cheng Fang-yun)

Einfache Form: Petalen in ein oder zwei Lagen um die Blütenmitte geordnet, Staub- und Fruchtblätter vorhanden.

Lotosform: Petalen in drei bis fünf Lagen mit Staub- und Fruchtblättern.

Rosenform: Petalen in mehr als sechs Lagen. Staubblätter normal entwickelt, vereinzelt aber auch in verbänderte schmale Petalen umgeformt.

Anemonenform: Die normalen äußeren Petalen sind größer, breiter und offensichtlich unterschiedlich von den inneren Petalen geformt. Letztere sind aufrecht, schmal oder gerollt wie ein Ball. Die Staubfäden können teilweise oder vollständig in Petalen umgeformt sein, zwischen denen sich im allgemeinen einige normale Staubbeutel befinden.

Kronenform: Ähnlich der Anemonenform, doch werden die inneren Petalen vom Zentrum zu dem äußeren Petalenkranz immer schmäler und kleiner, so daß eine Art von Krone in der Blütenmitte entsteht.

Hydrangeaform: Die inneren und die äußeren Petalen haben fast die gleiche Form und Größe, wodurch die ganze Blüte nahezu ballförmig wirkt.

5. kronenförmig: ähnlich wie anemonenförmig, doch werden die inneren Kronblätter vom Zentrum nach außen hin immer schmaler und kleiner, sodass eine Art Krone in der Blütenmitte entsteht.

6. hydrangeaförmig: alle Staubblätter und Fruchtblätter sind zu Kronblättern umgebildet, sodass sich eine kugelförmige Blüte ergibt; durch die fehlenden Fruchtblätter ist keine weitere Kreuzung mehr möglich.

Die Differenzierung ist nicht einfach, wenn man weiß, dass Strauchpäonien, die normalerweise zu den gefüllt blühenden Päonien gezählt werden, durchaus auch einfache Blüten entwickeln können. Obwohl eine Pflanze solchermaßen eingeteilt wird, kommt es vor, dass sie in einem Jahr nur einfache Blüten trägt. Oder eine Pflanze entwickelt gleichzeitig einfache und gefüllte Blüten am selben Strauch.

Farbklassen

Ein weiteres Unterscheidungskriterium ist die Einteilung in verschiedene Farbklassen. In chinesischen Katalogen werden die Päonien wie folgt eingeteilt:

Gelb, Weiß, Rosa, Rot, Purpur, rötlich Schwarz, Grün, Blau und mehrfarbig.

Die Zuordnung der Farbe zum Wort scheint in China anderen Prinzipien zu folgen als in Europa. So wird beispielsweise die cremefarbene Hybride ›Huang Hua Kui‹ zu den »gelben« Päonien gerechnet, obwohl wir sie den cremeweißen Päonien zuordnen würden.

Allein für die Farbe Rot (Hong) kennt man in China mindestens sieben verschiedene Beinamen, die das Rot genauer klassifizieren, wie »Shui Hong« (wässriges Rot), »Fen Hong« (Rosa), »Yinhong« (silbriges Rot), »Tao Hong« (pfirsichfarbenes Rot), »Zhi Hong« (karminrot), »Huo Hong« (flammendes Rot) und »Shiliu Hong« (granatrot). Damit ist die Farbskala für Rot aber noch nicht völlig abgedeckt. Weitere Begriffe aus dieser Farbskala sind »Zi Hong« (purpur) oder »Dan Hong« (erdbeerrot).

Einen richtigen Blauton gibt es bei Päonien nicht. Es gibt zwar in der Kunst seit Jahrhunderten Bilder, die blaue Päonien darstellen, doch sind alle Päonien am Markt, die diese Bezeichnung tragen, eher bläulich rot oder violett.

Die Züchtung und ihre Ergebnisse in China

Rockii-Hybride im Aufblühen

Die Bezeichnung »grau« steht für einen ins Bläuliche tendierenden matten Rosaton. Grüne Päonien allerdings gibt es. Die erbsengrünen Knospen von 'Dou Lu', deren stark gefüllte Blüten wie eine Trauerweide herabhängen, verblassen voll erblüht zu einem hellen Jadegrün.

Blütezeit

Ein drittes Unterscheidungskriterium für die Strauchpäonien ist die Zeit der Blüte. Von allen Strauchpäonienhybriden, die es gibt, den chinesischen, den japanischen und den amerikanischen Päonien, blüht die chinesische Strauchpfingstrose als erste. Japanische Untersuchungen haben gezeigt, dass die chinesischen Kultivare etwa eine Woche vor den japanischen aufblühen.

In Heze und Luoyang beginnt die Päonienblüte meistens Mitte April. Dagegen erscheinen in Gansu die Blüten erst in der zweiten Maiwoche, denn die Päonienpflanzungen liegen dort auf einem Hochplateau von 1 500 m bis 2000 m über dem Meeresspiegel. Natürlich ist der Beginn der Blütezeit standortabhängig. In einem so großen Land wie China, das von den Ausmaßen her gesehen größer als Europa ist, beginnt die Blüte in südlicheren Gegenden früher als im Norden. Bei uns blühen die frühen Sorten der chinesischen Strauchpäonien vorwiegend in der ersten Maiwoche. Auch die Rockii-Hybriden blühen um diese Zeit auf.

Anbaugebiete und Päoniensorten

Die in China derzeit bedeutendsten Päonienanbaugebiete liegen in Heze und Luoyang. Eine Gärtnerei in Gansu befasst sich mit neueren Rockii-Hybriden.

Heze, Provinz Shandong

Das größte Anbaugebiet Heze in der Provinz Shandong ist ein, besonders während der Ming-Dynastie (1368 – 1644 n. Chr.) unter dem früheren Namen Caozhou, bekannt gewordenes Zentrum der Päonienzüchtung. Die frühere Kaiserstadt ist heute eine Provinzstadt mit ungefähr zwei Millionen Einwohnern.

In dieser vom Gelben Fluss geprägten Schwemmlandebene wurden neben ausgedehnten Baumschulpflanzungen allein 1999 mehr als 35 km² für die Anzucht von Strauchpäonien genutzt. Durch die große Nachfrage werden die Anbauflächen für Päonien ständig erweitert. Heze deckt 78 % des inländischen Päonienmarktes ab und beliefert 85 % des Päonienexports ins Ausland.

Die Päonien Hezes werden von den Bauern, die in den nahe liegenden Dörfer wohnen, auf ihren privaten Feldern angebaut. Erfolgreiche Bauern können so einen bemerkenswerten Wohlstand erlangen und ihre Anbaufläche zudem ständig erweitern. Aufkäufer der Import- und Exportgesellschaften kaufen je nach Bedarf hier ein. Die Gefahr, falsch beliefert zu werden, ist allerdings sehr groß und ausländische Aufkäufer brauchen vertrauenswürdige und kenntnisreiche Lieferanten.

Die Erde Hezes besteht aus Ablagerungen des Gelben Flusses, die dieser in den Provinzen des Lössplateaus abgetragen hat – pulverfeiner, gelber Lössstaub ohne sichtbaren Humusanteil.

'Dou Lu'

55

Die Züchtung und ihre Ergebnisse in China

Während des Päonienfestivals in Heze trägt Wang Shuo (Xinxin) einen der häufig verkauften Päonien-Rosenblütenkränze

Im Frühling ist es in Heze sehr trocken und windig. Probleme mit Pilzerkrankungen an Strauchpäonien treten deshalb nur selten auf. Stark gefüllt blühende Exemplare können in diesem trockenen Klima ihre ganze Schönheit entfalten. Die Hauptniederschlagsmenge von 600 mm bis 700 mm fällt im Sommer.

Jedes Jahr zwischen dem 22. und 28. April feiert die Stadt ein so genanntes »Internationales Päonienfestival«. Zu diesem Festival kommen mehr als eine Million Besucher. Interessenten sollten sich frühzeitig um ein Hotelzimmer und um Eintrittskarten für die Eröffnungsveranstaltung im städtischen Fußballstadion kümmern. Außerdem muss man stundenlang vorher seinen Platz besetzen, da die Stadt mehr Eintrittskarten verkauft als Plätze im Stadion vorhanden sind.

Die größten Handelsgesellschaften Hezes unterhalten im Nordwesten der Stadt Sichtungsgärten und Mutterpflanzenquartiere. Hier findet auch die weiterführende Züchtung statt. Während der Päonienblüte strömen Menschenmassen durch diese Gärten und es herrscht eine volksfestähnliche Stimmung mit Gauklern, fliegenden Händlern, Imbissbuden und Musikanten.

Die bedeutendste Handelsgesellschaft, die »Allgemeine Entwicklungsgesellschaft für Caozhou Päonien und Bäume in Shandong«, unterhält drei nebeneinander liegende Sichtungsgärten, den »Zhaolou-«, den »Liji-«, und den »Helou«-Päoniengarten. Den Eingang des »Zhaolou-« und des »Liji«-Gartens schmückt jeweils ein traditionell gestaltetes chinesisches Eingangstor. Während des Internationalen Päonienfestivals stellt der »Zhaolou«-Garten für besondere Gäste getopfte Strauchpäonien in einem schattierten Gewächshaus aus. Die Gesellschaft gewann zuletzt auf der Internationalen Gartenausstellung in Kunming 1999 mehrere Gold- und andere Medaillen für ihre ausgestellten Päonien.

Ein anderer Garten mit einer interessanten Päoniensammlung, der »Bai Hua Yuan« oder »Hundert-Blumen-Garten«, wird von der Gesellschaft gleichen Namens unterhalten. Das Sortiment ist im Wesentlichen gleich, man kann aber auch Varietäten finden, die es in den anderen Gärten nicht gibt. Besonders hervorzuheben sind einige ältere und größere Exemplare, die während der Blüte ihre ganze Schönheit prächtig zur Schau stellen. Viele dieser Hybriden beginnen ihren Namen mit 'Bai Yuan'. Auch der »Bai Hua Yuan« unterhält während des Internationalen Päonienfestivals einen klimatisierten Schauraum für getopfte Päonien.

Die Züchtung und ihre Ergebnisse in China

Der „Bai Hua Yuan" (Bai Hua-Garten) der gleichnamigen Gesellschaft während des Festivals in Heze

Wer sich für traditionelle chinesische Gartenkultur und Päonien interessiert, sollte den »Antiken- und Bauerngarten«, dem »Gujin Yuan«, besuchen. Hier wurde die alte Tradition, aus Wacholder Torbögen, so genannte Paifangs, zu dressieren oder auch Tierfiguren zu modellieren, weitergeführt und mit der Kultur von Päonien verbunden.

Luoyang, Provinz Henan

Das für Päonienkultur berühmtere Luoyang in der Provinz Henan hat seine wirtschaftliche Bedeutung in diesem Bereich inzwischen an Heze abgeben müssen. Ein Päonienfestival gibt es aber schon länger als in Heze und jährlich werden zahlreiche Touristen angelockt. Das im Vergleich mit Heze städtischere Luoyang besitzt in den Hauptstraßen breite Grünstreifen mit älteren Päonienexemplaren, die während der Blüte die Stadt auf einzigartige Weise schmücken. In verschiedenen städtischen Parks, dem »Wang Cheng Gong Yuan«, dem »Xi Gong Yuan«, dem »Mu Dan Gong Yuan« und dem »Luoyang Mudan Yuan« können die Päonien Luoyangs bewundert werden. Am nördlichen Stadtrand Luoyangs auf der Anhöhe Mangshan befindet sich ein weiterer höchst interessanter Päoniengarten, der allerdings nur nach Anmeldung besichtigt werden kann. Es handelt sich um den »Guo Se«-Päoniengarten, der zugleich auch den staatlichen Päonien-Genpool repräsentiert und dem Ministerium für Forstwirtschaft untersteht. Durch die höhere Lage blühen hier die Päonien etwas später als in der Innenstadt Luoyangs.

Die Päonienblüte in Luoyang beginnt früher als in Heze, obwohl Luoyang auf 140 m bis 220 m über dem Meeresspiegel liegt. Heze liegt zwar nur 32 m über dem Meeresspiegel, aber

Ein Bauer verkauft getopfte Päonien während des Festivals in Heze

57

Die Züchtung und ihre Ergebnisse in China

Für die Dekoration der Hotels in Luoyang werden Schaupflanzen in Gewächshäusern vorgetrieben

die im Norden Luoyangs liegenden Berge halten die kalten Nordwinde ab. So findet das Luoyanger Blumenfest, das »Mudan Huahui«, meistens zwischen dem 15. und 20. April jeden Jahres statt.

Die Bodenbeschaffenheit Luoyangs ist nicht mit der in Heze vergleichbar. Der Löss ist hier nicht so pulverförmig fein, sondern etwas gröber strukturiert und dadurch besser durchlüftet.

Im Jahre 1998 ist im Süden Luoyangs eine große Gärtnerei entstanden, die »Henan Xian Nong Landwirtschafts-Entwicklungs-Gesellschaft«. Hier scheint alles am Reißbrett geplant und dann mit viel privatem Kapital in die Wirklichkeit umgesetzt worden zu sein. Bereits zwei Jahre nach der Gründung der Gärtnerei sind dort über 100 000 Päonien angepflanzt worden. Die wirtschaftliche Bedeutung Luoyangs in der Päonienzucht wird sich dadurch nachhaltig verändern. Die Gärtnerei befasst sich nicht nur mit der Anzucht von Päonien für den Versand, sondern auch mit getopften Schaupflanzen für die örtlichen Hotels. Die Päonien werden dafür in dunklen Kühlräumen aufbewahrt. Alle drei Wochen wird die benötigte Anzahl Pflanzen getopft und angetrieben. Damit scheint die Gärtnerei imstande zu sein, das ganze Jahr über blühende Ausstellungspflanzen an die Hotels liefern zu können.

Päoniensorten aus Heze und Luoyang

Die Gärtner Hezes und Luoyangs vermehren ihre Päonien durch Teilung, aber auch durch Veredlung. Wüchsige, häufig vorkommende Pflanzen werden geteilt, seltene und teure Sorten veredelt.

In chinesischen Pfingstrosenbüchern wird eine Vielzahl von Päoniensorten beschrieben. Allerdings sind diese nicht alle erhältlich. Dies liegt daran, dass chinesische Pfingstrosenanbauer ein besonderes Interesse daran haben, über den Winter Päonien zur Blüte anzutreiben. Damit erzielen die Bauern etwa ein Viertel ihres Einkommens. Hierfür eignen sich allerdings nicht alle Päoniensorten. Zum Antreiben werden die Päonien im Oktober ausgewählt, in Gewächshäuser umquartiert, dort frostfrei gehalten und zusätzlich beleuchtet, um in den Monaten Dezember bis Februar in die südlichen Städte Guangzhou, Shenzhen und Hongkong gebracht zu werden, wo sie getopft werden. Während des chinesischen Frühlingsfestes erzielen blühende Päonien auf den Blumenmärkten in diesen Städten Spitzenpreise. Kundige Spezialisten können angeblich die Pfingstrosen zu jedem gewünschten Termin erblühen lassen. Deshalb werden insbesondere Sorten, die sich zur Treiberei eignen, bevorzugt vermehrt und das Interesse der Bauern, weitere Sorten zu vermehren, ist sehr stark eingeschränkt. Derzeit werden nur etwa dreißig Sorten so ausreichend vermehrt, dass größere Stückzahlen erhältlich sind.

Manche der folgenden Kultivare sind seit mehreren Jahrhunderten in Kultur und dürften somit zu den ältesten ornamentalen Kulturpflanzen der Menschheit gehören. Zu den klassischen Sorten gehören laut »A Treatise of the Mudan Peony of Luoyang« die Züchtungen bis 1962. Auch nach 1962 sind einige schöne und wüchsige Züchtungen entstanden, die sich bereits auf dem Markt durchgesetzt haben und erhältlich sind.

Bei der folgenden Zusammenstellung verwenden wir die chinesischen Namen in Pinyin-Schreibweise (latinisierte Schreibweise der chinesischen Schriftzeichen). In der Vergangenheit sind dadurch Unklarheiten entstanden, dass verschiedene Übersetzer die Namen je nach poetischer Veranlagung anders interpretierten. Die Kürzel in Klammern (z.B. RHS CC 59-A) beziehen sich auf die sehr hilfreichen »Colour Charts« der Royal Horticultural Society und wurden dem informativen Buch von Wang Lian-ying u. a. »Chinese Tree Peony« entnommen.

'Bai Hua Cong Xiao' ist eine überreich blühende Päonie in hellem Purpurrot, die ihre Blüten aufrecht über den Laubblättern trägt (RHS CC 64-C). Die Blütenform ist chrysanthemenförmig. Späte Blütezeit. Sie wird brust- bis mannshoch. 'Bai Hua Cong Xiao' soll tolerant gegen niedrige Temperaturen im Knospenstadium sein. Gezüchtet wurde sie vom »Bai Hua Yuan« oder »Hundert Blumen Garten« 1978. Sie wird nur in geringer Stückzahl vermehrt.

'Cong Zhong Xiao' ist auch eine neuere Züchtung, die sich bereits bewährt hat und empfohlen werden kann. Die korallrosa Hybri-

'Cong Zhong Xiao'

de blüht chrysanthemenförmig mit dunklen Basalflecken (RHS CC 52-D). Die Blüten werden aufrecht über den Laubblättern getragen, die Pflanze bleibt dabei relativ niedrig und kompakt. Das Laub bleibt bis in den späten Herbst gesund und frischgrün. Frühe bis mittlere Blütezeit. Gezüchtet 1965 vom »Zhaolou Garten« in Heze. Goldmedaille auf der Internationalen Gartenausstellung in Kunming 1999. Sie wird gerade ausreichend vermehrt.

'Da Hu Hong' bildet eine kompakte niedrige Halbkugelform. Die korallenrosa Blüten

Die Züchtung und ihre Ergebnisse in China

'Bai Hua Cong Xiao'

'Da Hu Hong'

Die Züchtung und ihre Ergebnisse in China

Links: 'Er Qiao'
Rechts: 'Hei Hua Kui'

werden dabei über den Laubblättern getragen (RHS CC 52-C). Auch diese Päonie kann ihre Blüten in verschiedenen Formen ausbilden, am selben Strauch findet man nicht selten lotosförmige, anemonen- und kronenförmige Blüten. Empfehlenswert als Vorpflanzung vor höheren Päonien. Späte Blütezeit. Silbermedaille auf der Internationalen Gartenausstellung in Kunming 1999. Klassische Varietät. Die Pflanze ist manchmal auch unter dem Namen 'Hu Hong' im Handel. 'Da Hu Hong' ist gut erhältlich, da sie auch zur Treiberei benutzt wird.

'**Dou Lu**' ist eine klassische Varietät mit erbsengrünen Knospen und jadegrünen, dicht gefüllten, hängenden Blüten (RHS CC 144-D), die in China einzeln an Stäben hoch gebunden werden. Als Schnittblume sicherlich von besonderem Reiz; siehe Seite 54. Wüchsige und gesunde Pflanze. Späte Blütezeit. Bronzemedaille auf der Internationalen Gartenausstellung in Kunming 1999.

'**Er Qiao**' (die ältere und jüngere Schwestern der Familie Qiao), hat allerdings erst im ausgewachsenen Stadium eine rosenförmige, zweifarbige Blüte in Rosa (RHS CC 38-D) und Rot (RHS CC 61-C). Bis dahin blüht diese Varietät einfarbig rot. Wüchsige Pflanze. Mittlere Blütezeit. Klassische Varietät, die in der Zeit 1078 – 1086 entstanden sein soll. Manchmal ist sie auch unter dem Namen 'Hua Er Qiao' im Handel. Bronzemedaille auf der Internationalen Gartenausstellung in Kunming 1999.

'**Feng Dan Bai**' (oder 'Weiße Phönix', 'Phoenix White') wird in China seit Jahrhunderten in riesigen Mengen angepflanzt. Sie wird nicht wegen der schlichten Schönheit ihrer weißen Blüten geschätzt, sondern wegen der Gewinnung einer Droge aus ihren Wurzeln; siehe auch Seite 11. 'Feng Dan Bai' wird stets aus Samen gezogen. In Heze dient sie nur als Unterlage für Veredlungen von weißen und gelben Päonien, die sich auf Staudenwurzeln nicht befriedigend veredeln lassen.

'**Hei Hua Kui**' ist eine der dunkelsten Päonien (RHS CC 187-A) und zeigt ihre goldenen Staubblätter in einem herrlichen Kontrast zu den dunklen Kronblättern. Sie gehört zu den gesuchtesten Pflanzen und ist dementsprechend teuer. 'Hei Hua Kui' blüht chrysanthemenförmig. Die Pflanze bleibt niedrig und wächst langsam. Mittlere Blütezeit. Klassische Varietät. Goldmedaille auf der Internationalen Gartenausstellung in Kunming 1999.

'Huang Hua Kui' ist eine cremeweiße Päonie mit einer lotusförmigen Blüte und zartrosa Basalflecken am Grund (RHS CC 158-D). In China zählt sie zu den »gelben« Exemplaren. Sie trägt ihre Blüten an aufrechten Stielen und blüht früh. In unserem Garten wurde sie 1995 gepflanzt und war seither zuverlässig und wüchsig. Empfehlenswert. Bronzemedaille auf der Internationalen Gartenausstellung in Kunming 1999. Klassische Varietät.

'Lan Tian Yu' ist eine klassische Varietät und zählt zu den blauen Farbvarianten (RHS CC 65-D), weil ihr Rosa einen kühlen Blaustich zeigt. Die stark gefüllten Blüten werden eher seitwärts als aufrecht getragen. In China wird sie als wüchsig und blühfreudig beschrieben. In unserem Garten hat 'Lan Tian Yu' diese Erwartungen eventuell wegen eines falschen Standorts nicht erfüllt, so dass wir keine verbindliche Aussage machen können. Die Pflanze bleibt niedrig und kompakt. Mittlere Blütezeit.

'Luo Yang Hong' blüht mit vielen rosenförmigen Blüten aufrecht am Strauch. Die Kronblätter sind purpurrot mit dunkleren Basalflecken (RHS CC 61-C); siehe auch Seite 22.

Links: 'Huang Hua Kui'
Rechts: 'Lan Tian Yu'

Links: 'Qing Long Wo Mo Chi'
Rechts: 'Shou An Hong'

'Wan Hua Sheng'

Ein anderer Name ist 'Zi Er Qiao'. Mittlere Blütezeit. Klassische Varietät. 'Luo Yang Hong' ist gut erhältlich, da sie auch zur Treiberei benutzt wird.

'Qing Long Wo Mo Chi' (der grüne Drachen liegt im Tintensee) ist eine interessante dunkel purpurrote (RHS CC 187-D) anemonenförmige Päonie und wird als wüchsig und reichblütig beschrieben, was sich in unserem Garten nicht bestätigt hat. Ihre Fruchtblätter sind zu grünen Kronblättern umgebildet. Klassische Varietät. Sehr ähnlich sieht 'Wu Long Peng Sheng' aus, sie hat eine eher karminrote Farbe und soll außerdem noch wüchsiger und gesünder als 'Qing Long Wo Mo Chi' sein. 'Wu Long Peng Sheng' wird zur Treiberei benutzt und ist daher besser erhältlich.

'Shou An Hong' trägt ihre purpurrot gefüllten Blüten (RHS CC 61-A) kronenförmig an aufrechten Stielen. 'Shou An Hong' hat rot gefärbte Wurzeln. Die wüchsige und robuste Varietät ist triploid. Mittlere bis späte Blütezeit. Bronzemedaille auf der Internationalen Gartenausstellung in Kunming 1999. Klassische Varietät. 'Shou An Hong' ist gut erhältlich, da sie auch zur Treiberei benutzt wird.

'Si He Lian' ist eine rosafarbene Päonie mit lotusförmigen Blüten an aufrechten Stielen. Sie blüht zuverlässig und früh in unserem Garten (RHS CC 68-A). Am Grund der Kronblätter findet man purpurfarbene Basalflecken. Ihr angenehmer Duft erinnert an Rosen. Wüchsige Pflanze. Empfehlenswert. Klassische Varietät.

'Wan Hua Sheng', wächst zu einem relativ hohen Strauch heran. Die Blüten sind locker gleichförmig gefüllt und zählen zu den zweifarbigen Exemplaren, weil ihre rosa Grundfarbe am Rand zu silbrig rosa verblasst (RHS CC 58-C). 'Wan Hua Sheng' hält ihre Blüten aufrecht an starken Stielen über den Laubblättern. Späte Blütezeit. Klassische Varietät.

'Yan Long Zi', auch 'Yan Long Zi Zhu Pan' genannt, ist eine der teuersten Päonien auf dem Markt. Selbst ein chinesischer Zwischenhändler muss für eine vier bis fünf Jahre alte Pflanze dieser Päonie 500 RMB, etwa 120 DM,

Die Züchtung und ihre Ergebnisse in China

'Si He Lian'

bezahlen und trotz Vormerkung lange auf die Lieferung warten. Bei dieser Päonie mit kronenförmigen schwarzroten Blüten in der Farbe von 'Hei Hua Kui' (RHS CC 187-A) können einige Fruchtblätter in hellgrüne Kronblätter umgebildet sein, ähnlich wie bei 'Qing Long Wo Mo Chi'. Die Blüten werden aufrecht getragen. Die Pflanze bleibt niedrig und wächst langsam, blüht aber sehr üppig. Mittlere Blütezeit. Goldmedaille auf der Internationalen Gartenausstellung in Kunming 1999. Klassische Varietät. Noch teurer als 'Yan Long Zi' ist 'Guan Shi Mo Yu', eine im gleichen Farbton blühende kronenförmige Sorte, die außerdem noch gut erhältlich ist.

'**Yao Huang**' (Yao's Gelbe) ist eine cremefarbene gefüllte Päonie mit kronenförmiger Blüte und kurzen gelblichen Kronblättern zwischen den Blütenblättern (RHS CC 8-D); siehe Seite 51). Gute Haltung auf starken Stielen. Seit der Tang-Zeit (618 – 907 v. Chr.) bekannt. Sie scheint sich nicht gerne verpflanzen zu lassen. Bronzemedaille auf der Internationalen Gartenausstellung in Kunming 1999.

'**Yu Ban Bai**' trägt zuverlässig viele lotusförmige weiße Blüten. Blütezeit früh. Die Staubblätter sind am Grund rot gefärbt und verleihen der ansonsten rein weißen Blüte einen besonderen Reiz (RHS CC 155-D). Empfehlenswerte, niedrig bleibende Päonie für Vordergrundpflanzung. Goldmedaille auf der Internationalen Gartenausstellung in Kunming 1999. Klassische Varietät.

Um diese Päonie rankt sich ein trauriges chinesisches Märchen, das beispielhaft für all die Märchen steht, die über die klassischen Strauchpäonien erzählt wurden:

In Luoyang lebte einst ein Gelehrter namens Chang Da Yong, der Päonien sehr liebte. Er hatte gehört, dass die Päonien von Caozhou (Heze) sehr gerühmt wurden und bewunderte

'Yan Long Zi'

'Yu Ban Bai'

Die Züchtung und ihre Ergebnisse in China

sie aus der Ferne. Eines Tages konnte er nach Caozhou reisen, um einen hohen Beamten zu besuchen, der einen Garten mit Päonien hatte. Er wohnte dort, beobachtete die Päonien im Lauf des Jahres und verfasste hunderte von Hymnen auf die Päonien. Seine Hingabe und Begeisterung bewegte die Päoniengöttin Gejin derart, dass sie sich in ein wunderschönes Mädchen verwandelte und ihn heiratete. Das Paar kehrte nach Luoyang zurück und lebte dort so in Glück und Zufriedenheit, dass Gejin sogar ihre Schwester, die Päoniengöttin Yuban, an ihren Schwager verheiratete. Beide Paare bekamen bald ein Baby, was ihr Glück weiter vermehrte. Eines Tages erzählte Gejin ihrem Ehemann, dass ihre Mutter »Frau Caozhou« wäre. Dies erregte Chang Da Yong's Misstrauen, denn er kannte niemanden mit einem solchen Namen in Caozhou. Mit einer Ausrede kehrte er nach Caozhou zurück. Im Garten des Freundes fand er ein Gedicht an »Frau Caozhou«. Er fragte seinen Freund, was es bedeute. Der Freund deutete auf eine große Strauchpäonie und erklärte ihm, dass diese Päonie in Caozhou sehr berühmt sei und den Namen »Frau Caozhou« trage. Als Chang Da Yong dies hörte, bekam er Angst, seine Frau könnte eine Hexe oder die Tochter einer Päonienhexe sein. Er kehrte nach Hause zurück und beschuldigte sie, eine Hexe zu sein. Diese Anschuldigung traf Gejin tief ins Herz und sie bekannte, dass sie Jahre zuvor durch Chang Da Yong's Begeisterung für die Päonie so tief bewegt wurde, dass sie sich in ein menschliches Wesen verwandelt habe, um seine Frau werden zu können. Aber nun, da er ihr misstrauen würde, könne sie nicht mehr bei ihm bleiben. Sie und ihre Schwester Yuban verschwanden in den Himmel, ihre beiden Kinder auf der Erde zurücklassend, die bald darauf ebenfalls verschwanden. An der Stelle, wo die Kinder gelegen hatten, sprossen Strauchpäonien empor. Die eine blühte rot und wurde 'Gejin Zi' genannt und die andere blühte weiß und bekam den Namen 'Yu Ban Bai'.

'Xiao Hu Die', auch 'Xiao Ye Hua Hu Die' genannt, wird außerdem auch noch unter dem Namen 'Hua Hu Die' verkauft. Es ist eine rosafarbene Hybride mit chrysanthemenförmiger Blüte und roten Basalflecken am Blütengrund (RHS-CC 52-C). In unserem Garten schätzen wir außer ihrer Schönheit die Robustheit ihrer Blütenblätter. Sie blüht jedes Jahr eine Woche lang und trotzt jedem Wetter. Die Blüten stehen aufrecht an starken Stielen. Mittlere Blütezeit. Gezüchtet 1969 vom Zhaolou-Garten. Bronzemedaille auf der Internationalen Gartenausstellung in Kunming 1999. Sehr empfehlenswert.

'Zhao Fen' ist eine zart korallrosa Päonie, deren Blüte entweder stark gefüllt kronenförmig oder einfach lotusförmig erscheint (RHS CC 38-D). Blüht sie lotusförmig, so zeigt sie eine kontrastierende Scheidenhaut in einem faszinierenden Rotton. Die Laubblätter sind auffallend grün, auch im Austrieb ohne jeglichen Rotton. Mittlere Blütezeit. Wüchsig und zuverlässig. Silbermedaille auf der Internationalen

Die Züchtung und ihre Ergebnisse in China

Links: 'Xiao Hu Die'
Rechts: 'Zhao Fen'

'Zhu Sha Lei' mit prächtiger Herbstfärbung

Gartenausstellung in Kunming 1999. Klassische Varietät.

'Zhu Sha Lei' ist eine reich blühende robuste Päonie mit lotusförmiger rosa Blüte. Sie gehört zu den preisgünstigen Sorten (RHS CC 73-A). Mittlere Blütezeit. Besonders ansprechend ist die schöne Herbstfärbung des Laubes. Empfehlenswert für unser Klima. Klassische Varietät. 'Zhu Sha Lei' ist gut erhältlich, da sie auch zur Treiberei benutzt wird.

Weitere, besser erhältliche Sorten sind: 'Chun Hong Jiao Yan', 'Jing Hong Qiao Dui', 'Jing Yu' (auch 'Sai Xue Ta' genannt), und 'Rou Fu Rong'.

Lanzhou, Provinz Gansu

Bei Lanzhou in der Provinz Gansu ist seit 1966 die Peace Peony Nursery entstanden, die sich auf die Zucht von Rockii-Hybriden spezialisiert hat. Diese scheinen die Robustheit und exotische Schönheit von *P. rockii* geerbt zu haben. Pflanzen, die seit den 40er Jahren des 20. Jahrhunderts aus der Samensendung von Joseph Rock in Europa entstanden sind, beweisen das in anschaulicher Weise.

Die Entstehung der Gärtnerei verdient eine nähere Betrachtung. Während der Kulturrevolution, als viele Päonien, die als Symbol des Kapitalismus galten, vernichtet wurden, gab der damals 26-jährige Buchhalter Chen De-zhong seinen Beruf auf und kaufte sich von seinen Ersparnissen Gartenfachbücher. Er sammelte *P. rockii* von Wildstandorten und Rockii-Hybriden, die versteckt in den ummauerten Bauernhöfen auf den Dörfern Gansus überlebt hatten,

'Zhu Sha Lei' als „Penjing" gezogen

Vor der Peace Peony Nursery in Lanzhou in der Provinz Gansu bieten Frauen und Kinder Päonienblüten zum Verkauf an

pflanzte sie in seinem Garten an und begann damit zu züchten. Auf seine Initiative hin gelang es ihm, seine Nachbarn und Verwandten zu überzeugen, zwischen ihren Obstbäumen und Gemüseanpflanzungen auch Päonien anzuziehen. So entstand in einem Dorf südöstlich der Stadt Lanzhou im Laufe der Zeit die Peace Peony Nursery auf einem Gebiet von etwa 50 ha.

Der dort vorkommende Boden besteht aus feinstem Löss. Durch den geringen Niederschlag in diesem Gebiet lassen sich Terrassen anlegen, die nicht mit Mauern abgefangen werden müssen. Die Niederschlagsmenge in Lanzhou ist mit 350 mm sehr gering – es ist steppen- bis wüstenartig trocken. Die ganze Gegend ist vom Wasser des Gelben Flusses abhängig. Auch die Peace Peony Nursery bewässert mehrmals im Jahr und pumpt dazu das Wasser des Gelben Flusses von 1500 m auf etwa 1800 m über dem Meeresspiegel zur Gärtnerei herauf.

Bei bis zu -25 °C im Winter und bis zu 40 °C im Sommer sind die Pflanzen extremen Temperaturunterschieden ausgesetzt. Die ersten Fröste beginnen Mitte September und bis Mitte Mai können Spätfröste vorkommen. Die Lage Lanzhous am 36. Breitengrad, der gleichen Lage wie Gibraltar oder Malta, lässt die Stärke der Sonneneinstrahlung erahnen.

Über Jahrzehnte kaufte Chen De-zhong auch Päonien aus Luoyang, Heze und Japan und kreuzte sie in die Rockii-Hybriden ein. Die daraus entstandenen Nachkommen vermehrte die Peace Peony Nursery bisher hauptsächlich durch Samen. Die aus der Vermehrung durch Samen entstandenen Pflanzen müssen einmal geblüht haben, um sie einem bestimmten Strain zuordnen zu können. Sie sind dann bereits sieben bis zehn Jahre alt, bevor sie verkauft werden. Junge Sämlingspflanzen, die noch nicht geblüht haben, sind ebenfalls erhältlich. In Bezug auf die Blütenfarbe muss man sich dann allerdings überraschen lassen.

Die Züchtung und ihre Ergebnisse in China

Rockii-Hybride mit panaschiertem Laub mit dem Arbeitsnamen 'Jin Ye Fen' (goldene Blätter mit rosa Blüten)

Die Peace Peony Nursery hat 1997 erstmals Pflanzen nach Europa exportiert. Die meisten davon haben sich gut entwickelt, Zuwachs und Blütenreichtum waren zufrieden stellend. Einige Pflanzen konnten im Jahr 2000 bereits geteilt werden.

Chen De-zhong sammelte bei Reisen durch abgelegene Gegenden Chinas Samen von Wildarten, die er nun auf seinen Anbauflächen sortenecht durch Handbestäubung vermehrt und für Kreuzungen mit Rockii-Hybriden verwendet. Sollte es ihm gelingen, eine gelbe oder orangefarbene Rockii-Hybride zu züchten, ist ihm der Platz als »Chinesischer Saunders« in der Päonienwelt gesichert.

Rockii-Hybriden der Peace Peony Nursery

Rockii-Hybriden zählen für viele Päonienliebhaber zu den schönsten Blütenpflanzen. Alle Blütenformen, von einfach bis hydrangeaförmig, lassen sich bei Rockii-Hybriden finden. Die Farben der Blütenblätter variieren zwischen weiß, rosa, fliederfarben und rot mit den verschiedensten Zwischennuancen. Kreuzt man *P. rockii* mit japanischen Strauchpäonien, so erhält man von den japanischen Vätern die klaren und leuchtenden Farben und von der Mutterpflanze den charakteristischen Basalfleck. Auf diese Weise können Hybriden in herrlichen Farben, zum Beispiel in ungewöhnlichem, strahlendem Signalrot entstehen. Die charakteristischen Basalflecke variieren nicht nur in der Größe und Form. Es gibt Flecken mit auslaufenden Adern, die eine eigentlich weiße Blüte rosafarben erscheinen lassen, oder die Farbe scheint durch das ganze Blütenblatt nach außen durch. Die Grundfarbe des Basalflecks spielt zwischen rot und schwarz, es gibt alle Farbtöne dazwischen wie weinrot und auberginefarben oder schwarzrot.

Die Gärtnerei veredelt erst seit kurzem. Nur veredelte Pflanzen können sortenecht geliefert werden. Sämlingspflanzen variieren immer, auch wenn sie einem bestimmten Strain zugeordnet wurden. Auch durch Teilung werden die Pflanzen vermehrt. Bei Sämlingspflanzen, die auf ihren eigenen Wurzeln stehen, ist eine Teilung schon nach einigen Jahren möglich, da *P. rockii* und ihre Hybriden Seitentriebe ausbilden.

Namenloser Sämling der Peace Peony Nursery

Unbenannter Sämling der Peace Peony Nursery

Die Züchtung und ihre Ergebnisse in China

'Hei Bai Fen Ming' (klare Grenze zwischen Schwarz und Weiß) hat ähnlich wie 'Shu Shen Peng Mo' nach außen durchscheinende Basalflecken

Oben: 'Li Xiang' (die Hoffnung) ist die erste Züchtung von Chen De-zhong
Mitte: 'Hui He', ein Beispiel für eine Sämlingspflanze aus dem Strain Grauer Kranich
Unten: 'Da Mo Feng Yun' (Wind und Wolken in der Steppe), eine Sämlingspflanze der Peace Peony Nursery

Will man eine Stammform erziehen, müssen die Seitentriebe ständig entfernt werden. In Gansu gibt es dazu ein Sprichwort, das besagt, man müsse der »Mu-Dan« die Füße putzen und der »Shao-yao« (*P. lactiflora*-Hybride) den Kopf (damit sind die seitlichen Blütenknospen der *P. lactiflora* gemeint, die entfernt werden, um eine größere Hauptblüte zu erzielen).

Die Peace Peony Nursery hat über 500 Pflanzen der »Zi Ban Mu Dan«, der Purpurfleckenmudan, namentlich benannt, darunter auch eine rosa Sorte mit panaschierten Laubblättern. Im Jahr 1994 ließ die Peace Peony Nursery bei der für Pfingstrosenregistrierungen zuständigen Amerikanischen Päoniengesellschaft zehn Züchtungen namentlich registrieren. Sie werden hier in alphabetischer Reihenfolge genannt:

'Bai Bi Lan Xia' (weiße Wand mit blauem Schimmer) hat eine einfache weiße Blüte mit schwarzbraunen Basalflecken.

'Hei Xuan Feng' (schwarzer Wirbelwind) besitzt eine einfache Blüte in bläulichem Scharlach mit schwarzen Basalflecken.

'Hong Xian Nu' (rot gestrichelte Lady) hat eine kronenförmige Blüte, rosa, die inneren Kronblätter werden durch eine charakteristische, auffallende Linie gekennzeichnet. Die Basalflecke sind schwarzbraun.

'Hui Die' (grauer Schmetterling) zeigt eine lotusförmige Blüte in gräulich getöntem Rosa, das zur Mitte der Kronblätter hin kräftiger wirkt. Die Mittelrippe der Blütenblätter weist eine auffallend rötliche Tönung auf. Die Basalflecke zeigen ein bräunliches Schwarz.

'Jin Cheng Nu Lang' (Jungfrau von Lanzhou) hat eine rosenförmige Blüte, in Rot mit einem bläulichem Hauch, schwarze Basalflecke.

'Lan He' (blauer Lotus) hat eine einfache Blüte in bläulichem Lila mit schwarzen Basalflecken. Sehr ähnlich ist 'Da Mo Fen Yun'.

*Oben: 'Xue Lian', ein Sämling aus dem Strain Schnee-Lotus
Unten: 'Hui Die', eine Sämlingspflanze aus dem Strain Grauer Schmetterling*

'Lan Mo Shuang Hui' (blauer und schwarzer Schein) wird als halb gefüllte lotusförmige Blüte in bläulichem Rosa mit schwarzen Basalflecken angegeben.

'Long Yuan Zhuang Shi' (robuster Mann von Gansu) hat hydrangeaförmige Blüten in tiefem bläulichem Rosa, Basalflecke in bräunlichem Schwarz.

'Shu Shen Peng Mo' (der Gelehrte, der die Tinte hält) ist der Wildpflanze *P. rockii* sehr ähnlich, unterscheidet sich aber dadurch, dass

'Long Yuan Zhuang Shi', ein Sämling mit dem Arbeitsnamen »robuster Mann von Gansu«

Rechts: Päonienfee im Zhaolou-Garten in Heze

Die Züchtung und ihre Ergebnisse in China

'Zi Die Ying Feng', ein Beispiel aus dem Strain Violetter Schmetterling flattert im Wind.

die Basalflecke durch die Kronblätter ganz durchgefärbt sind. Die Basalflecke sind dadurch von außen sichtbar.

'Zi Die Ying Feng' (violetter Schmetterling flattert im Wind) hat eine einfache Blüte in Violettrot mit schwarzen Basalflecken. Im Wind flattern einige Kronblätter, daher der Name.

Im Jahr 2000 wurden in den Listen der chinesischen Zwischenhändler der Peace Peony Nursery 27 Sorten angeboten, darunter auch die oben genannten 'Hui Die', 'Lan He', 'Shu Sheng Peng Mo' und 'Zi Die Ying Feng'.

Weitere Entwicklung

Chinesische Pfingstrosen werden erst seit dem letzten Jahrzehnt gehandelt. Zunächst lieferten die chinesischen Händler nur in Stückzahlen

仙女散花

72

Die Züchtung und ihre Ergebnisse in China

Die Strauchpäonien der Stuttgarter Wilhelma stehen seit mehr als hundert Jahren am gleichen Platz, dies belegen Postkarten seit 1890

von über 1000 Pflanzen einer Sorte. Sie haben zunehmend erkannt, dass auch kleinere Bestellungen ausgeführt werden müssen, will man bei der steigenden Konkurrenz im Geschäft bleiben. Der Markt für chinesische Strauchpäonien in Europa und in den USA befindet sich immer noch in den Anfängen. Besonders aus Heze und Luoyang stammende Strauchpäonien gibt es auf dem mitteleuropäischen Markt erst seit weniger als zehn Jahren. Für konkrete Beurteilungen ist es deshalb noch zu früh. Einige Sorten haben allerdings gezeigt, dass sie in unserem Klima auffallend robust und gesund bleiben und sogar recht zuverlässig blühen. Wir haben versucht, dies in der Beschreibung der Hybriden aus Heze und Luoyang deutlich zu machen.

Bei den so genannten »europäischen Strauchpäonien«, die vermutlich nichts anderes sind als Abkömmlinge asiatischer Strauchpäonien, lassen sich jedoch für unser Klima geeignete Pflanzen finden. Die deutsche Gärtnerei Müllerklein in Karlstadt am Main veredelt Strauchpäonien seit ihrer Gründung vor etwa 120 Jahren. Sie hat unter anderem Päonien an den König von Württemberg für die Stuttgarter Wilhelma (heute Botanischer Garten und Zoo) geliefert. Diese Pflanzen sitzen seit mehr als 100 Jahren am gleichen Platz und haben zwei Weltkriege, die Zerstörung und den Wiederaufbau der Wilhelma überlebt – das beweisen Ansichtskarten aus dieser Zeit. Das Mutterpflanzenquartier der Gärtnerei Müllerklein selbst wurde 1936 neu angelegt und wird noch heute genutzt.

Gute Erfahrungen haben wir auch mit Rockii-Hybriden gemacht. Dadurch, dass Joseph Rock schon vor mehr als sechs Jahrzehnten Samen in den Westen schickte, kann mit Gewissheit festgestellt werden, dass diese Päonien, den richtigen Boden vorausgesetzt, für unser Klima absolut geeignet sind.

Chinesische Strauchpäonien versprechen, einen Siegeszug in unseren Gärten anzutreten. Dazu trägt sicherlich die im Moment zu beobachtende »Asiatisierung« im Haus- und Gartenambientemarkt bei. Chinesische Strauchpäonien haben im kleinsten Garten Platz und geben dem Raum dreidimensionale Struktur.

Man kann zwischen klein bleibenden Sträuchern und einer Größe bis zu 2 m wählen – höher werden chinesische Strauchpäonien kaum. Sollten sie zu breit werden, lassen sie sich leicht beschneiden. Eine Forsythie zum Bespiel erfordert mehr Schnittmaßnahmen als eine Strauchpäonie und blüht nur eine Woche im Jahr. Auch für die heimische Insektenwelt sind einfach blühende Päonien wegen ihres Pollenreichtums eine großartige Bereicherung unserer Gärten.

Die Züchtung und ihre Ergebnisse in China

Selbst im Winter können Päoniensträucher dem Garten eine dreidimensionale Struktur geben und überraschend filigrane Effekte hervorrufen

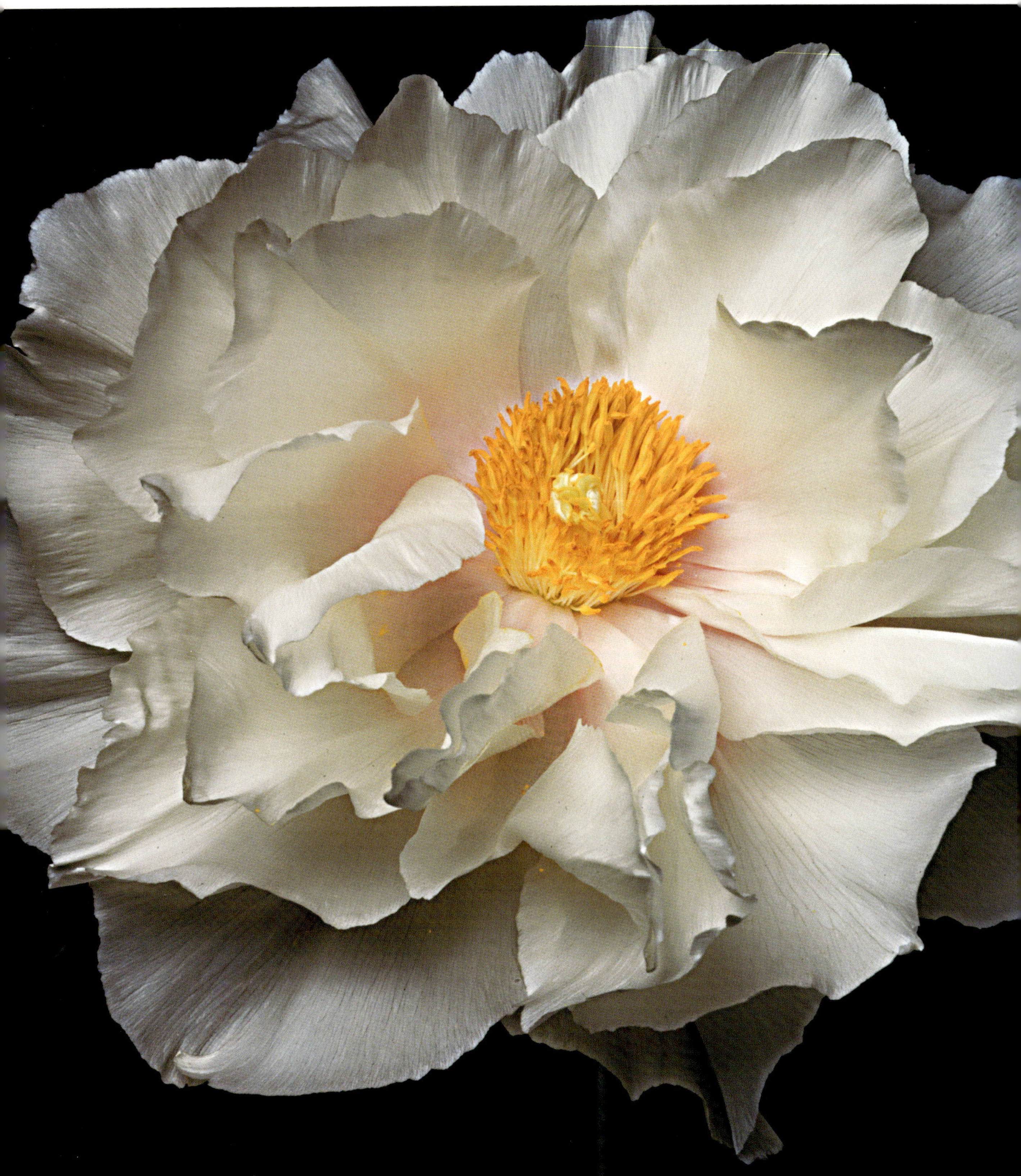

Die Züchtung und ihre Ergebnisse in Japan

Das chinesische Erbe und der eigene Weg

Japanische Strauchpfingstrosen unterscheiden sich erheblich von ihren Schwestern aus dem chinesischen Mutterland. Dieser Wandel hat sich nicht von heute auf morgen vollzogen. Die japanischen Züchter mussten einen weiten Weg zurücklegen, bis sie Strauchpäonien präsentieren konnten, die ihrer Vorstellung und Mentalität entsprachen. Auf ihrem Inselreich fand die Strauchpfingstrose, allseits von feuchter Meeresluft umgeben und von Monsunwinden heimgesucht, völlig veränderte Lebensbedingungen gegenüber dem Reich der Mitte vor, das mit seinem kontinentalen Klima heißer Sommer und kalter Winter geradezu ideale Voraussetzungen bereithält. Auch der züchterischen Phantasie waren Grenzen gesetzt, ist doch auf japanischem Boden keine einzige wilde Strauchpäonie heimisch. Außerdem stand Japan lange Zeit und schon sehr früh unter dem beherrschenden Einfluss der Kultur Chinas. Es waren chinesische buddhistische Mönche, die schon im 8. Jahrhundert unserer Zeitrechnung die Strauchpfingstrose nach Japan brachten, also in der Nara-Zeit (724 – 749), die der Tang-Dynastie des alten China entspricht. Wie dort wurden auch in Japan Strauchpäonien zunächst in Tempelgärten kultiviert und in erster Linie wegen der, ihren Wurzeln zugeschriebenen, heilenden Wirkung angebaut. Selbst ihr Name »Botan«, der heute noch in Japan gebräuchlich ist, lehnt sich sprachlich an die chinesische Bezeichnung »Mu-Dan« an. Schließlich beweisen Importe aus China noch im 15. und 16. Jahrhundert, dass die japanische Strauchpfingstrosenkultur lange Zeit brauchte, bis sie sich von dem chinesischen Vorbild frei machen konnte.

In die Gartenkultur Japans hat die Strauchpäonie sehr spät Einzug gehalten. Erst im 17. Jahrhundert fand sie in einer breiteren Öffentlichkeit und in der Wertschätzung ihrer Bevölkerung die Anerkennung und kulturelle Bedeutung, die in China schon 1000 Jahre vorhanden war. Es ist die fast drei Jahrhunderte umspannende Edo-Zeit (1603 – 1867), in der sich die japanischen Gärtner und Züchter, dann allerdings mit der ihnen eigenen Beharrlichkeit und feinem Empfinden für klassische Formen, darauf besannen, der Strauchpfingstrose sowohl in der Form ihrer Blüten als auch im Aufbau des Strauches selbst eine völlig neue Gestalt und Ausstrahlung zu geben. Die dicht gefüllten schweren Blüten der chinesischen Zuchtformen, die über gedrungen wachsenden Sträuchern lasteten, sagten den Japanern nicht zu. Sie suchten durch strenge Auslese und gezielte Züchtung nach kräftig aufstrebenden Wuchsformen mit ganz frei schwebenden, leichten, zum Himmel gerichteten Blüten, die nur einfach und halbgefüllt sein konnten. Das ist ihnen mit immer neuen Versuchen bis auf den heutigen Tag überzeugend gelungen. So verwundert es nicht, dass nach zuverlässigen Berichten schon im 18. Jahrhundert Hunderte verschiedener neuer japanischer Sorten vorhanden waren. Doch ist die weitaus überwiegende Zahl der heute im Handel befindlichen Sorten in der Meji-Zeit (1868 – 1911) und in der darauf folgenden Taisho-Zeit (bis 1929) entstanden.

Heutige japanische Zentren des Päonienanbaus

Von jeher hat es in Japan zentrale Anbaugebiete gegeben. Sie befanden sich zunächst im Kansaigebiet, das ist die Gegend von Kyoto, Osaka und Nara. Heute sind die wichtigsten Anbauflächen in der Niigata-Präfektur, hauptsächlich aber im Shimanegebiet (Daikoninsel) mit dem Mittelpunkt Yatsuka Stadt. Dort sind etwa 400 Fami-

Links: Klassisches Beispiel für eine japanische Strauchpfingstrose ('Renkaku')

lien, ein Drittel aller Inselbewohner, auf 70 ha Fläche ausschließlich mit dem Anbau von Strauchpfingstrosen beschäftigt. Jedes Jahr werden nahezu zwei Millionen Jungpflanzen durch Veredelung vermehrt, wovon ungefähr 500 000 in andere Länder exportiert werden. Dabei handelt es sich sicher um die ein- bis zweijährigen Veredelungen, die uns Jahr für Jahr in Gartenmärkten und Baumschulen angeboten werden.

Bedeutung und Wert der japanischen Züchtungen

Der hohe Rang einiger japanischer Sorten ist heute unter Liebhabern und bei Fachleuten unbestritten. Ausgesprochene Experten wie der berühmte französische Pfingstrosenzüchter und Kultivateur Michel Rivière und der hoch angesehene Pflanzenkenner Sir Peter Smithers überraschen sogar mit ihrem fachmännischen Urteil, die japanischen Strauchpfingstrosen seien allen anderen Zuchtformen weitaus überlegen. Sicher wären unsere Gärten ein gutes Stück ärmer, wenn wir auf die japanischen Züchtungen verzichten müssten. Anhand von Beispielen einiger berühmter japanischer Sorten, die auch in meinem Garten stehen, will ich versuchen, die außerordentliche Wertschätzung japanischer Züchtungen zu verdeutlichen:

'Renkaku' (Flug der Kraniche) ist eine Besonderheit unter den vielen weiß blühenden japanischen Zuchtformen. Ihre Blüte entfaltet sich prächtig und hat eine strahlende Erscheinung.

'Yae Zakura' hat eine große und doch sehr leicht wirkende leuchtend rosa Blüte, ganz klar in der Farbe und mit unvergleichlich zarten Blütenblättern wie aus Seide gesponnen.

'Tama Fujo' blüht ebenfalls lichtrosa, mit einer sich weit öffnenden Blütenschale. Von besonderer Bedeutung ist ihre sehr frühe Blüte und ihre besonders klare Ausstrahlung.

Die Blüten japanischer Strauchpäonien scheinen zu schweben, und ihre klaren Farben und feinen Linien sind weitere charakteristische Merkmale. Wegen ihrer so kostbaren Blüte hat die japanische Strauchpfingstrose auch als Schnittblume eine herausragende Bedeutung.

In der Vase kommt ihre Schönheit besonders zur Geltung. Selbst Strauchpäonienliebhaber, die für die amerikanischen Lutea-Hybriden wegen ihrer Vitalität und ungeheuren Farbenpracht schwärmen, können den japanischen Strauchpäonien ihre herausragende Stellung nicht ernsthaft streitig machen.

Das Standardsortiment

Das Sortiment japanischer Strauchpfingstrosen ist sehr groß. In den 70er Jahren des vergangenen Jahrhunderts kamen aus den USA – inzwischen legendäre – Kataloge des dort ansässigen berühmten Päonienhändlers Louis Smirnow auch zu uns nach Europa. Darin waren weit mehr als 300 verschiedene japanische Strauchpfingstrosen aufgelistet, alle mit Namen versehen und genau beschrieben. Es gab dutzende Sorten gleicher Blütenfarbe insbesondere in Weiß, Rosa und Rot. Da innerhalb der gleichen Farbgruppen deutliche Unterscheidungsmerkmale oft fehlten und die Sortenechtheit fast nie gewährleistet war, erhielt man oft ganz andere Pflanzen als die bestellten. Daran hat sich bis heute im Grunde nicht allzu viel geändert. Auch die neuere japanische Literatur spricht von einem Sortiment gut 300 unterschiedlicher Sorten. Im Handel beobachten wir nach wie vor eine Art organisierter Unordnung, was die namensechte Zuordnung der Pflanzen betrifft. Wahrscheinlich liegt das Problem in der Mentalität der Japaner und dem für japanische Verhältnisse typischen System der Vermarktung, bei dem Anbau und Vertrieb getrennt sind. Die Japaner denken in erster Linie in Farben, der Sortenname hat für sie keine so große Bedeutung. Angebaut wird auf dem Lande meist von Bauernfamilien, die an Händler und Genossenschaften weiterliefern, denen die nur schwer zu unterscheidenden Sorten gleicher Farbe unbekannt sind. Sie können deshalb nicht prüfen, ob die gelieferten Pflanzen auch den richtigen Namen tragen. Trotzdem können wir davon ausgehen, dass bei uns ein auf berühmte Sorten begrenztes Sortiment im Handel angeboten wird. Es ist bekannt, dass in den führenden Anbaugebieten Japans (Niigata- und Shimanepräfektur) nur 60 bis 70 Sorten ständig kultiviert werden, wovon etwa 20 in größeren Mengen bereit stehen. Es handelt sich um Züchtungen, die schön und reich blühen, wüchsig sind und in der Regel bei uns auch sortenecht geliefert werden können. Bei der folgenden Liste haben wir bewusst auf eine nähere Beschreibung der Blütengröße und der Anzahl der Blütenblätter verzichtet. Es finden sich in der japanischen Literatur immer wieder Angaben über »riesige Blüte«, »große Blüte«, »mittlere Blüte« und »kleine Blüte« (mit Durchmessern zwischen 12 cm und 28 cm) und die Unterscheidung in 8-, 1 000- und 10 000-fache Blüte. Doch sind diese Klassifizierungen durchaus nicht einheitlich, sodass wir darauf verzichten, diese Merkmale in unsere Beschreibung zu übernehmen.

'Renkaku', eine der schönsten weiß blühenden Strauchpfingstrosen aus Japan

Standardsortiment

Sorte	Bedeutung des Sortennamens (abweichende Übersetzung)	Eigenschaften

Weiß

Sorte	Bedeutung des Sortennamens (abweichende Übersetzung)	Eigenschaften
'Godaishu'	fünf Kontinente (riesige Kugel)	reinweiße große Blüte; spät blühende, wüchsige Sorte
'Hakuo-Jishi'	weißer Löwenkönig	große reinweiße Blüte; hoch wachsend, stark wüchsig
'Renkaku'	Flug der Kraniche	schneeweiße, große, schön geformte Blüte; nicht hochwachsend
'Suisho-Haku'	Kristallweiß	reinweiß; mittelgroße halbgefüllte Blüte; Mutter von 'Zephyr'
'Tama Sudare'	Juwelenbesetzter Wandschirm (schöner Bambusvorhang)	große schalenförmige Blüte; später blühend

Rosa

Sorte	Bedeutung des Sortennamens (abweichende Übersetzung)	Eigenschaften
'Hana Kisoi'	Wetteifer der Blumen	leuchtendes Rosa, zur Mitte hin dunkler; prächtige Blütenform, frühe Blüte
'Shintenchi'	Himmel und Erde, neu erschaffen (Neue Welt)	große Blüte, leuchtend Rosa; Gold Medal der APS (American Peony Society)
'Tama Fujo'	Juwelenbesetzter Lotus (schöner Lotus)	hellrosa mit rotem Blütenboden; blüht sehr früh
'Ten'i'	Himmelskleid	große, dicht gefüllte Blüte, fast weiß; rot gefärbtes Herbstlaub (wie 'Shintenchi')
'Yae Zakura'	Kirschbaum mit achtfachen Blüten	große, kirschblütenrosa Blüte

Rot

Sorte	Bedeutung des Sortennamens (abweichende Übersetzung)	Eigenschaften
'Higurashi'	Sonnenuntergang (Abenddämmerung)	dunkelrotviolette leuchtend gefärbte Blüte; kräftig, hochwachsend
'Hinode Sekai'	Welt der aufgehenden Sonne	Leuchtend zinnoberrote Blüte, hervorragende Haltung
'Houki'	junge Frau	karminrote Blüte; eine der besten rot blühenden Sorten
'Kao'	König der Blumen (König der Blüte)	sehr große, dunkelkarminrote Blüte; zuverlässig blühend und frosthart
'Shichifukujin'	sieben Glücksgötter	schöne hellzinnoberrote Blüte; voll aufgeblüht mit weißem Rand
'Taiyo'	Sonne	Großblütig, dunkelkarminrot Blüte; reine Farbe, nicht nachblauend

Die Züchtung und ihre Ergebnisse in Japan

Standardsortiment (Forts.)

Sorte	Bedeutung des Sortennamens (abweichende Übersetzung)	Eigenschaften
verschiedene Farben		
'Hana Dajin'	Blumenminister	berühmte japanische Sorte, mit großer, locker gefüllter violetter Blüte
'Hatsu Garashu' (Ubatama)	erster Rabe	glänzend schwarzrote Blüte; wertvoller Kreuzungspartner bei Lutea-Hybriden
'Kamata Fuji'	Glyzine von Kamata	Schön geformte, hellviolette, dicht gefüllte Blüte
'Kamata Nishiki'	Brokat von Kamata	große lila Blüte, einfach bis halb gefüllt, späte Blüte
'Rimpo'	Greif-Phönix (heiliger Vogel)	imposante gefüllte Blüte, dunkelrotviolett mit schwarzem Anflug, kraftvoller Wuchs

Die Züchtung und ihre Ergebnisse in Japan

Eine namenlose dunkelrote Schönheit japanischer Züchtung

'Hana Kisoi' mit klassischer japanischer Blütenform

'Higurashi', eine der berühmten rot blühenden japanischen Sorten

'Hinode Sekai' mit leuchtender zinnoberroter Blüte

82

Die Züchtung und ihre Ergebnisse in Japan

'Taiyo', wüchsige Sorte mit großer Blüte

'Shichifukujin', voll aufgeblüht mit weißen Rändern

83

Die Züchtung und ihre Ergebnisse in Japan

'Shintenchi', eine der begehrtesten Japanerinnen; Vaterpflanze der Lutea-Hybride 'Gauguin'

'Houki', typische rote japanische Sorte

84

Die Züchtung und ihre Ergebnisse in Japan

'Ten'i', rosa-weiße Farbkombination mit großer Anziehungskraft

Die Züchtung und ihre Ergebnisse in Europa

Importe aus China und Japan

Auch der europäische Kontinent machte seine erste Bekanntschaft mit Strauchpäonien durch Importe aus dem chinesischen Mutterland. Doch mussten die Europäer, auf deren Boden ebenfalls keine wilde Strauchpfingstrose zuhause ist, sehr viel länger warten als die Japaner. Erst durch die Welthandelsschifffahrt war es möglich, Pflanzen aus dem fernen Osten auf dem langen Seeweg über das Kap der guten Hoffnung nach Europa zu bringen. Es dauerte fast bis zum Ende des 18. Jahrhunderts, bis auf Betreiben des englischen Naturwissenschaftlers Sir Joseph Banks über die niederländisch-ostindische Handelsgesellschaft in Peking chinesische Strauchpäonien für den königlichen Kew Garden bei London auf die britische Insel kamen. Die ersten Pflanzen sollen dort zwischen 1797 und 1799 eingetroffen sein. Ihnen folgten etwa 50 Jahre später mehr als 20 berühmte chinesische Züchtungen, die der bekannte Forscher Robert Fortune für die Royal Horticultural Society aus China nach England brachte. Sie fanden schnell Verbreitung in herrschaftlichen englischen Gärten und kamen alsbald vor allem in Frankreich in den Handel und wurden auch zu weiterer Züchtung verwendet.

Bis heute ist manchmal ungewiss, welche der bei uns gehandelten so genannten europäischen Sorten eigene Züchtungen sind oder lediglich Importware aus China, die gleich nach ihrer Einfuhr auf französische Namen umetikettiert wurde. Sicher ist dagegen, dass so gut wie alle im 19. Jahrhundert auf unserem Kontinent gehandelten Strauchpfingstrosen die wesentlichen Merkmale chinesischer Züchtung aufweisen, und insbesondere deren dicht gefüllte schwere Blüten tragen. In heimischen botanischen Gärten, zum Beispiel München-Nymphenburg, sind stattliche Exemplare aus den Anfängen der europäischen Strauchpäonienkultur zu sehen. Natürlich ließen auch Importe aus Japan nicht lange auf sich warten. Schon 1844 brachte der damals für die niederländisch-ostindische Compagny in Japan tätige Kaufmann Philipp von Siebold 40 wertvolle japanische Zuchtformen nach Holland, wo sie jedoch zunächst keine weitere Verbreitung finden konnten. Erst durch die Weltausstellung in Paris 1889, auf der eine repräsentative Schau chinesischer Strauchpfingstrosen großes Aufsehen erregte, und nach der endgültigen Öffnung Japans zur westlichen Welt an der Wende ins 20. Jahrhundert, kam es zu größeren Strauchpfingstrosenimporten von Ostasien in den Westen. Insbesondere Prof. Sargent vom Arnold Arboretum in den USA regte den direkten Handel mit Japan an.

Von Frankreich abgesehen hat es auch bei berühmten Gartenbaubetrieben in England und in Deutschland vorübergehend bemerkenswerte Erfolge der Strauchpfingstrosenzüchtung gegeben. Zu nennen sind Kelway auf der britischen Insel beispielsweise mit der Sorte 'Raphael', mit einer herrlich leuchtend roten Blütenfarbe und die Firma Goos und Koenemann im rheinhessischen Niederwalluf, die bis in die Mitte des vergangenen Jahrhunderts internationalen Ruf genoss. Besonders deren Züchtungen, die Namen der nordamerikanischen Bundesstaaten tragen (beispielsweise 'Kansas', 'New York', 'Texas' und 'Wyoming'), sind heute in manchen Gärten des klimatisch bevorzugten Rhein-Main-Gebietes zu finden, im Handelsangebot erscheinen sie allerdings nicht mehr.

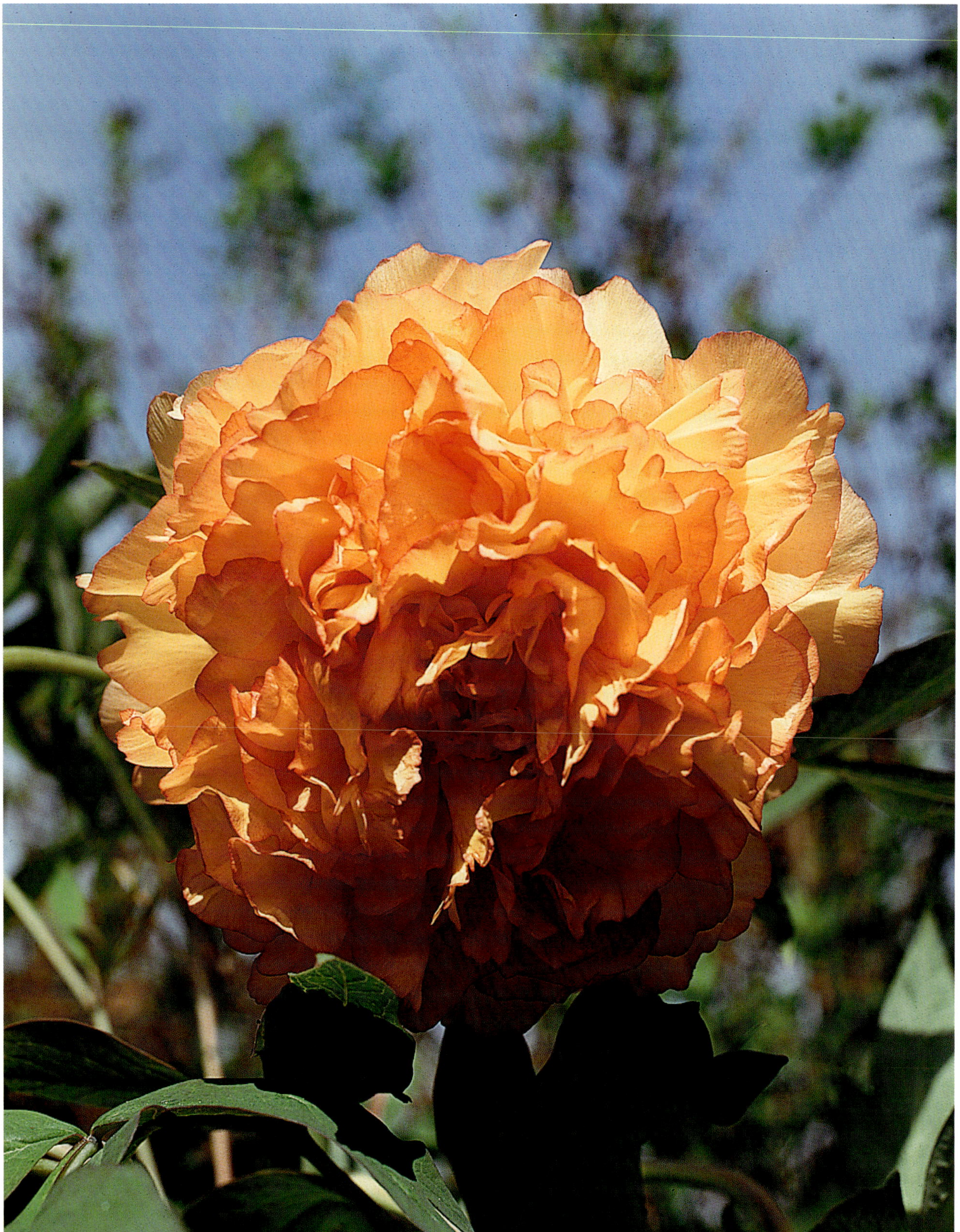

Die französischen Züchterfamilien

Frankreich war und ist auch heute noch der Mittelpunkt der europäischen Strauchpfingstrosenkultur. Es existieren eine ganze Reihe französischer Züchtungen aus dem 19. Jahrhundert, die sich wegen ihrer guten Wuchseigenschaften und der beachtlichen Qualität ihrer Blüten bis in die Gegenwart auf dem internationalen Markt behaupten konnten. Dazu gehören insbesondere die Sorten 'Jeanne d'Arc', 'Louise Mouchelet' (lachsrosa), 'Madame Stuart Low' (lachsfarben), 'Reine Elisabeth' (mit wunderbarer gefüllt scharlachrosa Blüte) und 'Souvenir de Ducher' (violett). Andere europäische Sorten, die in Katalogen und Büchern genannt werden, haben inzwischen an Bedeutung verloren. Sie sind durch die ihnen überlegenen japanischen Züchtungen, aber auch durch die jetzt immer mehr auf den Markt drängenden chinesischen Sorten nicht mehr attraktiv genug.

Zu Weltgeltung gelangte jedoch die Züchtungsarbeit der berühmten französischen Familien Lemoine und Rivière. Victor Lemoine und ihm folgend sein Sohn Emile haben zusammen mit Prof. Louis Henry die wirklich gelb blühende Strauchpfingstrose geschaffen. Als Pater P. Jean-Marie Delavay in den 80er Jahren des 19. Jahrhunderts aus China Samen der dort wildwachsenden *P. lutea* und der nach ihm benannten rot blühenden *P. delavayi* nach Europa schickte, begannen Henry, Victor und Emile Lemoine sofort mit der Züchtung von Lutea-Hybriden. Prof. Maxime Cornu, der als erster das Züchtungspotential der Kreuzungen dieser Wildformen mit Strauchpäoniensorten erkannte, hatte sie dazu ermuntert. Die ersten Züchtungserfolge stellten sich schon um die Jahrhundertwende ein und wurden auf Gartenausstellungen in Frankreich von der staunenden Fachwelt bewundert und hoch prämiert. Als erste blühten 1904 'La Lorraine' (vollgefüllt lachsfarben mit Gelbtönen), in Paris bereits 1909 ausgestellt, von Victor Lemoine und 1908 'Souvenir de Prof. Maxime Cornu' (mit riesengroßen dicht gefüllten kanariengelben Blüten, orange getönt) von Prof. Louis Henry. Vor dem ersten Weltkrieg folgte noch die berühmte 'L'Esperance' mit primelgelben Blüten und blutroten Staubblättern von Victor Lemoine, die aus einer Kreuzung zwischen *P. lutea* und der japanischen Züchtung 'Yaso Okina' entstanden ist. Die gleichen Eltern haben 'Alice Harding', die später bei der Züchtung so genannter intersektioneller Hybriden (Kreuzungen zwischen Staude und Strauch) eine entscheidende Rolle gespielt hat, und 'Eldorado', beide von

Linke Seite: 'Souvenir de Prof. Maxime Cornu', eine der ersten Lutea-Hybriden mit schwerer, herabhängender, aber duftender Blüte

87

Die Züchtung und ihre Ergebnisse in Europa

'La Ville de St. Denis', typische europäische Sorte, Vaterpflanze von 'Souvenir de Maxime Cornu'

Emile Lemoine gezüchtet. Noch heute begehrt sind außerdem 'Madame Louis Henry' (aus *P. lutea* × 'Reine Elisabeth') sowie die ebenfalls von Emile Lemoine gezüchteten Sorten 'Sang Lorraine', eine *P. delavayi*-Hybride mit duftenden mahagoniroten Blüten, und die gelb blühenden 'Chromatella' und 'Mine d'Or'.

Die mehr oder weniger gefüllten Blüten dieser ersten Lutea-Hybriden stehen allerdings auf zu schwachen Stielen und hängen deshalb oft zum Boden herab. Andererseits duften sie meistens intensiv und eignen sich gut als Schnittblumen. Im Welthandel sind sie häufig zu finden, weil die Japaner einige von ihnen, mit eigenen Namen versehen, fest in ihr Vertriebsprogramm aufgenommen haben, so, als ob es eigene japanische Züchtungen wären. Deshalb sollen gerade diese fünf Sorten namensgerecht vorgestellt werden:

'Alice Harding', japanischer Name: 'Kinkou', Bedeutung: goldenes Licht
'Chromatella', japanischer Name: 'Kinshi', Bedeutung: goldener Milan
'La Lorraine', japanischer Name: 'Kinyou', Bedeutung: goldene Sonne
'L'Esperance', japanischer Name: 'Kintei', Bedeutung: goldener Kaiser
'Souvenir de Prof. Maxime Cornu', japanischer Name: 'Kinkaku', Bedeutung: goldener Tempel

Mit dieser Handelspraxis gleichen die Japaner ganz einfach den Mangel ihrer eigenen Züchtung aus, die bekanntlich keine einzige gelb blühende Strauchpfingstrose hervorgebracht hat. Weit mehr beschäftigt uns aber immer wieder die Frage, warum es die Chinesen über Jahrhunderte hinweg unterlassen haben, die auf eigenem Boden wachsenden Wildformen *P. lutea* und *P. delavayi* in ihr Züchtungsprogramm aufzunehmen. Es kann nur vermutet werden, dass deren im Vergleich zu *P. rockii* unscheinbare Blüten sie dazu verleitet haben.

Die so stolze Päonien-Ära Lemoine ist Mitte des vergangenen Jahrhunderts zu Ende gegangen. Dafür hat die traditionsreiche Züchterfamilie Rivière ihre Vormachtstellung in Europa weiter ausgebaut und kann für sich in Anspruch nehmen, heute der einzige Aufzuchtbetrieb auf der Welt zu sein, der in der Lage ist, Strauchpfingstrosen aus allen Herkunftsländern – Amerika, China, Europa, Japan – mit einem beachtlichen Handelssortiment anzubieten. Seit 150 Jahren in 6. Generation mit der Aufzucht von Päonien beschäftigt, konnte die Firma schon 1909 in einem Katalog 360 Stauden- und 240 Strauchpäoniensorten anbieten, wie Michel Rivière in seinem Päonienbuch, »Prachtvolle Päonien« stolz berichtet. Heute befasst sich Rivière ausschließlich mit der Kultur von Pfingstrosen und hat immer noch mehr als 500 verschiedene Sorten in seinem Programm. Die Firma hat jetzt ihren Sitz in La Plaine bei Crest in Südfrankreich und findet dort ideale Wachstumsbedingungen für Strauchpfingstrosen vor. Ihre eigenen Züchtungen können nicht unerwähnt bleiben. Besonders beachtenswert sind 'Madame André Devillers' (A. Rivière, 1955), eine auch im Vergleich mit den besten japanischen Züchtungen herausragende Sorte mit großen gefüllten bordeauxroten Blüten bester Beschaffenheit und enormer Wuchskraft. Sie hat sich sogar auf dem amerikanischen Markt durchgesetzt. Ferner 'Madame Emile Joubert', von Michel Rivière selbst gezüchtet, mit riesengroßen dicht gefüllten rosa Blüten und schließlich 'Amateur Forest' mit halb gefüllter hellvioletter Blüte und weiß gestreiften Kronblättern.

Rockii-Hybriden von Vico Morcote

In den letzten 20 Jahren ist mancher Strauchpfingstrosenliebhaber nur deshalb in der zweiten Aprilhälfte über den Gotthard in den Schweizer Kanton Tessin gefahren, um in Vico Morcote die Strauchpfingstrosenblüte bei Sir Peter Smithers erleben zu können. An den Uferhängen des Luganer Sees hat er ein blühendes Pflanzenreich geschaffen, das in Europa seinesgleichen sucht. Wie sonst nirgends auf unserem Kontinent konnte man zwischen zahllosen noch blühenden Kamelien und bereits verblühten Magnolien stattliche Exemplare meist berühmter japanischer Strauchpfingstrosen in üppiger Blütenpracht bewundern. Smithers prachtvolle Farbaufnahmen von

Die Züchtung und ihre Ergebnisse in Europa

Rechte Seite: 'Lyfia Foote', in Vico Morcote entstanden, ebenbürtig den schönsten Weißen aus China und Japan

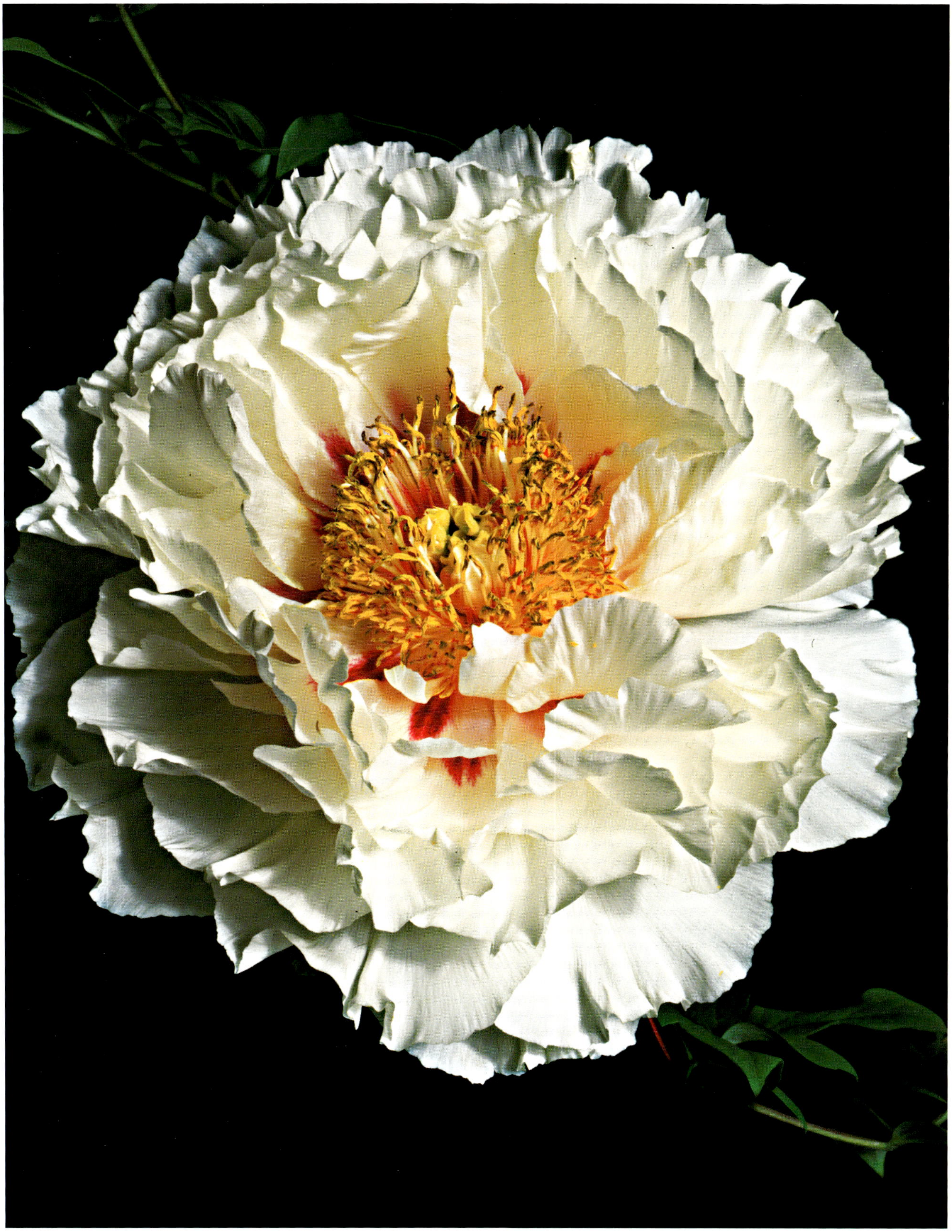

'Ambrose Congreve', im Garten Smithers entstandene Rockii-Hybride mit zauberhafter Blüte

Die Züchtung und ihre Ergebnisse in Europa

Strauchpäonien erregten in aller Welt Aufsehen. Bei den Strauchpfingstrosen bevorzugte er die japanischen Züchtungen, schon wegen der klaren Farben ihrer Blüten. Die Rockii-Hybriden, die in den beiden letzten Jahrzehnten in seinem Garten entstanden sind, halten jeden Vergleich mit den besten chinesischen und japanischen Sorten aus und übertreffen sie zum Teil sogar an Leuchtkraft und Klarheit der Blütenfarben. Die besten davon sind hier beschrieben:

'Ambrose Congreve'
von japanischer Strauchpfingstrose offen bestäubte *P. rockii*, einfache rosa Blüte rötlich angehaucht mit roten Basalflecken.

'Baron Thyssen Bornemisza'
entstanden aus 'Rock's Variety' × 'Kamata Fuji', Blüte halb gefüllt malvenfarbig, zur Mitte hin rotviolett dunkler werdend, leuchtender Kranz gelber Staubblätter, reich blühend.

'Dojean'
Kreuzung aus 'Hinode Sekai' × 'Rock's Variety' mit eindrucksvoll leuchtender rosaroter Kapsel, wunderschöne, strahlend weiße Blüte.

'Ice Storm'
offen bestäubter Sämling von 'Lydia Foote', einfache reinweiße Blüte.

Sir Peter Smithers
Unten: 'Baron Thyssen Bornemisza' (links)
und 'Brigadier Lane' (rechts) beide in Vico Morcote
entstanden
Nächste Seite: 'Baron Thyssen Bornemisza', stimmungsvolles Bild, aufgenommen im Garten Smithers

'Lydia Foote'
'Rock's Variety' gekreuzt mit einer gefüllt weiß blühenden japanische Sorte, herrliche, fast voll gefüllte weiße Blüte.

'Suzanne Rivière'
unbestimmter Abstammung, reinweiße gefüllte Blüte mit guter Haltbarkeit.

 Inzwischen sind wesentliche Teile der großen Strauchpfingstrosensammlung von Sir Peter Smithers an die Firma Rivière abgegeben worden oder im Park der Villa Favorita des Baron Thyssen in Lugano auf dem Weg nach Gandria angeplanzt, wo sie an Wochenenden besichtigt werden können. Die *Rockii*-Hybriden werden seit einigen Jahren ebenfalls bei Rivière vermehrt und sind teilweise auch schon im Handel erhältlich.

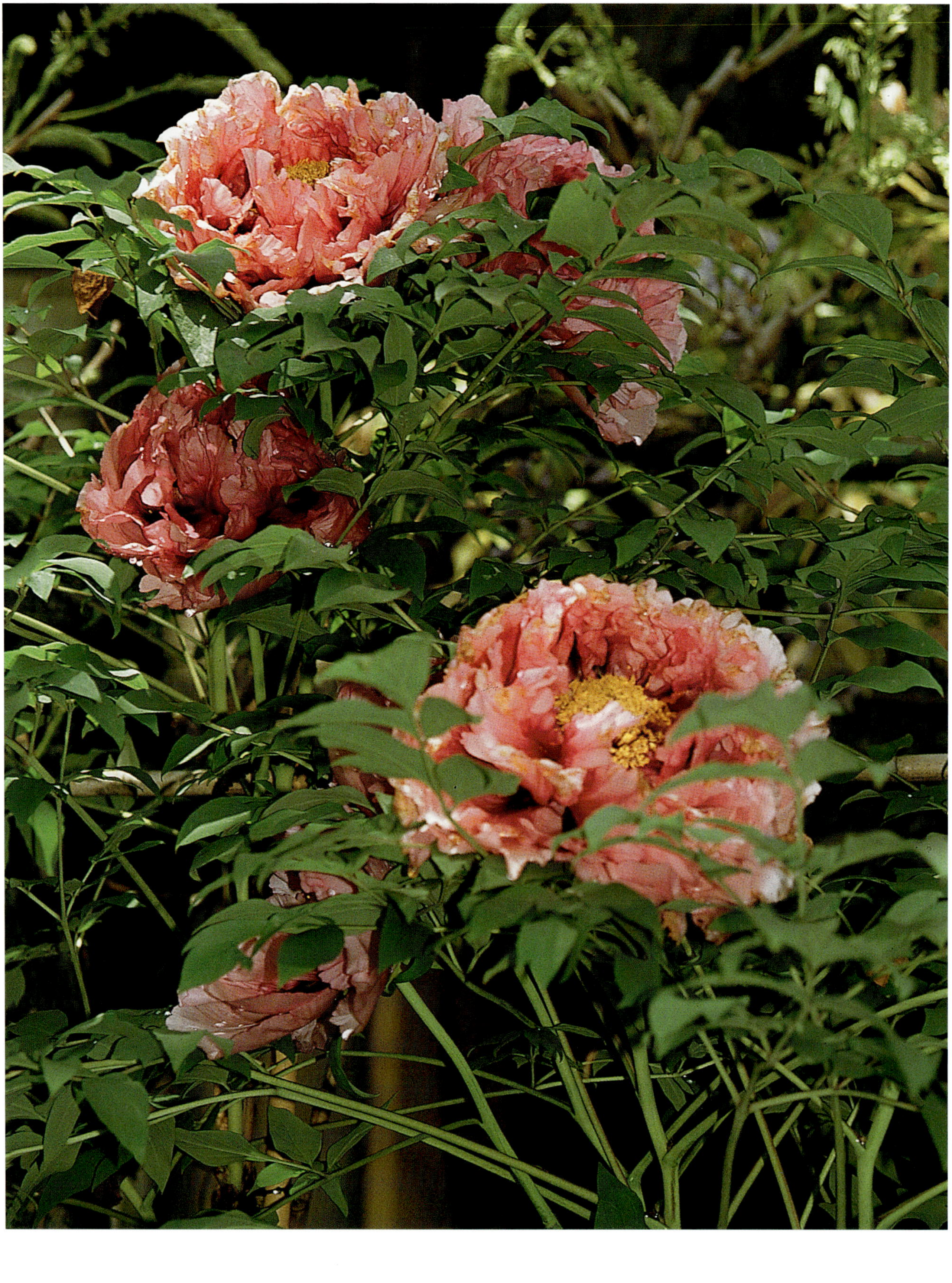

Die Züchtung und ihre Ergebnisse in den USA

Die Züchtung in Amerika ist der jüngste Zweig der 2000 Jahre umspannenden Strauchpäonienkultur. Sie ist geprägt von den herausragenden Züchterpersönlichkeiten Prof. Arthur Percy Saunders, Nassos Daphnis und Dr. David Reath. Anknüpfend an die Züchtungserfolge, die den Franzosen Victor Lemoine und Prof. Louis Henry mit der Einkreuzung der Wildformen *P. lutea* und *P. delavayi* gelungen waren, führten Saunders, Daphnis und Reath mit züchterischer Leidenschaft und Phantasie die Strauchpäonie in ein neues Zeitalter. Der Beginn ihrer bahnbrechenden Züchtungen lässt sich mit dem Ende des ersten Weltkrieges verhältnismäßig genau festlegen.

Prof. A. P. Saunders (1869 – 1953)

Mit Arthur Percy Saunders begegnen wir dem bis in die Gegenwart erfolgreichsten Züchter der Päonienwelt. Er widmete sich ein Leben lang mit einem groß angelegten Züchtungsprogramm den Pfingstrosen, den staudig wachsenden ebenso wie den Strauchpäonien. Am Hamilton College in Clinton, New York, als Chemieprofessor tätig, begann er im eigenen Garten mit der Päonienzucht. Zahlreiche Erfolge, auch als Autor wissenschaftlicher Abhandlungen, verschafften ihm weltweit Anerkennung. Prof. Saunders schätzte die Züchtungserfolge von Victor Lemoine und Prof. Louis Henry sehr. Von der Wuchskraft und dem Farbenspiel ihrer Lutea-Hybriden war er begeistert. Um aber die nicht zu übersehenden negativen Eigenschaften der Eltern, nämlich dünne Triebe der Mutterpflanze *P. lutea* und zu dicht gefüllte Blüten der chinesischen Väter, auszumerzen, verwendete er als neue Polleneltern selektierte japanische Kulturformen.

Er wählte Pflanzen aus, die besonders kräftig im Wuchs und starktriebig waren, dazu mit einfachen und halb gefüllten Blüten, die ganz frei und aufrecht über dem Laub standen, was bekanntlich die japanischen Züchtungen besonders auszeichnet. Leider finden wir in der amerikanischen Literatur keine Hinweise, welche der berühmten japanischen Sorten Saunders bei seinen Kreuzungen verwendet hat; auch eigene Nachforschungen sind erfolglos geblieben.

Mit diesem überlegenen Züchtungspotential gelang es Saunders, schon in den 20er Jahren seine gelb blühende 'Argosy' als ersten Züchtungserfolg vorzustellen; ihm folgten bis kurz vor seinem Tod mehr als 75 mit Namen versehene Lutea-Hybriden 1. Generation (= F_1-Hybriden), die als Saunders-Hybriden zu einem festen Begriff auf dem Weltmarkt geworden sind. Heute, nachdem wir in eigenen Gärten über eine schon jahrzehntelange Erfahrung mit diesen Pflanzen verfügen, kann nicht mehr ernsthaft in Frage gestellt werden, dass sie zu den wüchsigsten, gesündesten und in der Blüte farbenprächtigsten Strauchpäonien gehören.

Besondere Eigenschaften der Saunders-Hybriden

Im Vordergrund stehen völlig neue Blütenformen und eine beachtliche Erweiterung des Farbspektrums gegenüber den Züchtungen chinesischer und japanischer Herkunft. Bestechen japanische Sorten meist durch leichte, frei schwebende Blüten, in schalen- und becherförmiger Gestalt, so finden wir jetzt bei den Saunders-Hybriden Blütenformen, die uns an Magnolien, Kamelien, Anemonen – einfach und gefüllt –, Rosen und Lotusblüten erinnern. Bei den Farben waren gelb blühende Pfingstrosen, gleichviel ob an Staude oder Strauch, lange Zeit der unerfüllte Traum vieler Päonienliebhaber.

Saunders gelang es erstmals, gelb blühende Strauchpfingstrosen zu züchten, die im Stande waren, ihre – sogar gefüllten – Blüten aufrecht und frei über dem Laub zu tragen. Besonders erwähnenswert sind hier die berühmten Sorten 'Age of Gold', 'Canary', 'Golden Bowl', 'High Noon' und 'Silver Sails', deren Blüten in reinen, fein abgestuften Tönen von Zitronengelb, Lichtgelb, Kanarienfarben und Sattgelb das Auge des Betrachters anziehen. In gleicher Weise überraschen uns aber auch bisher nicht vorhandene Rottöne in verschiedenen Nuancen bei 'Banquet' (erdbeerrot), 'Summer Night' (kirschrot), 'Black Panther' (fast schwarz), 'Regent' (lachsfarben), 'Black Pirate' und 'Thunderbolt' (beide leuchtend dunkelrot). Gerade diese prachtvoll rot blühenden Sorten, zu denen auch 'Chinese Dragon' (karminrot) gehört, begeistern immer wieder durch ihr im wechselnden Tageslicht variierendes Farbenspiel. Dieses wird bei den Züchtungen von Saunders noch durch in die Tiefe gehende, meist dunkle Basalflecke und raffinierte Schattierungen gesteigert, die besonders bei durchscheinenden Gelbtönen zu finden sind, so beispielsweise bei der fleischfarben blühenden 'Renown' oder der lange vom Markt verschwundenen 'Regent', die sich in Lachstönen voll gefüllt herrlich präsentiert. Beim Lesen dieser berühmten Sortennamen werden wir daran erinnert, dass Saunders damit auf das Charakteristische der Blütenfarbe hinweisen wollte. Wie eindrucksvoll Blüten von Saunders-Hybriden sein können, vermittelt uns der Bericht eines Strauchpfingstrosenliebhabers, der das Glück hatte, die Blüte bei Saunders selbst unmittelbar zu erleben: »Es war in dem alten Saunders-Haus auf dem Campus des Hamilton College. Ich wurde in den Speiseraum geführt. Dort war der große Mahagoni-Tisch mit Päonienblüten bedeckt – oder waren es gar keine Pfingstrosen? Auf jeden Fall waren es die außergewöhnlichsten Blumen, die ich je gesehen hatte.«

Hervorstechende Eigenschaften der amerikanischen Lutea-Hybriden sind aber auch filigranes Blattwerk mit marmorierenden Farbeffekten (beispielsweise bei 'Chinese Dragon' und 'Banquet'), der oft gedrungene vieltriebige Wuchs aus der Basis, von der Mutterpflanze *P. lutea* geerbt, und die gegenüber den konkurrierenden Zuchtlinien aus China und Japan weitaus überlegene Wetterbeständigkeit ihrer Blüten, von der bei den Kulturproblemen noch die Rede sein wird.

In der amerikanischen Literatur werden die Saunders-Hybriden in sechs verschiedene Gruppen aufgeteilt, die sich an der Farbe und der Blütenform orientieren:

Zwei Dutzend berühmte Saunders-Hybriden, die besondere Beachtung verdienen, sollen hier im Einzelnen vorgestellt werden:

Unterteilung der Saunders-Hybriden

Nummer der Gruppe	Gruppe	Farbe	Blütenfüllung
1	Roman Gold Group	gelb	überwiegend einfach
2	Golden Hind Group	gelb	halb gefüllt, auch gefüllt
3	Tea Rose Group	allgemein gelb, aber mit rotem Unterton	einfach bis gefüllt
4	Banquet Group	allgemein rot, aber mit gelbem Unterton	einfach bis gefüllt
5	Black Pirate Group	dunkelrot, fast schwarz	einfach bis gefüllt
6	Mystery Group	elfenbeinfarben mit Permuttschattierungen und Malventönen	einfach bis gefüllt

Beschreibende Tabelle der Saunders-Hybriden

Sorte	Gruppe	Merkmale
'Age of Gold'	2	Halb gefüllte, kamelienförmige wetterfeste Blüte in leuchtendem Gelb, das zur Mitte hin dunkler wird; reich blühend, gesund und gedrungen wachsend; die beste gelbblühende Strauchpfingstrose, die als erste Lutea-Hybride 1973 die Goldmedaille der American Peony Society (APS) erhalten hat
'Angelet'	3	gut über dem Laub getragene einfache, gelbe Blüte mit rosa Saum; kräftiger, fast schwarzer Schlund.
'Banquet'	4	leuchtend erdbeerrote, halb gefüllte Blüten mit dunkelroter Mitte, späte Blüte; durch dunkles Laub auffallend
'Black Panther'	5	fast schwarze, vollgefüllte Blüte; stark gekräuselte Petale; schmal gefiedertes Laub
'Black Pirate'	5	dunkle, im Sonnenlicht leuchtend mahagonirote, glänzende Blüten von kräftiger Substanz; buschig, treibt aus der Basis nach; gesunde Sorte, wetterfeste Blüten
'Canary'	1	einfache, weit geöffnete Blüte in leuchtendem Kanariengelb; reich blühend und regenfest; gut für freien Stand geeignet
'Chinese Dragon'	4	Blüte leuchtend karminrot, einfach bis halb gefüllt; überreich und lange blühend, beginnend mit den japanischen Namenssorten; stark wüchsig; das feingefiederte, dunkle Laub verleiht der Pflanze bis in den Herbst Attraktivität; eine der schönsten Strauchpäonien; Goldmedaille der APS (American Peony Society) 1983.
'Coronal'	6	selten vermehrte, reizvolle Hybride mit rosenförmiger, halb gefüllter cremegelber Blüte mit rosa Saum; im Aufblühen besonders eindrucksvoll
'Golden Bowl'	1	weit geöffnete, strahlend gelbe Blüte, die gut über dem Laub getragen wird; kräftiger Wuchs; eine besonders empfehlenswerte gelbe, einfach blühende Sorte; in der Blütenhaltung besser als die bekannte, hochgelobte Roman Gold.
'Golden Hind'	2	sehr wertvoll, da späte, bis zu hundert Kronblätter starke, dicht gefüllte, schwefelgelbe Blüten; sie öffnet sich oft zögernd, deswegen antreiben, für die Vase schneiden und im Zimmer aufblühen lassen
'Golden Isles'	2	dicht gefüllte, leuchtend gelbe Blüte mit auffallend himbeerroten Schlundflecken; zuverlässig und reich blühend
'Golden Vanity'	1	einfache, lichtgelbe Blüten, kleiner als an anderen gelb blühenden Sorten, aber reicher Blütenansatz und dichtbuschiger Wuchs; für freie Pflanzungen, zusammen mit Taglilien und sonnenverträglichen Funkien
'Harvest'	3	auffällige, halb gefüllte Blüten in leuchtendem Ährengold im Kontrast zum dunklen Laub; eine der schönsten gelb blühenden Lutea-Hybriden
'Hesperus'	4	rosenrote Blüten, im Sonnenlicht gelbe Töne durchscheinend, deswegen im Tagesverlauf wechselndes Farbenspiel; robust und zuverlässig blühend
'High Noon'	2	bedeutende Lutea-Hybride mit zitronengelben, duftenden Blüten, die über dem Laub getragen werden; sichtbarer, roter Schlund; enorme Wuchskraft, die auf Einkreuzung von Paeonia lutea subsp. ludlovii schließen lässt. Im Spätsommer gelegentlich nachblühend. Goldmedaille der American Peony Society 1989
'Marchioness'	3	mittelgroße, haltbare Blüte in Farbkombination von Gelb, Apricot und Rosé; in Amerika beliebt, eine der begehrtesten Lutea-Hybriden

Die Züchtung und ihre Ergebnisse in den USA

Rechte Seite, links oben:
'Angelet'
Rechte Seite, rechts oben:
'Black Panther'
Rechte Seite, links unten:
'Golden Bowl'
Rechte Seite, rechts unten:
'Golden Hind'

Beschreibende Tabelle der Saunders-Hybriden (Forts.)

Sorte	Gruppe	Merkmale
'Mystery'	6	geheimnisvoll anmutende, einfache bis halb gefüllte Blüten in bleichen Lavendeltönen mit roten Schlundflecken; robuste, frostharte Sorte mit üppigem Laub
'Princess'	6	anmutige, halb gefüllte, große anemonenähnliche Blüten in Altrosa mit durchscheinender gelber Basis. Wird nur bei Reath Nursery vermehrt
'Regent'	4	prachtvolle, tief lachsrote gefüllte Blüten, aus der Basis gelb durchscheinend; begehrt, da lange Zeit auf dem Weltmarkt kaum erhältlich; nicht sortenechte Pflanzen werden häufiger angeboten; eine der schönsten Saunders-Hybriden
'Renown'	4	leuchtend fleischfarbene, weit geöffnete Blüte, mit gelbem Anflug aus der Basis; gelegentlich im Juli/August remonierend
'Roman Gold'	1	einfache, strahlend sattgelbe Blüten, deren kräftige, rote Schlundflecken schon von Ferne den Betrachter anziehen; sehr gesunde, gedrungen wachsende, ausdauernde Sorte, deren Blüten nur in Laubhöhe stehen
'Silver Sails'	1	einfache, lichtgelbe, weit geöffnete, große, annähernd weiß gefärbte Blüten, deswegen besonders kostbar; selten, z.Zt. nur bei Reath Nursery
'Summer Night'	4	leuchtend kirschrot, bei Strauchpfingstrosen selten vorkommender Blütenfarbton; gesund, starkwüchsig, selten in Kultur
'Thunderbolt'	5	berühmte, dunkel- bis schwarzrot blühende Lutea-Hybride, die wie 'Black Pirate' einen höheren Gartenwert besitzt als gleichfarbige Sorten aus Japan; gedrungener Wuchs, zuverlässig blühend

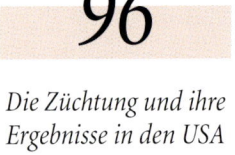

Die Züchtung und ihre Ergebnisse in den USA

'Age of Gold', eine der besten gelb blühenden Lutea-Hybriden

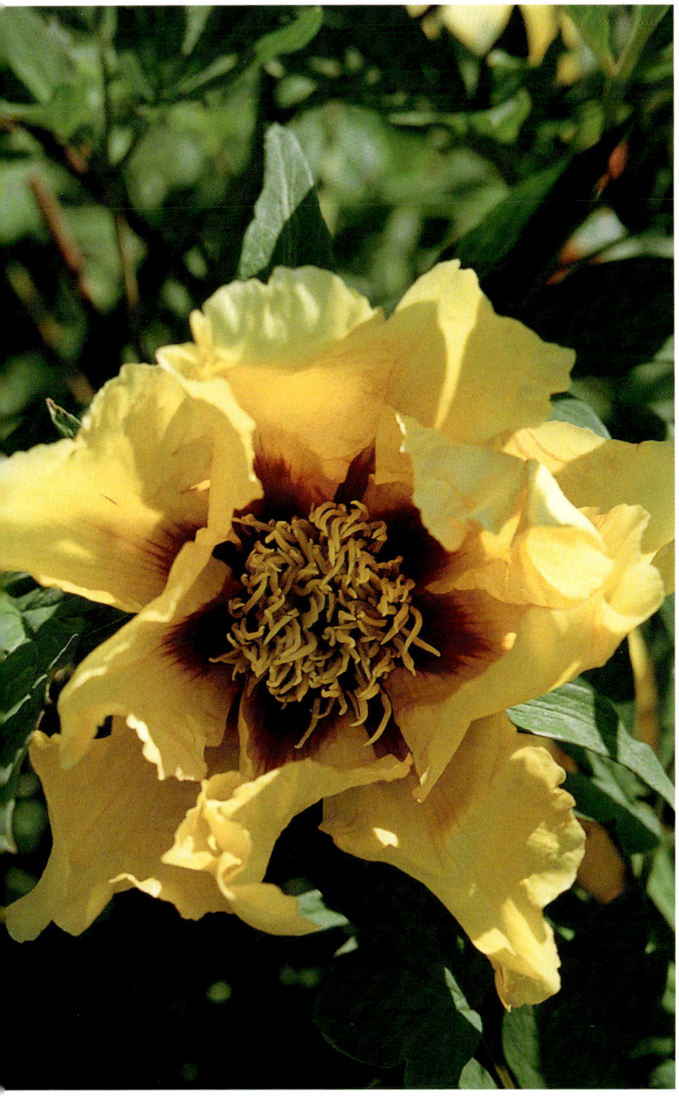
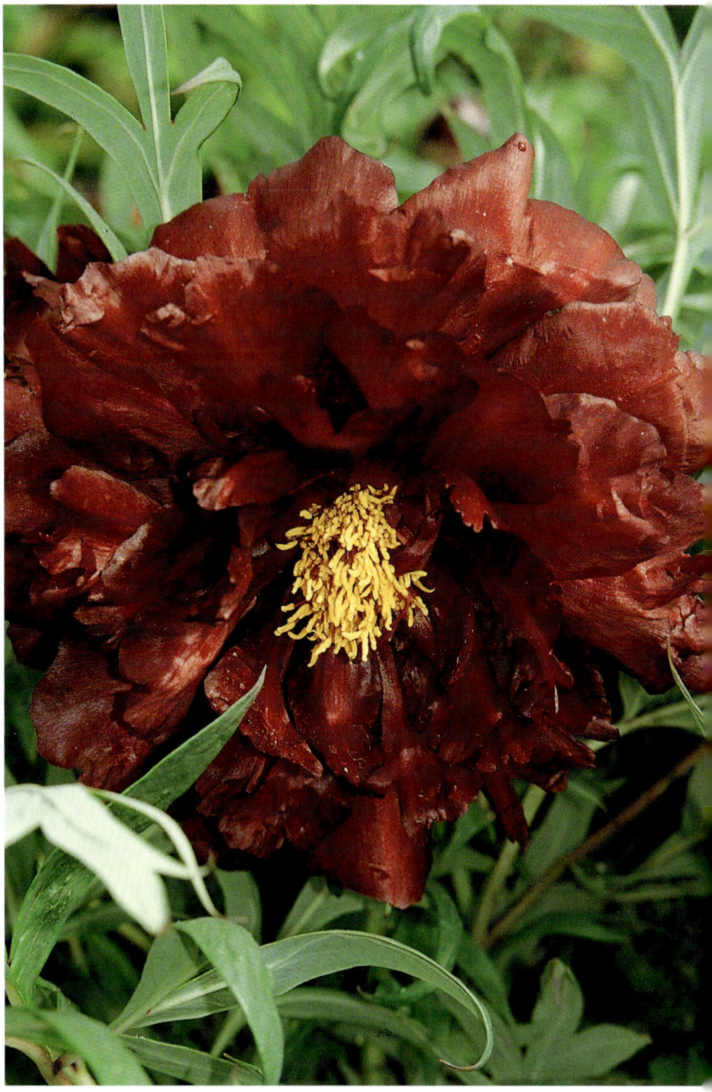
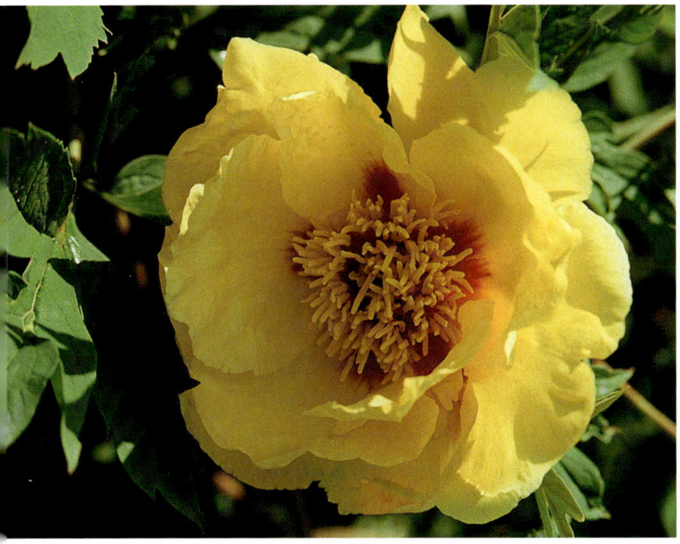
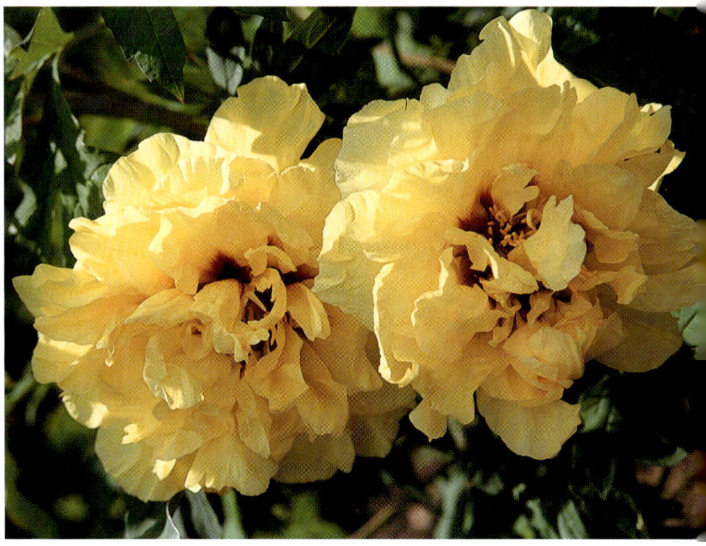

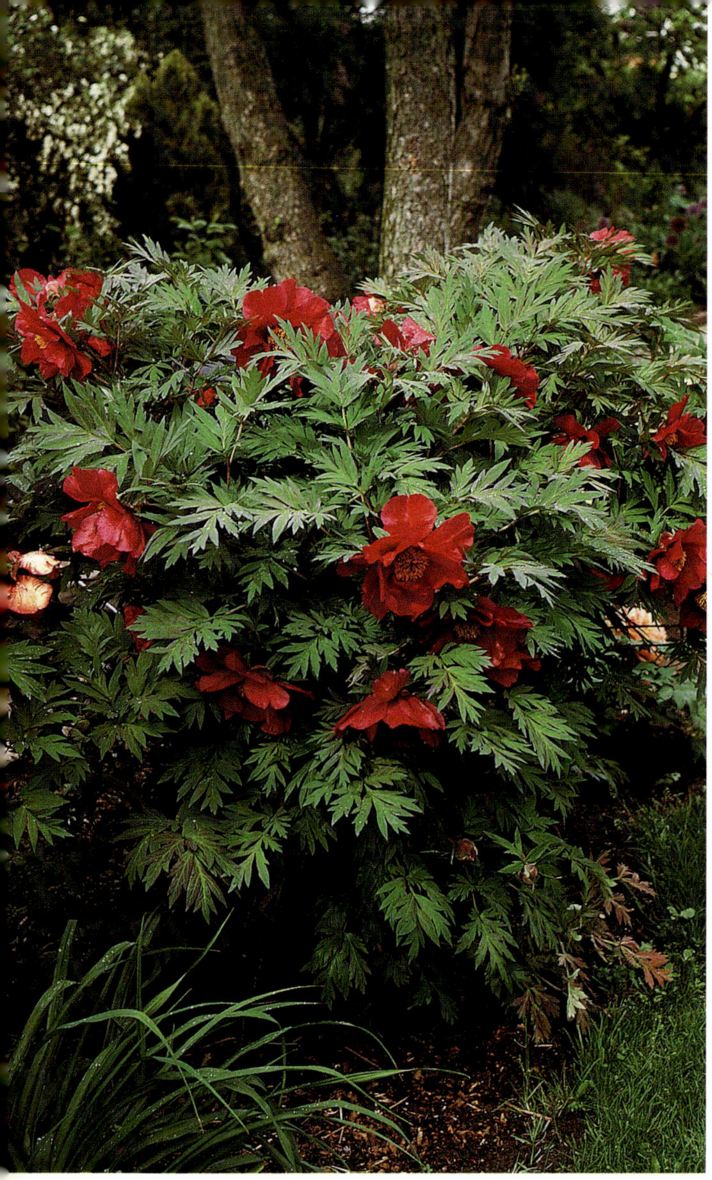
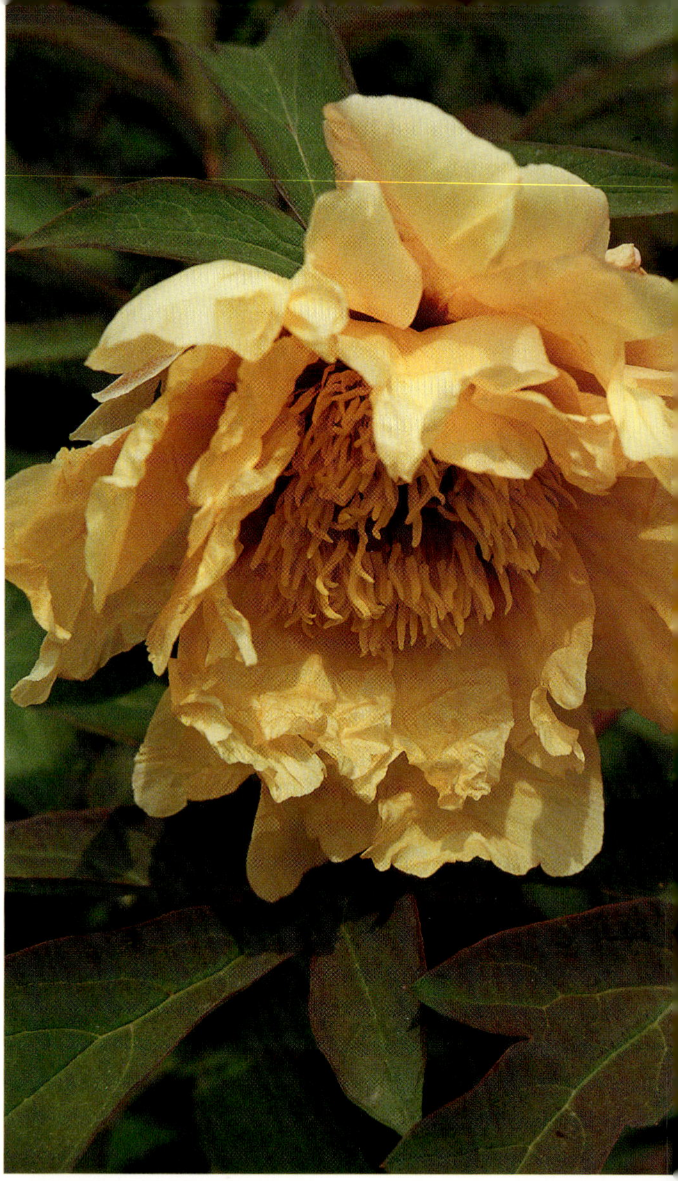
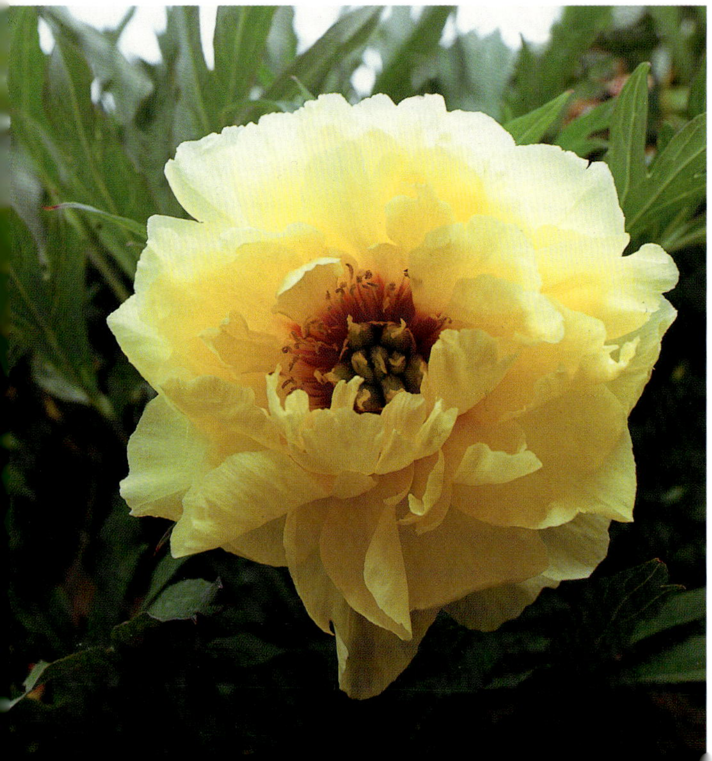
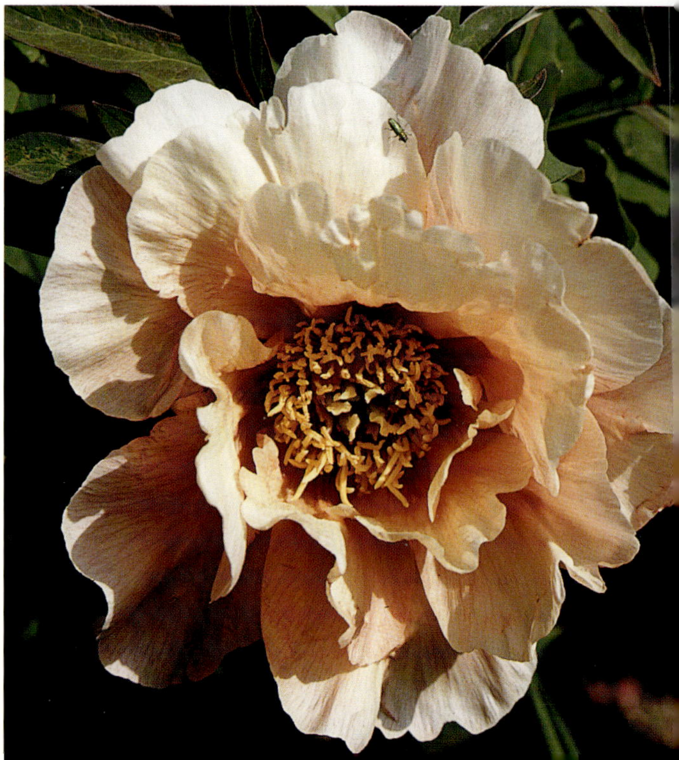

99

Die Züchtung und ihre
Ergebnisse in den USA

Linke Seite, links oben:
'Chinese Dragon'
Linke Seite, rechts oben:
'Harvest'
Linke Seite, links unten:
'High Noon'
Linke Seite, rechts unten:
'Mystery'

Oben links: 'Renown'
Oben rechts: 'Summer Night'
Unten: 'Princess'

Nassos Daphnis (geb. 1914)

Aus einem Dorf in Griechenland stammend, reiste Nassos Daphnis im Alter von 16 Jahren in die USA, wo sein Onkel in New York City einen Blumenhandel betrieb. Zunächst widmete er sich der Malerei, die ihm die Freundschaft des in Pavillon, New York lebenden Künstlers William – genannt Bill – Gratwick (1904 – 1988) verschaffte. Gratwick ging dort auf einer weitläufigen Farm seinen vielfältigen Neigungen als Bildhauer, Ingenieur, Schriftsteller und Züchter von Pflanzen und Tieren nach. Hier konnte Daphnis zu Beginn des zweiten Weltkrieges erstmals die Blüte japanischer Strauchpfingstrosen erleben, die ihn tief beeindruckte. Gratwick besaß nämlich ausgesuchte Bestände der besten japanischen Zuchtformen, aber auch alle von Prof. Saunders gezüchteten Lutea-Hybriden und als besonders wertvolles Züchtungspotential eine Reihe von *P. lutea*-Sämlingen, die er wegen ihrer vorzüglichen Wuchseigenschaften und der Qualität ihrer Blüten ausgesondert hatte. Nach kriegsbedingtem Aufenthalt in seiner Heimat kehrte Daphnis 1946 wieder in die USA zurück und begann zusammen mit Gratwick auf dessen Farm mit der Strauchpfingstrosenzucht. Angespornt und ermutigt durch die Züchtungserfolge von Prof. Saunders, beschlossen beide, dessen Zuchtlinie weiterzuentwickeln. Sie ahnten, dass die darin schlummernden Kreuzungsmöglichkeiten noch lange nicht ausgeschöpft waren. Deshalb träumten sie von optimalen Züchtungsergebnissen, wenn es gelänge, die besten Eigenschaften der japanischen Züchtungen (starker Stamm, eleganter Wuchs, hervorragende Präsentation der Blüten) und der *P. lutea* (enorme Wuchskraft, attraktives Laub und erweitertes Farbspektrum) zu vereinen. Auf diesem Wege wollten sie die Strauchpäonie auf die höchste Stufe der Blumenwelt führen. Selbst in der amerikanischen Fachliteratur sprach man überschwänglich davon, dass sich »der Vorhang über einem der anspruchsvollsten Projekte der Gartengeschichte zu heben begann.« Wenn auch nicht alles, so ist doch vieles davon Nassos Daphnis gelungen. Seine Strauchpfingstrosen, inzwischen auf dem Weltmarkt als Daphnis-Hybriden heiß begehrt, sind heute aus unseren Gärten nicht mehr wegzudenken.

Anders als bei Prof. Saunders verfügen wir aber bei Nassos Daphnis über genaue Angaben der von ihm zur Züchtung verwendeten Kreuzungspartner. Er meldete alle für die Vermehrung vorgesehenen, Erfolg versprechenden Züchtungen zum Register der APS (American Peony Society) an, mit zuverlässiger Beschreibung ihrer Eigenschaften und der ihnen gegebenen Namen, die fast ausschließlich Göttern und Gestalten der altgriechischen Mythologie zugeordnet sind. Bei den Lutea-Hybriden der 1. Generation ist dabei bemerkenswert, dass sich Daphnis häufig ein und derselben Kreuzungspartner bediente, die daraus entstandenen »Nachkommen« aber jeweils ganz verschiedene Merkmale im Wuchs und in der Blütenfarbe aufweisen; ein überzeugender Beweis für das überragende Erbgut der Eltern. So entstanden aus der wiederholten Kreuzung von *P. lutea* × 'White Queen' so hervorragende und unverwechselbare Sorten wie 'Aphrodite' (Blüte nahe weiß, gedrungener Wuchs), 'Artemis' (helles Gelb, stark wüchsig), 'Marie Laurencin' (abgestufte rosa Töne) und 'Themis' (hellrosa, blau überhaucht, niedrig wachsend); aus der Kreuzung *P. lutea* × 'Shintenchi' dagegen die hervorragende 'Gauguin' (leuchtendes Rot auf gelber Basis, kräftiger Wuchs) siehe Seite 7, aber auch 'Redon' (teils rosa, teils pfirsichfarbene Töne, niedrig bleibend).

Wie aber sollten die hoch gesteckten Züchtungsziele erreicht werden, wo doch Lutea-Hybriden der 1. Generation fast steril waren? Aber auch hier ebnete der inzwischen alt gewordene Prof. Saunders, der Gratwick und Daphnis eng verbunden war, den Weg zum entscheidenden Durchbruch für die weitergehende Züchtung. Er fand nämlich in Samenkapseln seiner zahlreichen Lutea-Hybriden der 1. Generation gerade zwei Samenkörner, die auch keimten. Die daraus entstandenen Sämlinge bezeichnete Daphnis als F_2 A und F_2 B, musste aber feststellen, dass sie steril waren und somit als Mutterpflanzen unbrauchbar. Ihre Pollen erwiesen sich aber als fruchtbar. Mit diesen bestäubte Daphnis in der Folgezeit von Saunders gezüchtete Lutea-Hybriden der 1. Generation. Aus diesen so genannten Rückkreuzungen der 1. Generation (Back Crosses 1 = BC 1) entstanden mehrere farbenprächtige Hybriden, so bei-

'Aphrodite', eine der wenigen Lutea-Hybriden, die in weißen Tönen blühen

spielsweise 'Hephestos' ('Thunderbolt' × F_2 A, leuchtend rot großblumig), 'Terpsichore' ('Amber Moon' × F_2 A, pfirsichfarben) und 'Zephyrus', dessen Kreuzungsgeschichte abenteuerlich anmutet. Daphnis bestäubte nämlich 800 Blüten der bekannten gefüllt weiß blühenden japanischen Sorte 'Suisho Haku' mit Pollen des Ausnahmesämlings F_2 A und wählte damit eine Kreuzungsvariante, deren Erfolgschancen – von Daphnis selbst errechnet – bei 1 : 50 000 lagen. Deshalb ist es nicht verwunderlich, dass Daphnis und Gratwick bei Samenreife feststellen mussten, dass alle von ihnen geöffneten Samenkapseln der japanischen Mutterpflanzen leer waren. Schließlich fand aber doch Gratwick bei einer übersehenen Pflanze eine Kapsel mit einem Samenkorn, das auch keimte. Der daraus entstandene 'Zephyrus', fortan die Lieblingszüchtung von Daphnis, trägt eine betörend schöne Blüte in abgestuften Perlmuttönen.

Diese Rückkreuzungen erwiesen sich als weitaus fruchtbarer als ihre Eltern. Ihre Pollen befruchten sowohl Blüten japanischer Zuchtformen als auch Blüten von F_1- und F_2-Hybriden (Kreuzungen zwischen Lutea-Hybriden der 1. Generation) und Back Crosses 1. Daphnis versprach sich deshalb von weiteren Rückkreuzungen mit Pollen japanischer Sorten, womit sich deren Erbanteile auf 75 % erhöhten, noch größere Züchtungserfolge. Sie gelangen ihm hauptsächlich ab 1959 mit Rückkreuzungen der 3. Generation (Back Crosses 3 = BC 3), die – neben 'Gauguin' und 'Hephestos' – als die Krönung seiner Züchtungsarbeit angesehen werden können: 'Iphigenia' (BC 2 × 'Daioh'), 'Leda' ('Kokamon', feurig dunkelrot × BC 2) und schließlich 'Nike' (BC 2 × 'Guardian of the Monastery'), eine von Gratwick gezüchtete Strauchpäonie in dunklen Lavendeltönen. Zwar erhoffte sich Daphnis mit der intensiveren Einkreuzung von japanischen Sorten (erstrebter Anteil 94 %) noch bessere Erfolge, doch unterschieden sich die daraus entstandenen Nachkommen in ihren wesentlichen Merkmalen kaum noch von den reinen japanischen

Die Züchtung und ihre Ergebnisse in den USA

Daphnis-Hybriden

Sorte	Kreuzungs-variante	Merkmale
'Aphrodite' (Göttin der Liebe)	F_1	wertvoll, da fast weiße, einfache bis halb gefüllte Blüten, bei den *Lutea*-Hybriden einzigartig; robust, niedrig wachsend, auffällig gedrehtes dunkles Laub
'Ariadne' (Tochter des Minos)	BC 3	üppig wachsend, schön geformte halb gefüllte Blüten in Pfirsichfarbtönen mit rotem Saum
'Artemis' (Göttin der Jagd)	F_1	große, lichtgelbe Blüten, reich und lange blühend; Pflanzung an erhöhtem Standort weil Blüte nickend
'Boreas' (Nordwind)	offene Be-stäubung	prachtvolle Blüte in strahlendem Burgunderrot; kräftig, aufstrebend wachsend
'Gauguin'	F_1	zeigt die hohe Qualität der *Lutea*-Hybriden der ersten Generation; exotisch, rot aufleuchtende Farbtöne auf durchscheinender gelber Basis; kraftvoller Wuchs, reich blühend; Einzelstellung
'Hephestos' (Gott des Feuers)	BC 1	leuchtend rote, große Blüten, deren Fernwirkung durch den Kranz gelber Staubfäden erhöht wird; gesund und zuverlässig blühend
'Icarus' (Sohn des Daedalus)	offene Be-stäubung	einfache Blüten in kräftigem Rot; gesunde, stark wüchsige Sorte
'Iphigenia' (Tochter des Agamemnon)	BC 3	halb gefüllte, blutrote Blüten mit schwarzem Schlund; stark wachsend und reich blühend
'Kronos' (Gott der Zeit)	F_1	stark gefüllte, glänzende, große Blüten, fast schwarz, blau überhaucht; kraftvoll wachsend; an erhöhtem Standort pflanzen, da Blüten sich nach unten biegen
'Leda' (Königin von Sparta)	BC 3	legendäre Daphnis-Züchtung; Blüten in gestreiften Rosafarbtönen, zur Mitte hin dunkler; gesund, kräftig wachsend und reich blühend
'Nike' (Siegesgöttin)	BC 3	fast übermächtige, korallen- und pfirsichfarbene Blüten mit hervortretenden dunklen Schlundflecken
'Persephone' (Tochter der Demetra)	F_1	wohlgeformte halb gefüllte Blüten in zartem Gelb; harmonischer, dichter Wuchs; beste gelbe Daphnis-Züchtung
'Redon' (Odilon Redon, Maler)	F_1	große, hellrosa und blau überhaucht oder in warmen Pfirsichtönen erscheinende Blüte; niedriger Wuchs
'Terpsichore' (Muse des Tanzes)	BC 1	anmutige, einfache Blüten mit sanften Farbübergängen von Korallenrosa zu Apricot; nur bei Klehm Nursery
'Themis' (Göttin des Rechts und der Ordnung)	F_1	schalenförmige hellrosa, leicht blau überhaucht, halb gefüllte Blüten; niedriger Wuchs, zuverlässig blühend
'Zephyrus' (Westwind)	BC 1	dahlienförmige, perlmuttfarbene, halb gefüllte, schwere Blüten, kastanienfarbene Schlundflecken

Die Züchtung und ihre Ergebnisse in den USA

Kulturformen, sodass sie für die weitere Züchtung bedeutungslos waren.

Besondere Beachtung sollten dagegen die so genannten Zufallssämlinge, die durch Insektenbestäubung in der Gratwick Nursery entstanden sind, finden. Die nicht gezielt herbeigeführte, sondern auf natürlichem Wege zustande gekommene Bestäubung wird in der Fachliteratur als »open pollination« oder »self pollinated« bezeichnet. Von diesen Zufallssämlingen sind in erster Linie 'Icarus' (F_2-Generation = F_1-self pollinated) und 'Boreas' (F_2-Generation = F_1-self pollinated, beide rot blühend) zu nennen. Zwar hat Daphnis 1995 – 1996 noch weitere 13 Sorten, siehe Seite 154, deren erste Blüte zum Teil bis in die 60er Jahre zurückreicht, zum amerikanischen Register angemeldet, doch ist derzeit völlig offen, ob und gegebenenfalls zu welcher Zeit Pflanzen dieser Hybriden auf dem Markt angeboten werden. Wir besitzen daher auch keine Erfahrungen über die Wuchseigenschaften und Qualität der Züchtungen.

Das Resultat der Züchtungsarbeit von Nassos Daphnis ist allerdings beachtlich: Von seinen mehr als 400 gelungenen Kreuzungen befinden sich inzwischen mehr als zwei Dutzend Hybriden auf dem Weltmarkt, die in den letz-

Die Züchtung und ihre Ergebnisse in den USA

*Oben: 'Hephestos', mächtige und doch schwebende Blüte in reinem Ziegelrot
Unten: 'Zephyrus', seltene Lutea-Züchtung mit japanischer Sorte als Mutter*

'Kronos', fast schwarz wirkende große Blüte, die von unten betrachtet werden will (hoher Standplatz)

104

Die Züchtung und ihre Ergebnisse in den USA

ten 25 Jahren auch in Europa anerkannt sind. Sie gehören sicher zu den besten Strauchpäonien, die jedes Jahr aufs Neue unsere Gärten mit einer kaum zu übertreffenden Blütenpracht bereichern. Davon sollen hier die Sorten vorgestellt werden, die uns besonders empfehlenswert erscheinen (siehe Seite 102).

Dr. David Reath (1927 – 1995)

Die Geschichte der amerikanischen Strauchpfingstrosenzüchtung im 20. Jahrhundert wird durch das Lebenswerk von Dr. David Reath eindrucksvoll abgeschlossen. Reath, der als engagierter Veterinär im hohen Norden der USA in Vulcan, Michigan, lebte, konnte dort 1973 den stattlichen Familienbesitz von seinem Bruder erwerben. Dadurch war es ihm möglich, die schon bisher leidenschaftlich betriebene Züchtung von Funkien, Iris und vor allem Päonien auf eine solide Basis zu stellen. In kurzer Zeit entstand ein vorbildlich geführter Betrieb zur Vermehrung und Aufzucht insbesondere der von Saunders und Daphnis gezüchteten Lutea-Hybriden: die auch auf dem europäischen Kontinent hoch geschätzte Reath Nursery. Viele Strauchpfingstrosenliebhaber verdanken die kräftigsten, gesündesten und stets sortenechten Strauchpäonien in ihrem Garten diesem Betrieb.

Schon 1965 erhielt David Reath, der sich dem Erbe von Prof. Saunders verpflichtet fühlte, von Nassos Daphnis Pollen fruchtbarer *P. lutea*-Sämlinge, mit denen er innerhalb zweier Tage in Mission Garden, Illinois, 400 Blüten von Saunders-Hybriden bestäuben ließ. Doch die Ernte dieser Kreuzungen war gering: lediglich 16 Samen, von denen nur sechs keimten. Diese

'Leda', die Königin unter den Daphnis-Züchtungen

105

Die Züchtung und ihre Ergebnisse in den USA

'Iphigenia', eine der »großen« rot blühenden Lutea-Hybriden

Die Züchtung und ihre Ergebnisse in den USA

Sämlinge (F_2-Hybriden), die Reath als 'The New Era Series of the Tree Peonies' bezeichnete, erwiesen sich aber als außerordentlich fruchtbar für weitergehende Züchtungen. Zwei davon, die 1971 zum ersten Mal blühten, brachte er mit den Namen 'Golden Era' (A 199, ein Sämling von 'Golden Isles' mit prächtiger halb gefüllter gelber Blüte auf kräftigen Stielen) und 'Exotic Era' (A 201, ein 'Marchioness'-Sämling mit mehrfarbigen Blüten in Pfirsichtönen ähnlich der von 'Ariadne' und 'Terpsichore') auf den Markt. Davon hat inzwischen 'Golden Era' internationalen Ruf erlangt, weil sie als erfolgreiche Pollenspenderin bei der Züchtung intersektioneller Hybriden eine Sonderstellung einnimmt. Ohne 'Golden Era' wäre die rasante Entwicklung der im vollen Gang befindlichen Züchtung dieser neuen Päonien undenkbar.

Daneben hat David Reath eine Reihe weiterer Strauchpfingstrosen gezüchtet, die vergleichbar sind mit den besten Saunders- und Daphnis-Hybriden. Sie zeigen in ihren prachtvollen Blüten den ganzen Reichtum der Lutea-Hybriden. Von ihnen ist an erster Stelle 'Ruffled Sunset' ('Age of Gold' × A 198 = 'Golden Isles' × Daphnis Pollen) zu nennen, die 1991 in den USA bei einer Ausstellung der APS die höchste Auszeichnung (Grand Champion) erhielt, obwohl sie im Handel noch gar nicht eingeführt war. Ihre Blüte, in einer Farbkombination von ineinander laufenden hellgelben und rosaroten Tönen, ist wirklich überragend. In ihrer Ausstrahlung ähnlich ist 'Sunrise' mit wohlgeform-

Oben: 'Nike', mit üppigen Blüten in leuchtenden Orangetönen
Unten links: 'Terpsichore', selten vermehrte Sorte mit geheimnisvoller Blüte
Unten rechts: 'Themis', im Licht der untergehenden Sonne kräftig rosa aufleuchtend, sonst blau überhaucht

'Golden Era', wertvolle Pollenspenderin bei der Züchtung intersektioneller Hybriden

Die Züchtung und ihre Ergebnisse in den USA

'Ruffled Sunset', hoch prämierte Schönheit amerikanischer Lutea-Züchtung

ten Blüten in Pastelltönen und 'Waucedah Princess', eine F$_1$-Hybride – *P. lutea* × 'Shintenchi' – mit dicht halb gefüllten Blüten in weichen lavendelrosa Tönen. Hinzu kommen 'Alice in Wonderland' ('Alice Harding' × 'Golden Era') mit vollgefüllter leuchtend gelber Blüte mit dunklen Basalflecken und 'Strawberry Delight' (*P. lutea* × 'Shintenchi') mit eindrucksvoller erdbeerroter Blüte.

Die Züchtung 'Ann Marie' stammt von William J. Seidl in Manitowoc/Wisconsin und hat 1983 zum ersten Mal geblüht. Ihre Sonderstellung beruht darauf, dass sie eine weithin leuchtende tief orchideen-lavendelfarbene Blüte trägt, die bei Strauchpfingstrosen sonst nicht zu finden ist. Sie wächst kraftvoll aufstrebend und hat sich innerhalb kurzer Zeit auf dem Markt durchgesetzt. Ihr besonderer Reiz liegt auch darin, dass sie von zwei lichtgelb blühenden Lutea-Hybriden abstammt (Reath A 197 × selektierter Daphnis-Sämling).

'Ann Marie', sensationelle Züchtung im Farbspektrum der Lutea-Hybriden

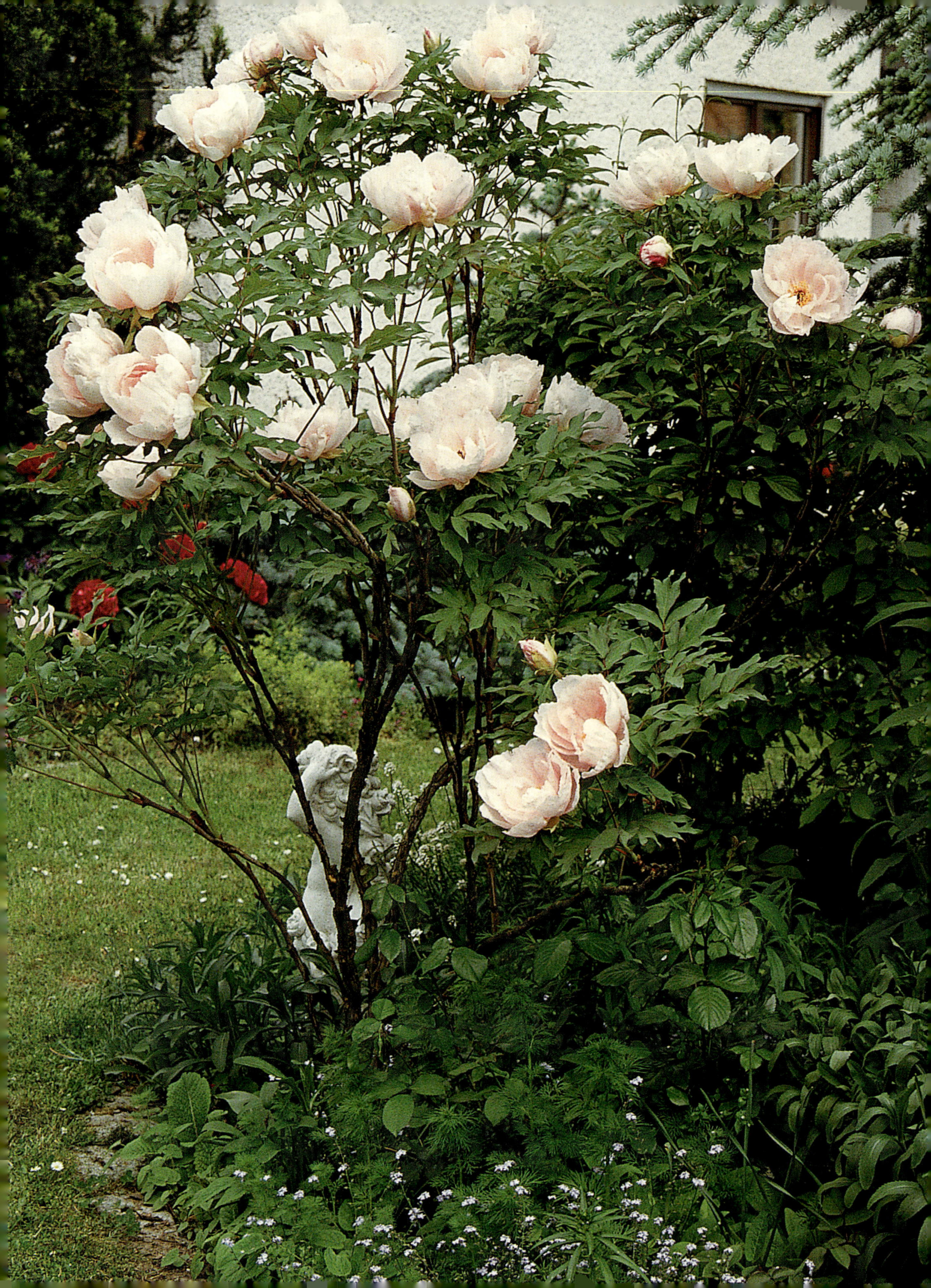

Pflanzung und Pflege

In den vorhandenen Gartenbüchern über Strauchpäonien kann man oft lesen, dass die Pflanze so gut wie keiner Pflege bedürfe, wachse und gedeihe gleichsam von selbst und müsse zu allem Überfluss nicht einmal gedüngt werden. Wer sich über viele Jahre mit dem Pflanzen, Verpflanzen und Teilen dieses prächtigen Blütenstrauchs beschäftigt hat weiß, dass neben der richtigen Standortauswahl und Bodenbearbeitung das ganze Gartenjahr über notwendige Pflegemaßnahmen durchgeführt werden müssen, um ein gesundes Wachstum, eine reiche Blüte und ein langes Leben der Strauchpäonien zu garantieren. Bei der Auseinandersetzung mit den Kulturproblemen ist ein Grundwissen über die Pflanzung und Pflege der Päonien unabdingbar. Die Bodenbeschaffenheit, abweichende Standortvoraussetzungen und unterschiedliche Klimaverhältnisse können zu verschiedenen Ergebnissen führen. Eine Strauchpäonie wächst, entwickelt sich und blüht an den Südhängen der Alpen, in meeresnaher Umgebung mit hoher Luftfeuchtigkeit und in kontinentalen Landschaften mit geringen Niederschlägen jeweils anders. An manchen sonnenverwöhnten Plätzen ohne Winter, wie beispielsweise den Südstaaten der USA, ist sie sogar kaum lebensfähig. Dies alles sollten wir bei den nachfolgenden Kulturempfehlungen bedenken, die Wegweiser sein sollen für einen artgerechten Umgang mit der Strauchpfingstrose, von der Pflanzung bis zur voll entwickelten Blüte, vom Austreiben im zeitigen Frühjahr bis zum Abstoßen der Blätter vor Wintereinbruch.

Standort

Strauchpfingstrosen lieben warme Plätze sehr. Vollsonnige Standorte können dagegen Hitzeschäden der Blüte verursachen. Steigen nämlich, wie es häufig geschieht, Ende April und im Laufe des Mai die Tagestemperaturen auf 25 °C und darüber, so besteht die Gefahr, dass bei Pflanzen chinesischer und japanischer Herkunft, deren Blüten bekanntlich witterungsanfälliger sind, die Blüte nur wenige Tage andauert, ja sogar einzelne Blüten schon am zweiten heißen Tag nachhaltig geschädigt werden. Deshalb decken die Chinesen schon von alters her ihre Strauchpäonien zum Schutz vor intensiver Sonneneinstrahlung mit Bambusmatten ab. Vorzuziehen sind daher halbschattige oder solche Lagen, die nicht von der vollen Mittagssonne beschienen werden. Besonders günstig sind nach langjähriger Erfahrung Westlagen, die am Nachmittag gut in der Sonne stehen, oder aber genügend freie Nordwestlagen, die in den Sommermonaten bis in den Abend hinein noch lange von der sinkenden Sonne erwärmt werden. Gerade solche vom Spätherbst bis ins Frühjahr absonnige Lagen haben den weiteren Vorteil, dass sie in dieser Jahreszeit nur geringen Temperatur-schwankungen ausgesetzt sind und damit den so gefährdeten Frühaustrieb verzögern. Zu meiden sind dagegen Plätze, die in den Morgenstunden von der aufsteigenden Sonne voll erfasst werden. Sie kann nämlich nach den gefürchteten Spätfrostnächten im April bis Anfang Mai den vormittags noch gefrorenen Austrieb dauerhaft schädigen. Ein möglichst freier Standort ist für das gesunde Wachstum der Strauchpfingstrosen von besonderer Bedeutung. Dadurch wird der schädliche Wurzeldruck zu nahe stehender Bäume und Sträucher und eine Beeinträchtigung durch drückende Überpflanzung und erhöhte Fäulnisanfälligkeit vermieden. Daran sollte man bei der Auswahl des möglichen Pflanzplatzes im Garten denken. Manchmal lohnt sich der Aufwand, durch Umpflanzen oder Neupflanzungen geeigneter Nachbarn ganz neue Plätze zu schaf-

Japanische Strauchpfingstrose in einem Hausgarten in Franken

'Black Pirate', mit Lutea-typischer Blütenhaltung zur Seite. Eine äußerst wetterfeste Blüte mit großer Ausstrahlung

Pflanzung und Pflege

fen, und dabei den Strauch gleich so zu platzieren, dass man die kaum zu überbietende Blütenpracht möglichst nahe und ungestört betrachten kann. Chinesische und japanische Züchtungen benötigen einen geschützten Standort, weil die zarten Blüten Regengüssen und Gewitterstürmen nicht gewachsen sind. Schon innerhalb einer Stunde kann die Blütenpracht zerstört sein. Besonders gilt dies für die oft wie aus Seide gesponnenen Blüten der japanischen Sorten. Dagegen sind die Blüten der Lutea-Hybriden meist widerstandsfähiger, weil durch ihre seitliche Neigung und kräftige Substanz das Wasser besser an ihnen ablaufen kann. Das zeigt sich besonders bei der Hybride 'Black Pirat', deren Blüten selbst Sturm und kräftigen Regen ungeschadet standhalten.

Pflanzung

Eine gute Bodenvorbereitung und die richtige Pflanzzeit sind Grundvoraussetzungen, um sich später an der Blütenpracht der Strauchpäonien erfreuen zu können. Beachtet man bei der Neupflanzung oder beim Umpflanzen alter Exemplare die folgenden Ratschläge, so steht dem Gedeihen der Pflanzen nichts mehr im Wege.

Der richtige Boden

Der Boden muss vor allem gut durchlässig sein. Deshalb sind schwere Lehm- oder gar Tonböden – auch bei vorhandener Dränage im unteren Bereich – ungeeignet. Sie bleiben nass und erwärmen sich im Frühjahr nur schwer,

'Captains Concubine', von Bill Gratwick gezüchtet, mit frei zum Himmel gerichteten Blüten, die witterungsanfällig sind

113

Pflanzung und Pflege

Pflanzschema für eine noch nicht selbst bewurzelte Jungpflanze

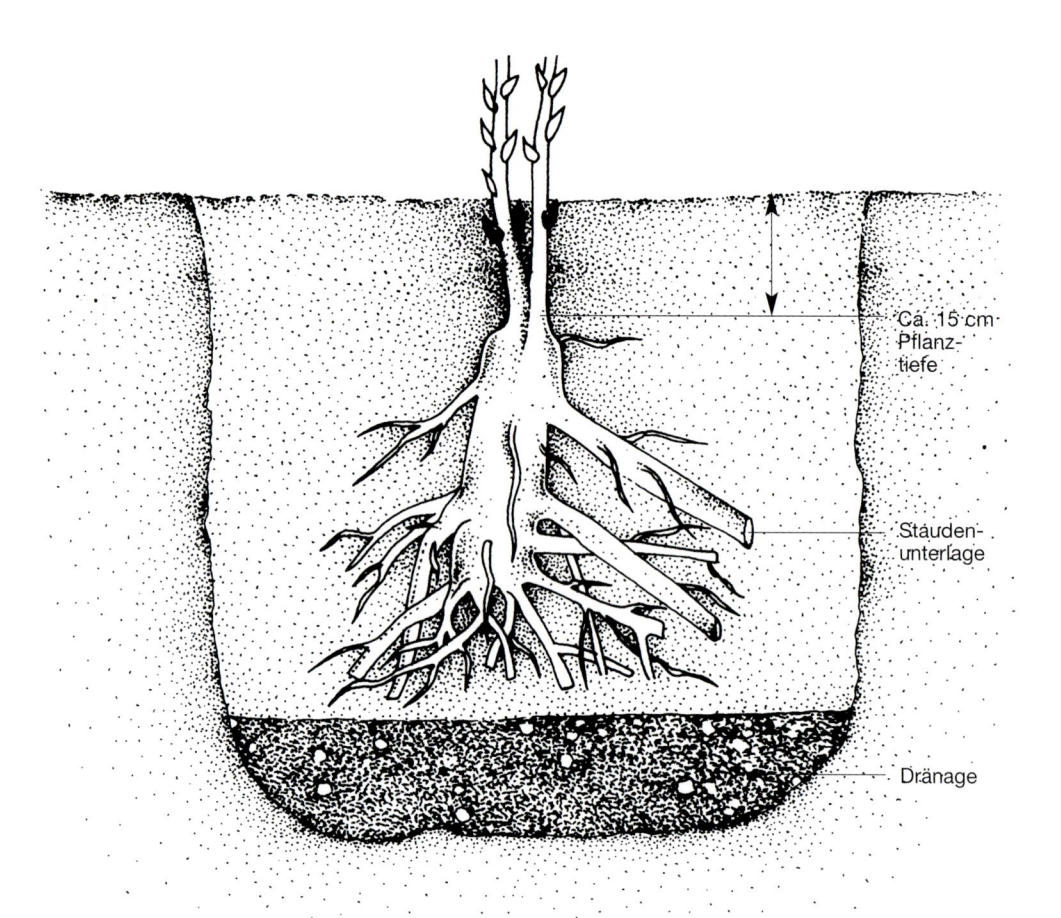

Ca. 15 cm Pflanztiefe

Staudenunterlage

Dränage

sodass der erforderliche kräftige Durchtrieb unterbleibt. Ungeeignet sind aber auch zu sandige Böden mit ungenügendem Wasserhaltevermögen. Dadurch kann das Wachstum, aber auch die Farbe und Leuchtkraft der Blüten beeinträchtigt werden. Besonders geeignet sind sandige Lehm- oder Lössböden, die eine lockere Struktur haben, Nährstoffe aber halten können. Durch Beimischung von ausgereiftem Kompost, Urgesteinsmehl und kohlensaurem Kalk können wir den Boden noch weiter verbessern.

Wer keinen gewachsenen Boden in seinem Garten vorfindet, also unter der mäßigen Humusdecke nur verdichtetes Material (Bauschutt) oder gar Fels hat, muss ein besonders großes Pflanzloch schaffen. Die aufgeschüttete Erde unterhalb der Wurzel muss verdichtet werden, um Setzungen des Pflanzbodens zu verhindern und Hohlräume zu vermeiden. Wichtig ist außerdem, dass Strauchpfingstrosen nicht selbstverträglich sind, eine neue Päonie sollte man deshalb nicht an einen alten Päonienstandort setzen.

Pflanztiefe

Strauchpfingstrosen wachsen zu stattlicher Höhe heran und entwickeln deshalb im Laufe der Zeit ein weit reichendes Wurzelwerk. Von den Naturstandorten in China wird berichtet, dass dort Pflanzen ihre Wurzeln metertief in den Boden getrieben haben. Das Pflanzloch muss deshalb geräumig und tiefgründig sein – mindestens 50 cm im Durchmesser und 60 cm tief –, soll ein gesunder und kräftiger Strauch heranwachsen. Ausmaße, wie bei der Obstbaumpflanzung üblich, sind daher keineswegs überzogen. Vorsichtshalber sollte man stets eine 10 cm starke Dränageschicht aus grobem Kies einbringen, denn wasserabzugsfähiger Unterboden ist lebenswichtig für ein gesundes Wachstum der Strauchpäonie; stauende Nässe führt zu fortschreitender Wurzelfäule, die früher oder später die Pflanze absterben lässt.

Die eigentliche Pflanztiefe ist von verschiedenen Kriterien abhängig. Hat die veredelte Pflanze noch keine eigenen Wurzeln gebildet, so gilt die Faustregel, dass die Veredelungsstelle etwa 15 cm unter Bodenniveau liegen soll. Denn das auf eine Staudenpäonienwurzel gepfropfte Edelreis muss eigene Wurzeln treiben, wenn eine gesunde Strauchpfingstrose heranwachsen soll. Bleibt dies aus, stagniert das Wachstum. Hat jedoch die Jungpflanze bereits eigene Wurzeln geschlagen, was bei mindestens 3-jährigen Veredelungen häufig der Fall ist, kann man ähnlich wie bei der Rosenpflanzung verfahren und die eigenen Wurzeln nicht mehr als 5 cm mit Erde bedecken. Würde man hier tiefer pflanzen, käme es zur Entwicklung von Faserwurzeln am aufsteigenden Holz, die einen kräftigen Durchtrieb verhindern. Deshalb sollte beim Pflanzen gut selbstbewurzelter Verkaufsware oder beim Verpflanzen älterer (geteilter) Stöcke darauf geachtet werden, dass das bereits entwickelte eigene Wurzelwerk nur knapp unter der Erdoberfläche zu liegen kommt. Ein Abstand von 1 m zu anderen Pflanzen, auch der eigenen Art ist empfehlenswert.

Walter Good, ein ausgewiesener Päonienfachmann, hat in den von ihm herausgegebenen »Schweizer Staudengärten« erstmals den überraschenden Vorschlag gemacht, Strauchpfingstrosen schräg einzupflanzen, damit der Durchtrieb schlafender Augen angeregt und dadurch ein mehrtriebiger Wuchs erreicht wird. Diese Methode kann unseres Erachtens nur bei kräftigen Pflanzen japanischer Herkunft, die bekanntlich nur wenige Bodentriebe bilden, Vorteile bringen. Denn die im Handel oft angebotenen 1- bis 2-jährigen Veredelungen, die meist eintriebig und schwach sind, eignen sich wenig für flaches Einpflanzen. Die aus China kommenden oft gut verzweigten Pflanzen und die besonders aus Amerika stammenden Lutea-Hybriden, die reichen Durchtrieb aus der Basis von ihrer Mutterpflanze geerbt haben, benötigen diese Stimulation ohnehin nicht.

Pflanzzeit

Die richtige Pflanzzeit liegt im September und Oktober, je früher desto besser. Hier ruht bereits das Wachstum der Strauchpäonien und die Pflanzen können sich bis zum Winterein-

Pflanzung und Pflege

Lutea-Hybriden (links: 'Icarus', rechts: 'Princess') in geschützter, günstiger Westlage

bruch noch mehrere Wochen gut an ihre neue Umgebung gewöhnen. Oft kommen bei uns Pflanzen aus Übersee völlig ausgetrocknet an. Dann müssen sie, wie auch die Rosen, über Nacht ins Wasser gestellt werden. Manche Aufzuchtbetriebe liefern jedoch häufig viel später, nämlich im November oder gar Dezember aus, sodass bei uns teilweise schon winterliche Verhältnisse herrschen. Dann müssen die Pflanzen so lange eingeschlagen werden, bis sich wieder eine bessere Witterung einstellt. Bei einer so verspäteten Pflanzung muss das Pflanzloch besonders sorgfältig mit geeignetem Mulchmaterial abgedeckt werden. Die Frühjahrspflanzung erdeloser Ware ist mit großen Risiken verbunden. Denn die ohnehin früh austreibenden Strauchpäonien befinden sich zu dieser Zeit meist schon im starken Durchtrieb und werden durch Temperaturen von über 20 °C extremen Bedingungen ausgesetzt, die zu bleibenden Wachstumsschäden führen können. Seriöse Aufzuchtbetriebe lehnen es deshalb zu Recht ab, zu dieser Jahreszeit solche Pflanzen zu versenden. Dagegen ist es möglich, in Töpfen gut durchwurzelte junge Strauchpäonien ausnahmsweise im Frühjahr ins Freie zu pflanzen.

Container oder Kübel

Kann eine Pflanzung in Container oder Kübeln empfohlen werden? Wir meinen, dass dies nur für einen begrenzten Zeitraum zu befürworten ist, auch wenn eine Strauchpfingstrose als Blickfang auf der Terrasse noch so verlockend erscheint. Gegen eine dauerhafte Containerhaltung spricht vor allem das sich weit ausbreitende Wurzelsystem einer Strauchpäonie. Hielten wir sie längere Zeit im Kübel oder Container, würde dies ihr Wachstum unnatürlich einengen. Länger als bis zur vollständigen Entwicklung der Strauchpfingstrosenblüte, das sind im Allgemeinen etwa sieben Jahre, sollte daher diese Art der Kultur nicht praktiziert werden. Trotzdem kann Containerhaltung vorübergehend sinnvoll sein, nämlich zur Aufzucht schwacher oder solcher Jungpflanzen, deren Sortenechtheit unsicher ist. Oft entwickelt sich eine nach dem Etikett weiß blühende Pflanze als dunkelrote Schönheit, die dann farblich nicht in ihr schon gewachsenes Umfeld passen würde.

Die Pflanzung im Container muss so erfolgen, dass später eine Verpflanzung ins Freiland problemlos möglich ist. Arbeitet man mit zwei Containern, ist der Arbeitsaufwand nicht sehr groß. In einen, mit Entwässerungslöchern versehenen großen Container, in den eine Dränschicht eingearbeitet wird, die gleichzeitig als Auflage für einen Gittercontainer dient, wird der eigentliche Pflanzkorb gestellt. In diesen kann wie üblich gepflanzt werden. Hat sich die Strauchpäonie dort – mindestens vier Jahre – gut entwickelt und auch geblüht, kann man sie mit dem Pflanzkorb leicht herausnehmen und bei ausreichender Bewurzelung mit diesem gleich am endgültigen Pflanzplatz einsetzen. Ist die Bewurzelung wider Erwarten ungenügend, muss die Pflanze herausgenommen, gereinigt und neu eingepflanzt werden.

Umpflanzung

Das Verpflanzen von Strauchpfingstrosen wurde lange Zeit nicht praktiziert, weil man glaubte, die Strauchpäonie nähme einen solchen Standortwechsel übel. Das trifft aber nicht zu. Steht eine schon gut entwickelte Pflanze zu schattig, zu tief, versagt sie in der Blüte oder steht sie an einem Platz, der wegen ungünstiger Nachbarschaft oder gestörter Harmonie der Blütenfarben eine Fehlentscheidung war, sollte man sich für ein Umpflanzen an einen anderen geeigneten Ort entscheiden. RIVIÈRE berichtet (a. a. O., Seite 62), dass selbst das Verpflanzen stattlicher alter Horste, wenn es fachmännisch geschieht, problemlos durchgeführt werden kann. Dies entspricht auch unserer eigenen langjährigen Praxis. Zwar dauert es einige Jahre, bis solche Pflanzen sich wieder erholt haben und reich blühen. Durch gleichzeitig vorgenommene Teilung, siehe Seite 134, können wir jedoch erstaunliche Erfolge mit raschem Durchtrieb und alter Blütenpracht erzielen.

Bei Neuanpflanzung oder Umpflanzung von Strauchpäonien sollten die vorhandenen Blütenknospen im folgenden Jahr weitgehend entfernt werden, denn das Austragen der Blüte kostet viel Kraft, die den meist schwachen Jungpflanzen oder den frisch verpflanzten Päoniensträuchern noch fehlt. Diese Maßnahme ist für die Blüte der nachfolgenden Jahre von großer Bedeutung. Am besten lässt man nur eine Blütenknospe stehen, die sogar vor dem Aufblühen in die Vase gestellt werden kann. Ebenso ist bei schon ausgewachsenen Sträuchern mit schwachen oder vom Laub völlig überdeckten Blütenknospen zu verfahren. Ähnlich verhält es sich mit verwelkten Blütenständen, die oft Brutstätten für Pilzkrankheiten sind. Wer selbst keine Pflanzen vermehren will, sollte deshalb nach der Blüte die sich entwickelnden Samenstände entfernen und entsorgen.

Düngung

Richtige Düngung ist eine wesentliche Voraussetzung für gesundes Wachstum, Blütenansatz und Lebensdauer der Strauchpfingstrosen. Es scheinen in diesem Bereich viele Fehler gemacht worden zu sein. Allerdings gehen die Meinungen über Art und Umfang der Düngung weit auseinander. Überrascht stellt man fest, dass gerade die Chinesen und Japaner massive Düngegaben befürworten. Empfohlen wird aber auch das Gegenteil, nämlich überhaupt nicht zu düngen oder es bei gelegentlichen Kompostauflagen bewenden zu lassen. Beides scheint uns nicht der beste Weg zu sein. Langjährige Versuche mit verschiedenen Düngern haben gezeigt, dass Strauchpfingstrosen, die langsam wachsen sollen, bei zu kräftiger und häufiger Düngung krankheitsanfälliger sind. Andererseits benötigen sie aber auch Nährstoffe, wenn sie reich und üppig blühen sollen. Unsere Empfehlung lautet: eher zurückhaltend als zu viel düngen!

Unerlässlich und unbestritten ist eine Startdüngung beim Pflanzen. Dabei hat sich bisher entleimtes Knochenmehl, das unter die Pflanzerde gemischt wird, gut bewährt. Zwei bis drei Hand voll pro Schubkarre genügen. Aber auch Hornspäne können verwendet werden, weil sie langfristig und schonend Nährstoffe abgeben. Im auf die Pflanzung folgenden Jahr sollte man dann auf eine Düngung ganz verzichten, damit sich die Pflanzen ruhig an ihre neue Umgebung gewöhnen können. Bei der Jahresdüngung sollten wir Folgendes beachten: Zu viel Stickstoff treibt übermäßig ins Blatt und ungesund in die Höhe, was gerade bei Strauchpfingstrosen geringere Blüte und Anfälligkeit gegen Pilzkrankheiten zur Folge hat. Superphosphat pur, so wie es in der amerikanischen Literatur sogar empfohlen wird, bringt zwar vorübergehend starken Blütenansatz, verringert jedoch nach unseren Erfahrungen die Lebensdauer der Strauchpäonien erheblich. Häufig zeigt sich schon nach zehn bis zwölf Jahren rückläufiges Wachstum. Dagegen ist ein Dünger mit höherem Kalium-Anteil sehr zu empfehlen. Er gewährleistet Blühfreudigkeit und optimale Ausreife der Triebe. Empfehlen können wir Dünger, die in ihrer Zusammensetzung diesen Anforderungen entsprechen, also einen mäßigen Stickstoff- und Phosphatanteil, und einen höheren Kalium-Anteil haben. Das ist eigentlich nur bei mineralischen Düngern der Fall, beispielsweise bei Hakaphos rot, mit einem Mischungsverhältnis von 8:12:24. Hier handelt es sich zwar um ein Düngesalz, das in der Regel vor der Anwendung in Wasser aufgelöst werden muss. Doch lässt es sich nach unserer Erfahrung sehr leicht in den abgetrockneten Boden oberflächig einharken und wird dann durch anschließende Bewässerung gelöst. Mineralische Dünger dieser Zusammensetzung müssen zweimal im Jahr ausgebracht werden, einige Wochen vor und nach der Blüte. Je nach Größe der Pflanze genügen ein bis zwei Hände voll. Sehr empfehlenswert sind aber auch Langzeitdünger mit ähnlicher Zusammensetzung. Sie geben über die ganze Vegetationsperiode hinweg die Nährstoffe gleichmäßig dosiert an die Pflanzen ab. Dazu gehört beispielsweise Osmocote, das jetzt auch in kleineren Gebinden im Einzelhandel erhältlich ist. Hier schaden auch höhere Stickstoffanteile nicht; bei richtiger Anwendung ist eine Überdüngung ausgeschlossen und eine einmalige Düngegabe pro Jahr reicht aus. Vor Mistgaben aus verschiedenster Haustierhaltung möchten wir aus hygienischen Gründen warnen. Versuche haben gezeigt, dass bei dieser Art von Düngern auch häufiger Pilzkrankheiten auftreten.

Schnitt

Die vorhandene Literatur befasst sich mit dem Schnitt bei Strauchpfingstrosen nur oberflächlich mit dem Hinweis, dass eigentlich nur ein Reinigungsschnitt, also die Entfernung beschä-

Typisch hoch gewachsene japanische Sorte, die einen Rückschnitt dringend nötig hat (unten ausgekahlt)

118

Pflanzung und Pflege

digter und kranker Triebe erforderlich sei. So wichtig diese Säuberungsmaßnahmen sind, so unerlässlich ist bei Strauchpäonien auch der Form- und Erneuerungsschnitt.

Formschnitt

Zum Formschnitt gehört, dass alle Blattknospen über den gut sichtbaren stärkeren Blütenknospen entfernt werden, um eine unbeeinträchtigte Blüte zu bekommen. Blieben sie an der Pflanze, würden sie die dem Jahresaustrieb folgende Blüte überdecken. Die Blüte des nächsten Jahres wird durch diesen Eingriff nicht geschmälert. Durch den Formschnitt wird ein harmonischer Aufbau des Päonienstrauches angestrebt, indem man die Triebe möglichst auf gleicher Höhe hält und schwache Triebe ganz entfernt. Elegante und charaktervolle Wuchsformen sind das Ergebnis eines gut durchgeführten Formschnitts. In China werden die Seitentriebe übrigens grundsätzlich entfernt. Aber auch starke Zweige kann man bis auf das erste kräftige Auge zurückschneiden – so wird ein gesunder Durchtrieb gefördert. Die dabei entstandenen Schnittstellen sollten sofort mit künstlicher Rinde behandelt werden.

Rückschnitt oder Erneuerungsschnitt

Vor einem radikalen Rückschnitt oder Erneuerungsschnitt scheuen sich viele Gärtner, aus Angst vor dem Verlust einer wertvollen Pflanze. Diese Ansicht ist unbegründet. Harter Rückschnitt ist nicht nur dann notwendig, wenn nach starken Temperaturstürzen im Winter oder eiskalten Nächten im Frühjahr Schäden eingetreten sind, sondern auch bei älteren noch gesunden Pflanzen, die immer höher werden und dabei unten auskahlen, sodass der Durchtrieb und der Knospenansatz stark nachlassen. Hierfür sind besonders die japanischen Sorten anfällig. Wird dann auf die unteren »schlafenden«, aber noch gut sichtbaren frischen Augen zurückgeschnitten, kehrt die Pflanze bald zur alten üppigen Blüte zurück. Allerdings dauert dies bei japanischen Züchtungen mindestens zwei Jahre. Die meist aus Amerika stammenden Lutea-Hybriden zeigen dagegen selbst an, wann ein Erneuerungsschnitt notwendig wird. Bei ihnen treiben dicht neben dem verbrauchten alten Holz neue Schösslinge durch, die schon im ersten Jahr eine, wenn auch geringere Blüte ansetzen.

Selbst bei dem radikalen Rückschnitt einer schon ausgewachsenen Pflanze geht ihre Lebenskraft nicht verloren. Vor Jahren habe ich einen solchen »Kahlschlag« bei einer fast 2 m hohen Pflanze, der Hybride 'Gauguin', selbst durchführen müssen, weil sie schon im Sommer wie abgestorben wirkte. Inzwischen hat sie sich, zunächst zwar zögernd, dann aber kräftig, wieder aufgebaut und wird dieses Jahr auf gesundem Unterholz (1 m hoch und 1,5 m breit) sicher reich blühen.

Alle Schnittmaßnahmen sollte man am besten im zeitigen Frühjahr ausführen, wenn am beginnenden Austrieb sichtbar wird, wie sich Wachstum und Blütenansatz verhalten, welche endgültigen Schäden entstanden sind und wo der tief greifende Erneuerungsschnitt angesetzt werden soll.

Wer ganz sorgfältig ist, wird den Reinigungsschnitt in zwei Etappen im Herbst und im Frühjahr durchführen.

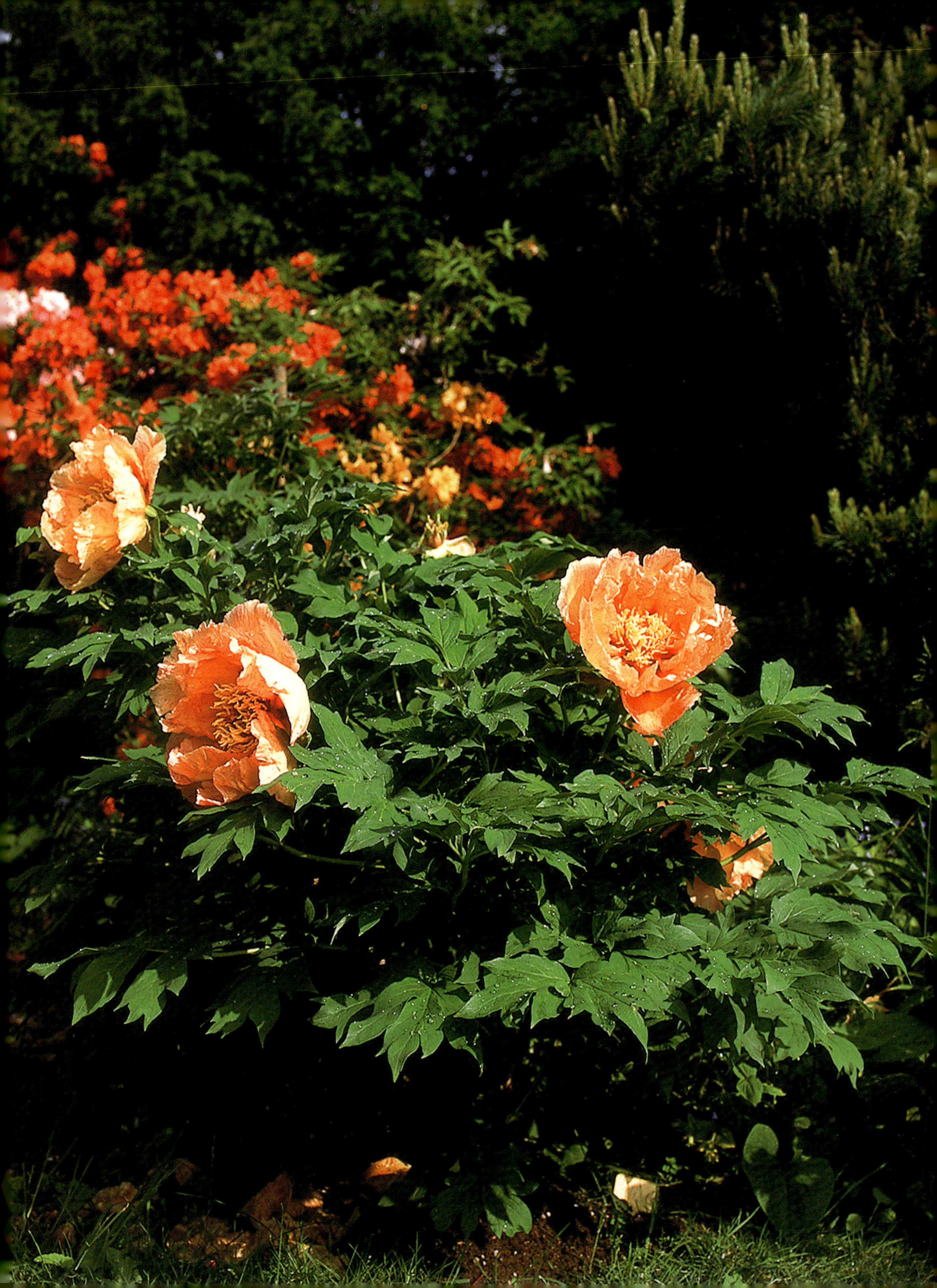

Erhaltungspflege

Frostschutz

Im mitteleuropäischen Klima überwintern Strauchpfingstrosen auch in freien Lagen ohne nennenswerte Schäden, sofern die Triebe ausgereift sind.

Bekanntlich sind von *P. rockii* abstammende Züchtungen aus China oder Japan besonders frosthart, doch ist es selbst bei den aus Amerika kommenden Lutea-Hybriden nicht notwendig, die Pflanzen während der Wintermonate einzubinden, so wie ich es selbst am Anfang getan habe. Scheint nämlich schon im März die höher steigende Sonne immer stärker auf die angebrachten Abdeckungen, werden die Pflanzen zu unnatürlichem und damit empfindlicherem Austrieb angeregt. Die Folge davon ist, dass wir den Winterschutz vorzeitig entfernen müssen und die Pflanzen dann bei den so gefürchteten Spätfrösten noch stärker gefährdet sind.

Winterschutz ist also nicht notwendig – nur zur Zeit der Spätfröste im April bis Anfang Mai ist er wichtig.

Wenn die Temperaturen unter den Gefrierpunkt absinken, hängen die empfindlichen, mit Eis bedeckten Triebe zwar herunter, richten sich mit zunehmender Lufterwärmung aber wieder auf. Kritisch wird es, wenn sich das Blattwerk wie ausgespreizte Finger entfaltet und Spätfröste unter −7 C° zu erwarten sind. Dann müssen die Strauchpfingstrosen mit Gärtnervlies eingebunden werden, das allerdings nicht auf die Pflanzen gelegt werden darf. Deshalb muss man genügend hohe Stützpfähle einschlagen, die als Gerüst für die Befestigung der Abdeckung dienen. Noch kritischer ist die Spätfrostlage bei Pflanzen, deren Standort zu dieser Jahreszeit von der sich stark erwärmenden Morgensonne voll erfasst wird. Hier sollte man die Strauchpäonien schon bei geringeren Spätfrösten in gleicher Weise schützten. Deshalb raten wir, die Stützpfähle möglichst früh anzubringen. Allerdings müssen diese Abdeckungen bei starker und längerer Sonneneinwirkung am Tage wieder zurückgenommen werden, damit unter dem Vlies keine Hitzeschäden auftreten. Die Gefahr von Frostschäden ist jedoch geringer, wenn der Blattaustrieb schon weit fortgeschritten oder bereits beendet ist.

Feucht werdende Stoffe und Zweige von Nadelbäumen sind völlig ungeeignetes Abdeckmaterial. Sie lasten schwer auf den ohnehin vom Frost stark gefährdeten frischen Trieben und sind schon deshalb eine weitere Gefahrenquelle. Ebenso wenig geeignet sind Kunststofftüten, selbst wenn wir sie doppelt nehmen, weil sich darunter Schwitzwasser bildet. Bei nur wenigen Pflanzen im Garten lässt sich dagegen schon mit locker drapiertem und fest gebundenem leichten Papier ein durchaus wirksamer Frostschutz erzielen. Die zur Befestigung des Frostschutzmaterials eingeschlagenen Pfähle sind aber auch für weitergehende Schutzmaßnahmen hervorragend geeignet. Strauchpfingstrosen sind insbesondere dann, wenn sie sehr frei oder in voller Blüte stehen, anfällig gegen Sturm und Gewitterböen. Wurde bei gefährdeten Pflanzen nicht Vorsorge getroffen, so können dabei leicht ganze Äste wegbrechen. Das lässt sich gut vermeiden, wenn man die tragenden Äste an den Pfählen festbindet.

Wasserversorgung

Strauchpfingstrosen vertragen Trockenheit verhältnismäßig gut. Für genügend Feuchtigkeit muss man aber während und nach der Blüte, wegen des neuen Knospenansatzes, im ersten Standjahr und während trockener Herbstwochen sorgen. Denn Pflanzen, die feucht einwin-

Lutea-Hybriden blühen schon als junge Pflanze prächtig auf ('Nike')

tern, sind weniger anfällig gegen starken Frost. Auch beim Pflanzen sollte gut gewässert werden, ähnlich wie bei den Rosen. Es ist wichtig, dass dabei die Wurzeln der Strauchpäonien ohne Hohlräume gut in das Erdreich eingebunden sind.

Andauernde Nässe kann allerdings wegen drohender Wurzelfäule für die Strauchpfingstrosen gefährlich sein. Vorsicht ist geboten, wenn sich nach starken Regengüssen oder während der kalten Jahreszeit beim vorübergehenden Auftauen von Schnee oder Eisplatten stehendes Wasser in Mulden bildet. Hier sollte schnell Abhilfe geschaffen werden, indem man Wasserabzugsrinnen anlegt.

Hacken und Mulchen

In China, dem Land mit der ältesten Strauchpfingtsrosen-Kultur, empfiehlt man, den Boden um die Päoniensträucher mindestens fünfmal im Jahr aufzulockern. Das ist sinnvoll, weil offener Boden aufnahmefähiger ist für Feuchtigkeit und Nährstoffe, die wir beim Düngen zuführen. Das beste Werkzeug dafür ist die Grabgabel, mit der vom Frühjahr bis zum Herbst ohne Gefahr für die Wurzeln das oft verdichtete Erdreich zwischen den Pflanzen oberflächlich gelockert werden kann. Vorsicht ist jedoch bei der Frühjahrsarbeit angebracht. Denn gerade da treiben Strauchpäonien, insbesondere Lutea-Hybriden, von unten stark aus und es genügt schon ein geringfügiger Druck, um die empfindlichen Schösslinge wegzubrechen. Auch bei der Frühjahrsdüngung sollte man darauf achten.

Eine etwa 5 cm starke Mulchschicht über dem Wurzelbereich ist nach der Pflanzung unbedingt nötig, um Frostschäden vorzubeugen. Sie verhindert auch, dass der Boden in der Folgezeit zu sehr austrocknet. Als Mulchmaterial eignet sich leicht verrottendes Laub vom Ahorn oder von Obstbäumen, genauso gut wie Farnwedel. Bei der Verwendung von Rasenschnitt ist die Fäulnis- und Schimmelgefahr sehr groß und die Abdeckung müsste immer gelüftet werden.

Pflanzenschutz

Botrytis und *Cladosporium* sind die gefürchteten Pilzkrankheiten bei Pfingstrosen. Der einzige Trieb einer Jungpflanze fällt plötzlich um, die frischen Austriebe einer gestern noch gesunden Pflanze hängen von heute auf morgen welk herunter und sterben ab. Die erste Maßnahme sollte hier sein, dass bis ins gesunde Holz zurückgeschnitten wird. Zusätzlich eingesetzte Fungizide bringen nicht immer den versprochenen Erfolg. Nach unserer Erfahrung ist ein präventiver Pflanzenschutz das beste Mittel gegen Krankheiten.

Besondere Sorgfalt ist im Herbst angebracht. Verwelkte Blätter sollten frühzeitig, vor einem möglichen Pilzbefall entfernt werden. Wenn man mit dem Daumen ganz leicht gegen die Blattachsel drückt und dabei die Blätter abfallen, ist der richtige Zeitpunkt gekommen. Dringend möchten wir raten, alle Päonienblätter zu entsorgen und nicht zu kompostieren. Wer auf den Einsatz chemischer Mittel gegen Pilzkrankheiten nicht verzichten will, kann sich an die bewährten Bekämpfungsmittel Dithane Ultra und Euparen halten. Sie müssen im Zwei-Wochenabstand zeitig vor und auch nach der Blüte eingesetzt werden.

Wer seine Strauchpäonien in möglichst freier Lage pflanzt, zurückhaltend – wie hier empfohlen – düngt, einzelne welke Triebe und Blätter sofort entfernt und den Boden unter den Pflanzen ständig sauber hält, wird sich lange Zeit an gesunden Pflanzen erfreuen können.

Strauchpäonien im Garten

»Wer einmal eine schöne Strauchpäonie in ihrer Blüte gesehen hat, wird nie wieder glücklich sein ohne sie.«
A. P. Saunders

Angebot und Auswahl

Verglichen mit ihrer jahrtausendealten Kultur in China und Japan hat die Strauchpfingstrose in den Gärten Europas lange Zeit nur eine bescheidene Rolle gespielt. Bis in die Mitte des 20. Jahrhunderts waren bei uns eine kleine Auswahl an Strauchpäonien fast ausschließlich in botanischen Anlagen und wenigen Privatgärten zu finden. In den letzten beiden Jahrzehnten hat sich die Situation grundlegend geändert und Strauchpäonien zählen mittlerweile zu den begehrtesten Blütensträuchern unserer Gartenwelt. In Gartenmärkten und Baumschulen werden immer mehr preis-

Beispielhafte Pflanzung einer japanischen Sorte vor schützenden Gehölzen mit niedrigen Stauden im Vordergrund

Lutea-Hybride 'Golden Vanitie' in harmonischer Gemeinschaft mit Stauden

werte Jungpflanzen, allerdings nur nach Farben in Weiß, Rosa, Rot, Violett oder fast Schwarz angeboten. Eine kaum überschaubare Zahl von Sorten aus China, Japan und Amerika wird neuerdings von eigens auf Strauchpfingstrosen spezialisierten Händlern auf den Markt gebracht – zu Preisen bis zu 300 DM. Für neuere Züchtungen und Raritäten muss sogar noch mehr bezahlt werden. Grob geschätzt dürften es nahezu 1000 verschiedene, mit Namen versehene Sorten sein, die momentan als Auswahl zur Verfügung stehen. Dabei überwiegen die aus China und Japan kommenden Züchtungen bei weitem, während die vornehmlich in Amerika gezüchteten Lutea-Hybriden mit gut 100 Sorten vergleichsweise bescheiden vertreten sind.

Begehrenswert sind sie fast alle, doch die richtige Auswahl für den eigenen Garten zu treffen fällt oft schwer. Im Vordergrund stehen dabei Fragen nach der Wetterbeständigkeit der Blüten, der Blütezeit und Blühdauer, sowie die Überlegung, welcher der beiden maßgebenden Zuchtlinien, Suffruticosa- oder Lutea-Hybriden, der Vorzug zu geben ist. Chinesische und japanische Hybriden begeistern uns durch ihr oft charaktervolles Erscheinungsbild, die vornehme Haltung und die klaren Farben ihrer Blüten, die amerikanischen Züchtungen dagegen durch ihren üppigen Wuchs und das nicht zu übertreffende Farbenspiel der Blüten. Wenn der eigene Garten die Möglichkeit bietet, ihn mit mehreren Strauchpfingstrosen zu bereichern, sollte man sich für beide Zuchtlinien entscheiden. Dafür spricht auch, dass nach langjähriger Erfahrung die Züchtungen aus China und Japan allein kaum 14 Tage lang blühen; fällt ihre Blüte in eine Periode sehr heißer Tage von 25 °C und darüber, kann sie auch schon nach einer Woche abgeschlossen sein. Die später blühenden amerikanischen Lutea-Hybriden, die dazu noch ausgesprochene Spätblüher in ihren Reihen haben ('Banquet', 'Golden Hind', 'Redon', 'Regent', 'Themis'), decken mit einer Gesamtblütezeit von mindestens vier Wochen einen langen Zeitraum ab. Pflanzt man nur chinesische und japanische Strauchpfingstrosen in seinen Garten, muss man sich mit einer kürzeren Blüte zufrieden geben. Wenn ihr frühzeitiger Austrieb und mit ihm die Blüte unter Spätfrösten leidet, kann es zu einer weiteren Verkürzung der Blütezeit kommen.

Verwendung im Garten

Schon jetzt, vor allem aber in Zukunft ist die Strauchpfingstrose nicht mehr die elitäre Pflanze des reichen Mannes. Sie wird ihren Platz auch in Vorgärten oder kleineren Hausgärten finden. Hier hat sie als Solitärpflanze ihren bevorzugten Standort, möglichst im Vordergrund, damit wir den reich und üppig blühenden Päonienstrauch aus nächster Nähe betrachten können. Zur Einzelstellung in begrenzten Gartenräumen eignen sich besonders niedrige und kompakt wachsende Sorten, die wir sowohl in dem umfangreichen chinesischen Angebot, aber auch bei den amerikanischen Lutea-Hybriden finden.

Als Beispiele seien genannt:

'Yu Ban Bai', eine sehr schöne, reich blühende, weiße, chinesische Hybride mit gedrungenem und elegantem Wuchs.

'Age of Gold', eine gelbe Hybride, die lange blüht und auch sonst alle guten Eigenschaften einer Strauchpäonie besitzt.

'Aphrodite' von Nassos Daphnis – mit einer anmutigen anemonenförmigen Blüte.

'Yachio Tsubaki', eine rosa blühende Sorte aus Japan.

Von großer Bedeutung für den Besitzer nur eines Strauches oder weniger Sträucher sind Sorten, die ausgewachsen eine besonders lange Blühdauer haben. Zu diesen Dauerblühern unter den Strauchpfingstrosen gehören:

'Chinese Dragon', die als ausgewachsener Strauch bis zu drei Wochen blühen kann, außerdem **'Gauguin'**, **'Leda'** und **'Mystery'**.

Die Gestaltungsmöglichkeiten in größeren Gärten und weiträumigen Anlagen eröffnen ein breites Feld gärtnerischer Planung und Architektur. Frühere Anordnungen von Strauchpfingstrosen, beispielsweise als Mittelpunkt streng zu- und untergeordneter Pflanzennachbarn, oder gar als ausladende, selbst in der vollen Blüte langweilige Hecke, müssten der Vergangenheit angehören. In größeren Gartenräumen sollte die Strauchpfingstrose einen neuen Platz bekommen, frei gepflanzt in einer ihr angemessenen Gemeinschaft mit passenden Stauden, Sträuchern und Bäumen:

- locker angepflanzt am Übergang eines gepflegten Rasens in eine großzügige Rabatte;
- farblich und im Habitus harmonisch in Gruppen zusammengepflanzt, in der Nähe hoch wachsender, Halbschatten spendender Bäume;

Strauchpäonien im Garten

Typischer Habitus japanischer Zuchtformen, hier 'Hana Kisoi', vorzüglich zur Einzelstellung im Vorgarten geeignet

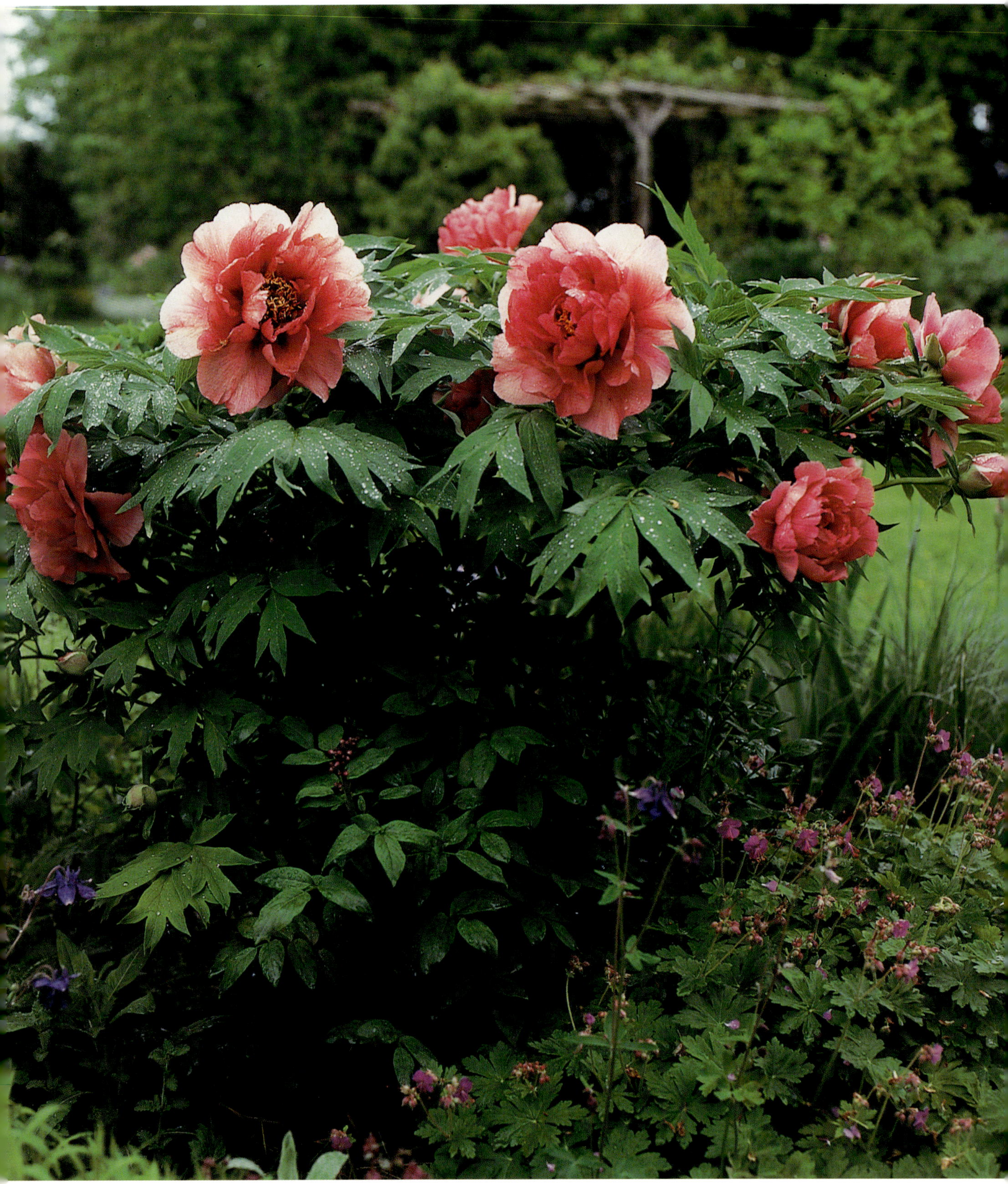

Lutea-Hybriden (in der Mitte: 'Ann Marie') in Gemeinschaft mit Azaleen

- am Uferrand eines Teiches, dessen Wasseroberfläche die Farben widerspiegelt. Besonders im lockeren Verbund mit geeigneten Begleitpflanzen, die anschließend vorgestellt werden, wird die einzigartige Wirkung der Strauchpfingstrosen noch verstärkt. Dieses Zusammenspiel verschiedener Pflanzen wird seit einigen Jahren von dem bekannten Dendrologen Prof. Hans-Dieter Warda im Arboretum Thiensen bei Hamburg beispielhaft und vorbildlich demonstriert, sodass jeder Liebhaber von Strauchpäonien die seltene Gelegenheit hat, ein Blumenfest zu erleben, das bisher nur das Mutterland China bieten konnte. Gerade Gartenarchitekten und Landschaftsgärtner sollten dies nicht versäumen, denn an ihnen liegt es, der Strauchpfingstrose zukünftig den Platz in der Gartenwelt zu verschaffen, der ihr schon lange gebührt.

Begleitpflanzen

Das charakteristische Erscheinungsbild der Strauchpfingstrose verlangt besonders während der Blüte ein Umfeld, das in Gestalt und Farbe eher ruhig und zurückhaltend wirkt; starke Kontraste stören. Bei den Stauden sollte man ausdauernde, pflegeleichte und nicht wuchernde wählen, damit nicht ständig zwischen den Päonien gegraben und gearbeitet werden muss. Dazu gehören *Geranium* mit reizvoller, aber unauffälliger Blüte (zum Beispiel *G.* × *cantabrigiense* 'Biokovo' und *G. renardii*), *Heuchera*, *Pulmonaria* (Lungenkraut) und *Helleborus*-Orientalis-Hybriden, die sonnenverträglich sind. Geradezu ideale Nachbarn sind aber *Hemerocallis* (Taglilien) und *Hosta* (Funkien). Taglilien mit ihren meist nur halb hohen frischgrünen Blattschöpfen beginnen erst zu blühen,

Strauchpäonien im Garten

Linke Seite: Im Garten zieht 'Leda' alle Blicke auf sich

Eindrucksvolle Gruppen-pflanzung (hinten: 'Chinese Dragon', vorne: 'Zephyrus')

Strauchpäonien im Garten

Im warmen Licht der untergehenden Sonne bilden Strauchpäonien (hier 'Nike' im Vordergrund) und Knap-Hill-Azaleen eine farbenprächtige Gruppe

wenn die Strauchpfingstrosen schon verblüht sind. Die Funkie, mit ihren zwar markanten, aber Ruhe verströmenden Blattformen, verbindet mit der Strauchpfingstrose die spürbare Atmosphäre der gemeinsamen Heimat. Auch sie blüht erst, wenn die Strauchpfingstrosenblüte beendet ist. Bei Sträuchern und Gräsern eignen sich höher wachsende nur als Hintergrund. Hier sind besonders zu nennen *Viburnum* (Schneeball) in verschiedenen Arten und Sorten, und graziös überhängende Bambusarten, die in Gemeinschaft mit Strauchpäonien ein stimmungsvolles Bild ergeben. Auch verschiedene Fliedersorten (beispielsweise *Syringa reflexa* und *S. swegiflexa*) und natürlich japanische Ahorne der weniger krankheitsanfälligen *Acer palmatum*-Dissectum-Gruppe gehören dazu.

Aber auch Stauden und Sträucher, die zur gleichen Zeit blühen, können als unmittelbare Nachbarn von Strauchpäonien besondere Akzente setzen, die keinesfalls stören. So blühen in meinem Garten Iris der Barbata-Elatior-Gruppe (hohe Bart-Iris) in weißen Farben und zurückhaltenden Blautönen und ergeben dabei, zusammen mit in der Blütenfarbe abgestimmten Pfingstrosensträuchern, ein bewegtes und harmonisches Bild. Selbst Rosen können überzeugende Nachbarn sein, so beispielsweise die leuchtend weiß blühende Wildrosen-Hybride 'Nevada', die bereits im Mai zu blühen beginnt. Nicht zu vergessen die Laub abwerfenden Rhododendron (Knap-Hill-Sorten), die mit stattlichen Exemplaren in Gruppen neben und hinter Strauchpfingstrosen gepflanzt eine berauschende Farbkulisse bilden, in der die Strauch-

Strauchpäonien im Garten

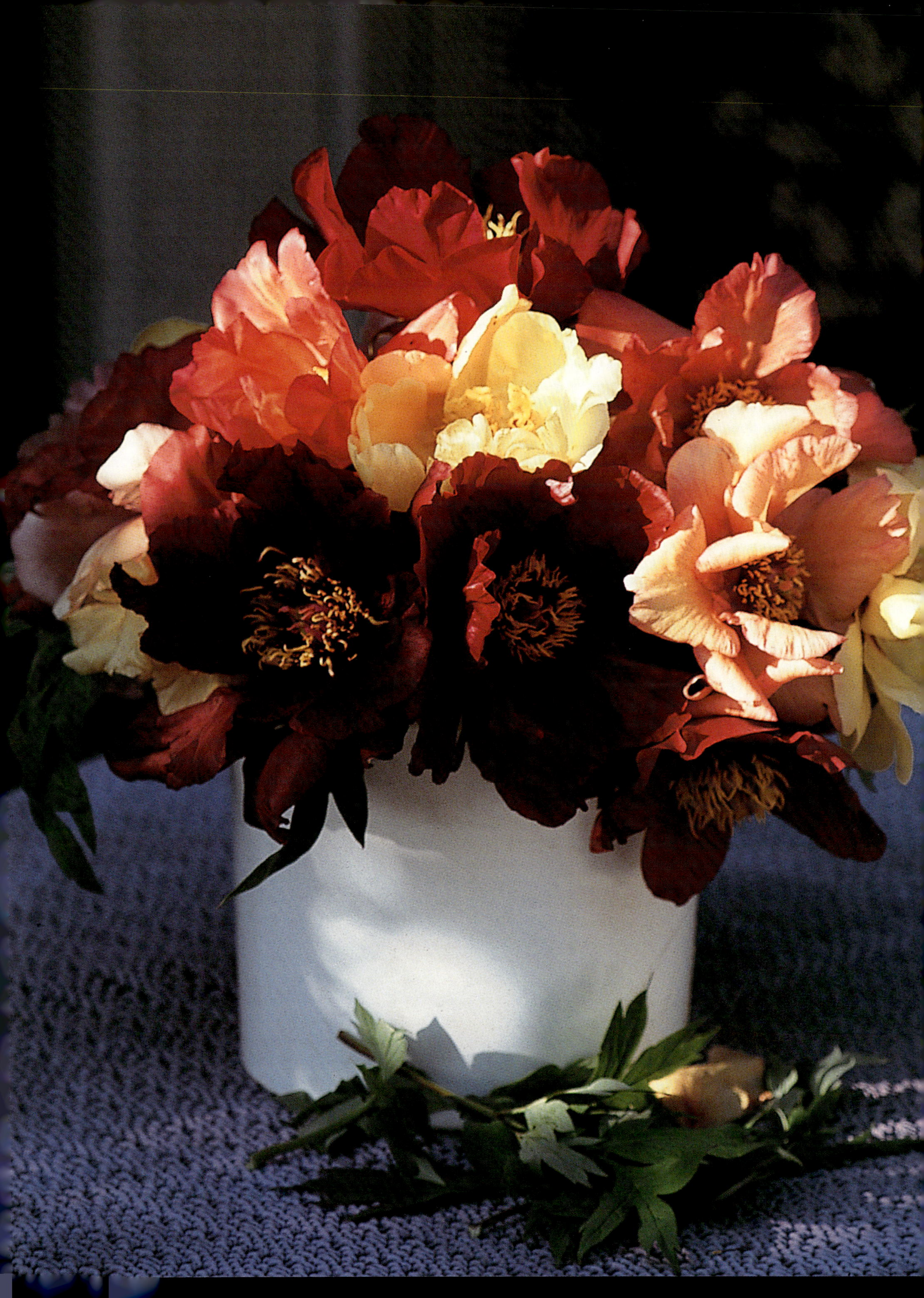

päonie zur großen Überraschung ihren eigenständigen Charakter behauptet. Bei dieser Vielfalt von Gestaltungsmöglichkeiten bleibt der Phantasie des leidenschaftlichen Gärtners viel Raum.

Direkte Unterpflanzungen können wir dagegen nicht empfehlen. Denn unter den Strauchpfingstrosen soll ja wiederholt der Boden gelockert werden; außerdem ist frischer Päonienaustrieb aus der Basis anfällig gegenüber Verletzungen, die bei Arbeiten unter den Sträuchern immer wieder vorkommen.

Das Erlebnis der Blüte

Trotz Rhododendron und Rosen ist die Strauchpfingstrosenblüte der Höhepunkt des Gartenjahres. Sie beginnt mit den chinesischen Züchtungen, denen wenige Tage später die japanischen folgen; mit diesen blühen fast gleichzeitig die frühen Lutea-Hybriden 'Chinese Dragon', 'Gauguin' und 'Leda', die aber dann selbst mit ihren Schwestern fast einen Monat lang in Blüte stehen. Schon im zeitigen Frühjahr wird wochenlang mit zunehmender Spannung die Entwicklung der Blüte vom Freistellen der Knospe bis zum langsamen Aufblühen erwartet und verfolgt. Hat sich die Blüte einmal geöffnet, verändert sie im wechselnden Tages- und Sonnenlicht ihr Erscheinungsbild ständig. Das ist besonders gut bei den farbenfrohen Lutea-Hybriden zu beobachten. Nach Westen und Nordwesten gerichtete, freie Standorte sind für Strauchpäonien bevorzugte Lagen. Gerade dort können die Blüten ihre Farbenpracht voll entfalten. Das gilt in erster Linie für die in verschiedenen Rottönen blühenden Hybriden, siehe Seite 94, die sich am frühen Abend im milden Glanz der untergehenden Sonne mit unglaublich leuchtenden, oft glühenden Farben präsentieren (besonders 'Black Pirate', 'Chinese Dragon', 'Hephestos', 'Hesperus' und 'Renown').

Beginn und Dauer der Blütezeit können regional sehr unterschiedlich sein. Während an den Südhängen der Alpen und an geschützten Standorten des Oberrheins die Blüte schon im Laufe des April beginnen und deshalb in der ersten Maihälfte bereits enden kann, verschiebt sich im kontinentalen mitteleuropäischen Klima und natürlich in den Mittelgebirgen der Beginn der Blüte bis weit in die zweite Maihälfte hinein, dauert dann aber auch oft bis Mitte Juni. Manche Lutea-Hybriden bescheren uns noch das ungewöhnliche Erlebnis einer zweiten Blüte Ende Juli bis Anfang August; sie werden als remontierende Sorten bezeichnet. Dazu gehören besonders die Saunders-Hybriden 'High Noon' und 'Renown'. Doch wird die große Freude des zweiten Flors dadurch etwas getrübt, dass dessen Triebe wegen ihrer späteren Entwicklung meist nur unvollkommen ausreifen und deshalb kaum weiteren Knospenansatz bilden, der für die Blüte im nächsten Frühjahr von Bedeutung ist.

Zur Strauchpfingstrosenblüte gehört auch das einzigartige Erlebnis ihres Aufblühens in der Vase. Viele Päonienliebhaber scheuen sich, einen Stiel zu schneiden und die sich gerade öffnende Knospe mit ins Haus zu nehmen. Sie versagen sich die Erfahrung eines vollkommenen Blütenwunders: Nur in der Vase entwickeln sich unberührt von Witterungseinflüssen Strauchpäonienblüten von ergreifender Schönheit. Sie halten dort zwei bis drei Tage länger als draußen im Garten. Eine einzige Blüte, geschickt ins Blickfeld gerückt, kann tagelang einen ganzen Raum beherrschen. Ein Strauß mit satten, aufeinander abgestimmten, leuchtenden Blütenfarben ist ein überwältigendes Erlebnis.

Aber auch nach der Blüte wartet die Strauchpfingstrose mit Glanzlichtern auf. Es gibt Sorten, die durch ihr attraktives Laub über den Sommer hinweg unsere Augen fesseln. Manche haben filigranes Blattwerk ('Black Panther', 'Chinese Dragon'), andere dunkles Laub mit marmorierenden Effekten ('Banquet' und 'Harvest'). Im Herbst schließlich, wenn die Strauchpäonien ihr Laub verlieren, lassen ihre voll ausgebildeten prallen Knospen, die den Winter überdauern, den nächsten Frühling schon erahnen.

Links: Strauchpäonienblüten sind unübertroffene Schnittblumen. Hier ein Strauß leuchtender Lutea-Blüten

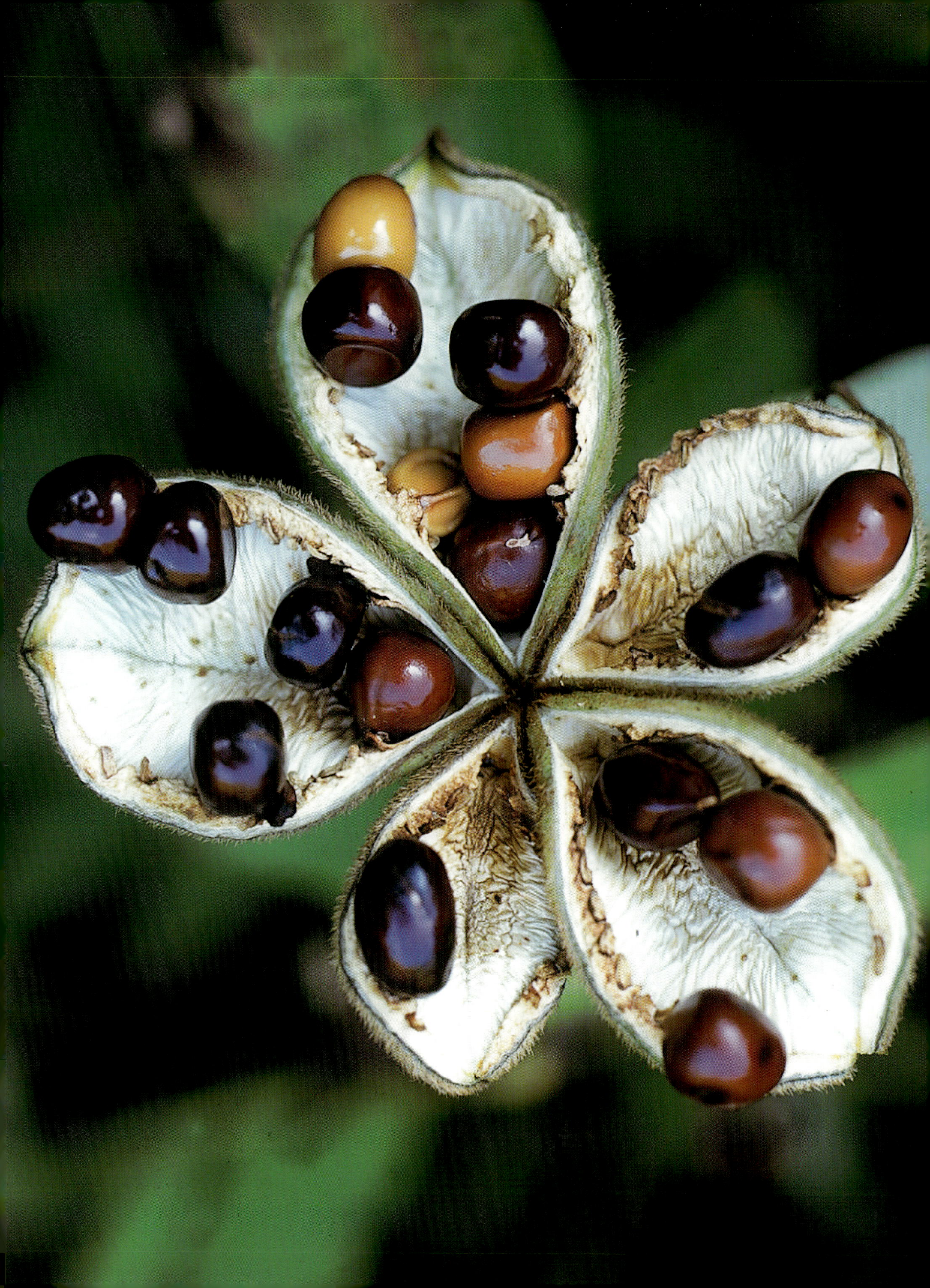

Strauchpfingstrosen vermehren

Strauchpfingstrosen können durch Teilung älterer Horste, durch Veredelung auf Wurzeln von Staudenpäonien und durch Aufzucht aus Samen vermehrt werden. Die Vermehrung durch Teilung ist zwar die aufwendigste, aber auch die sicherste Methode. Die Veredelung ist die klassische Vermehrungsmethode für den Erwerbsgärtner. Für die Züchtung neuer Sorten ist die Vermehrung durch Samen unerlässlich, sie liefert aber keine mit der Mutterpflanze identische Nachkommen. Dies alles sind seit langer Zeit praktizierte Vermehrungsmethoden, die der Strauchpfingstrose ihren Ruf, eine seltene und besonders begehrenswerte Pflanze zu sein, erhalten haben. Inzwischen ist die Vermehrungstechnik fortgeschritten, Versuche mit Meristem- und In vitro-Vermehrung blieben aber im Ergebnis ohne durchschlagenden Erfolg. Für die Zukunft können wir nur hoffen, dass nicht auch noch dieser wertvolle Zierstrauch oder gar seine so prächtige Blüte zum Massenprodukt des Handels werden.

Vermehrung durch Teilung

Bei der Erwerbsgärtnerei hat sich diese Art der Vermehrung nicht durchgesetzt, obwohl aus China und neuerdings auch aus Italien durch Teilung vermehrte Pflanzen auf den Markt kommen. Sie wird auch in der Literatur als für den Päonienhandel zu aufwendig und deshalb uninteressant bezeichnet (RIVIÈRE, a. a. O., Seite 70). Das liegt in erster Linie daran, dass die Veredelung viel schneller zum Erfolg führt als die Teilung, die eine vollentwickelte Pflanze voraussetzt. Bei Strauchpäonien kann dies kaum früher als mit fünf Jahren erwartet werden. Aber für den Hobbygärtner ist sie unbestritten der einfachste und sicherste Weg, seine eigenen Pflanzen sortenecht vermehren zu können. Bei sachgemäßer Durchführung erhält man Teilstücke der gleichen von ihm besonders geschätzten Pflanze, die deren Eigenschaften unverändert behalten. Aber auch das Anwachsrisiko ist weitaus geringer als bei der Aufzucht oft schwacher und damit krankheitsanfälliger Veredelungen.

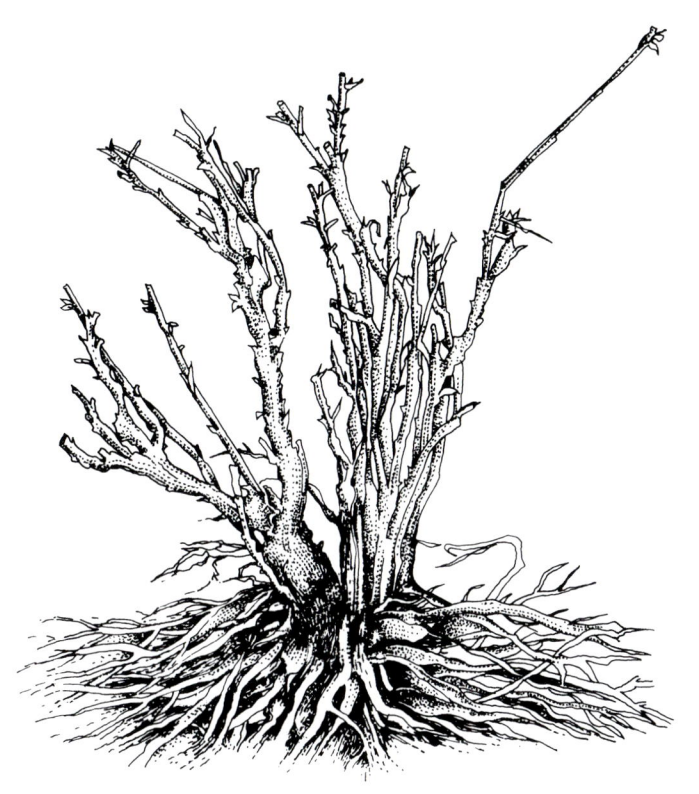

Wer sich intensiv mit der Teilung beschäftigt hat, weiß, dass japanische Kulturformen wegen der oft geringen Zahl ihrer Basistriebe und entsprechend mäßiger Verzweigung im Wurzelbereich verhältnismäßig schwer zu teilen sind. Lutea-Hybriden lassen sich dagegen viel leichter teilen, weil sie von ihrer Mutterpflanze ein weit verzweigtes Wurzelwerk und reichen Durchtrieb aus der Basis geerbt haben und deshalb zur Teilung gut geeignet sind. Manchmal kann man schon am äußeren Erscheinungsbild der alten Horste erkennen, ob und inwieweit sich die Pflanzen zur Teilung

Oben: Stattlicher Horst einer Strauchpäonie, die gut geteilt werden kann
Linke Seite: Samenstand einer Rockii-Hybride

Jedes Teilstück muss ausreichend bewurzelt sein

eignen. Ausgewachsene Exemplare mit nur zwei bis drei Trieben sind für die hier vorgestellte Vermehrungsmethode ungeeignet.

Besonders wichtig ist, dass die Teilung zum richtigen Zeitpunkt erfolgt. Wie auch beim Pflanzen ist nur der Spätsommer bzw. Herbstbeginn die geeignete Jahreszeit, wenn das Wachstum der Pflanze bereits ruht und noch genügend warme Wochen ein gutes Anwachsen der Teilstücke garantieren. Der alte Horst soll sorgfältig und nie unter Gewaltanwendung ausgegraben werden, damit möglichst alle starken Wurzeln unbeschädigt bleiben. Anschließend muss man die Pflanze mit sanftem Wasserstrahl reinigen, und schwache und abgestorbene Triebe sowie kranke Wurzeln entfernen. Bei der Suche nach geeigneten Schnittstellen wird deutlich, dass diese Arbeit doch wesentlich schwieriger ist, als die Teilung von Staudenpäonien. Zur Abtrennung der Teilstücke sollten keine Scheren, sondern eine handliche Stichsäge verwendet werden, die eine schärfere Trennung ermöglicht. Zwischen Wurzeln und Trieben geht es meist eng zu, so dass ein Helfer wertvolle Dienste leisten kann. Er hält die Pflanze fest, damit der Andere die Trennungsarbeit sicher und sauber ausführen kann. Ideal sind gut bewurzelte Teilstücke mit mindestens zwei bis drei stärkeren Trieben. Die Schnittstellen werden sofort mit künstlicher Rinde versorgt, die Triebe selbst bis auf kräftige Augen zurückgenommen, die Wurzeln werden im Gegensatz zur Staudenteilung nicht eingekürzt. Da die Strauchpäonie nicht selbstverträglich ist, dürfen die Teilstücke nur dort eingepflanzt werden, wo vorher noch nie Päonien gestanden haben, siehe Seite 114. Das Pflanzloch muss mit geeignetem Mulchmaterial abgedeckt werden. Bei schwächerem Austrieb im folgenden Jahr sollte die Blüte entfernt werden. Doch kann man bei geteilten Pflanzen immer wieder mit Freude feststellen, dass der Durchtrieb spätestens im zweiten Jahr kraftvoll einsetzt und sich ein neuer, gesunder Strauch mit üppiger Blüte aufbaut.

Vermehrung durch Veredelung

Die Veredelung, also die erfolgreiche Verbindung eines Strauchpfingstrosenendtriebes mit Wurzelstücken einer Staudenpäonie, war lange Zeit Geheimnis und Kunst weniger Experten. Verdeutlichen kann man diese Sonderstellung damit, dass in den alten Bundesländern auch heute noch wenige Gärtnereibetriebe eigenhändig Strauchpäonien auf diese Weise vermehren. Selbst in den USA dürften sich kaum mehr Erwerbsgärtner professionell damit beschäftigen. Das könnte sich aber dadurch ändern, dass immer mehr Päonienliebhaber den Ehrgeiz haben, berühmte Strauchpfingstrosensorten selbst zu veredeln. Doch sind beiden Gruppen, den Erwerbsgärtnern und den Amateuren, enge Grenzen dadurch gesetzt, dass das dazu erforderliche Veredelungsmaterial, nämlich Mutterpflanzen meist berühmter Sorten und geeignete Staudenunterlagen, nicht einfach und unbegrenzt zur Verfügung steht, sondern eher Mangelware ist. Das macht die Strauchpäonie in ihren begehrten Sorten so gefragt und verhältnismäßig teuer.

Bei der Veredelung sind folgende Voraussetzungen unabdingbar: Die Edelreiser, die ausgereift sein sollten, müssen rechtzeitig im Hochsommer, also im August, spätestens Anfang September geschnitten werden. Doch können die Schösslinge, bei feuchter Lagerung, noch bis zu zwei Wochen nach dem Schnitt verwendet werden. Je später veredelt wird, desto größer ist die Ausfallquote. Besonders wichtig für den Veredelungserfolg ist auch die Qualität der Staudenunterlagen. Bevorzugt werden Staudenwurzeln von *P. lactiflora*, die nicht alt sein dürfen. Zwei Jahre alte Wurzelstücke als 12 cm bis 15 cm lange Schnittlinge sind eine ideale Unterlage. Sie sollten schon bald im Sommer gerodet und bis zum Veredelungsvorgang frisch gehalten werden.

Für die Veredelung selbst, d. h. für die Verbindung des Propfreises ist exakte Arbeit mit ruhiger Hand und ganz sauberen Werkzeugen von großer Wichtigkeit. Praktiziert werden zur Zeit zwei verschiedene Propfverfahren, nämlich die Dreiecks-Methode, die auch Geißfuß-Pfropfung genannt wird und die Keil-Methode, auch Spaltverfahren genannt. Bei der Dreiecks-Methode wird zunächst das Kopfende des Wurzelschnittlings mit glattem Schnitt entfernt und anschließend ein spitzwinkliger Dreieckskeil herausgeschnitten. Dann wird das Edelreis, das mindestens zwei kräftige Augen haben sollte, nach Entfernung der Blätter so zugeschnitten, dass es genau in die Dreieckskerbe der Unterlage passt. Die feste Verbindung beider Teile wird mit einem Plastikband (grüner Bast) hergestellt. Die vorhandenen Schnittstellen müssen mit Baumwachs oder – inzwischen sehr erfolgreich – mit künstlicher Rinde versiegelt werden. Bei diesem entscheidenden Abdichtungsvorgang muss unbedingt vermieden werden, dass Hohlräume entstehen, in die Luft und Wasser eindringen kann. Nur wenn das gelingt, hat die Veredelung einen guten Start. Im Anschluss daran ist es wichtig, dass die Edelreiser geschützt (unter Glas oder Folie) bei guter Wärme und hoher Luftfeuchtigkeit mindestens einen Monat in einem Sandbett liegen. Starke Sonneneinstrahlung führt zu Verbrennungen. Diese Veredelungsmethode ist immer noch die »klassische«, sie wird auch bei den führenden Aufzuchtsbetrieben Rivière und Reath Nursery praktiziert.

Doch scheint sich die Keil-Methode bzw. das Spaltverfahren immer mehr durchzusetzen. Sie wird auch in der neuesten Literatur als die einfachere und erfolgreichere bezeichnet. Von anderen Autoren geäußerte Bedenken, es gäbe dabei größere Abdichtungsschwierigkeiten (Rivière, a. a. O., Seite 75), werden von den Anhängern nicht geteilt. Bei der Keil-Methode

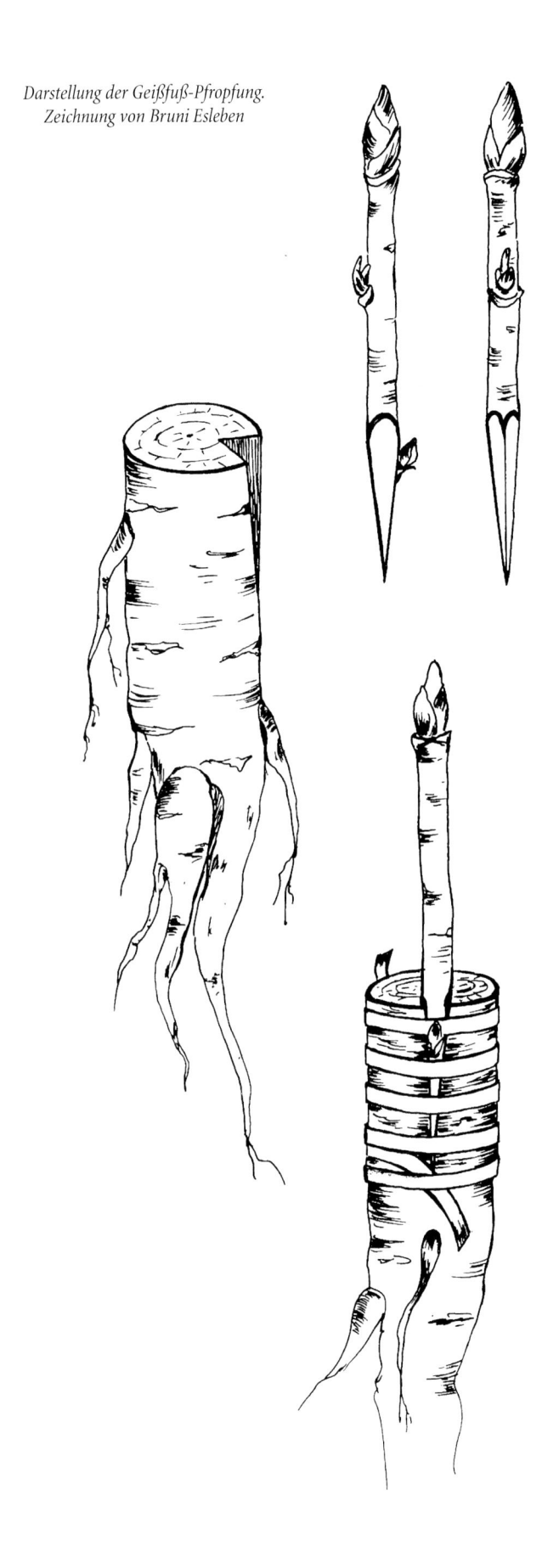

Darstellung der Geißfuß-Pfropfung.
Zeichnung von Bruni Esleben

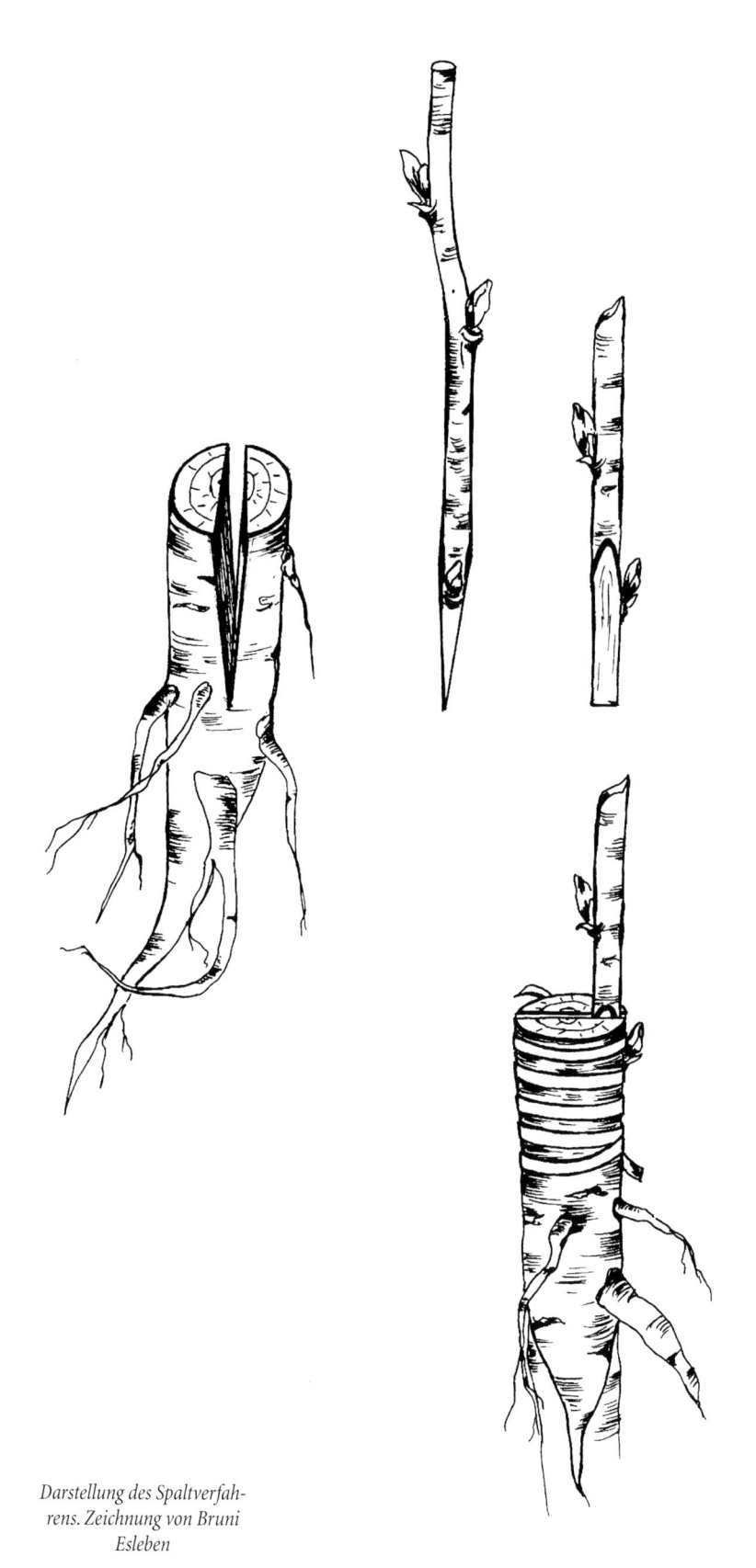

werden quer durch die gesamte Oberfläche des Wurzelschnittlings keilförmige Schnitte vorgenommen, in deren Kerbe das entsprechend zugeschnittene Edelreis eingepasst werden muss. Es gibt bereits Apparate, die diese Keilschnitte maschinell durchführen, doch ist es auch hier immer wieder erforderlich, zur bündigen Einpassung beider Verbindungsteile nachzuschneiden. Über die Erfolgsraten beider Methoden herrscht in Fachkreisen keineswegs Einigkeit. Waren bisher Quoten von 50 % guter Durchschnitt, werden heute bei sorgfältigem und sauberem Arbeitsgang 70 % als durchaus realistisch bezeichnet. Bill Seidl, USA, der zum Beispiel die so wunderbar blühende Lutea-Hybride 'Ann Marie' gezüchtet hat, vertritt in einem kürzlich durch die APS veröffentlichen Artikel sogar die Meinung, dass mit der Keil-Methode ohne weiteres 100prozentige Erfolge erzielt werden können. Doch müssen wir bei derart überraschenden Erfolgsmeldungen bedenken, dass dabei wahrscheinlich die oft erst im zweiten Jahr nach der Veredelung auftretenden Ausfälle nicht berücksichtigt sind.

Aufsehen erregen jüngste Berichte über erfolgreiche Vermehrungsversuche durch Okulieren auf Unterlagen von *P. delavayi*-Sämlingen. Ein- bis zweijährige Veredlungen, die wir sehen konnten, überzeugen durch ungewöhnliche Kraft des Austriebs. Die weitere Entwicklung dieses Verfahrens, das von Rosen her bekannt ist, bei Strauchpfingstrosen aber bisher noch nicht praktiziert wurde, wird sicher mit Spannung verfolgt werden.

Vermehrung durch Samen

Strauchpfingstrosen lassen sich, Geduld und Fürsorge vorausgesetzt, leicht aus Samen vermehren. Es gibt einige Händler, die Saatgut vertreiben. Eventuell geben Botanische Gärten auch etwas von ihrer Samenernte ab. Ansonsten ist man auf einen guten Freund angewiesen, der Samen übrig hat, wenn man sich dieser spannenden Aufgabe widmen will.

Nach unseren persönlichen Erfahrungen kommt unter günstigen Bedingungen eine Strauchpfingstrose schon nach vier Jahren zur Blüte, wenn sie durch Aussaat aufgezogen wurde. Diese Wartezeit könnte möglicherweise

Darstellung des Spaltverfahrens. Zeichnung von Bruni Esleben

durch eine andere als die von uns bevorzugte Aussaatmethode weiter verkürzt werden.

Pfingstrosen-Arten aus Samen gezogen fallen nur dann echt aus, wenn sie vom Wildstandort stammen oder handbestäubt wurden. Samen von Hybriden fallen immer abweichend von der Mutter- oder Vaterpflanze aus. Gerade deshalb ist in solch einem Fall die Spannung auf die erste Blüte groß. Die Aussaat ist ein faszinierendes Unterfangen und kann – genügend Platz vorausgesetzt – nur wärmstens empfohlen werden. Ein Beispiel möge dies verdeutlichen: Im Jahre 1982 bestellten wir die Sorte 'Rock's Variety' bei einer amerikanischen Gärtnerei. Die Pflanze war zwei Monate unterwegs, weil ein Begleitpapier fehlte. Als wir das Paket endlich erhielten, waren die Päonien verschimmelt und nahezu vertrocknet. Im gleichen Jahr erhielten wir von Freunden Absaat ihrer 'Rock's Variety', die sogleich ausgesät wurde. Vier Jahre später, im Jahr 1986, erschienen die ersten Blüten, sowohl von den Sämlingspflanzen als auch von der importierten, halb vertrockneten 'Rock's Variety', die genau so lang gebraucht hatte, um sich wieder zu etablieren.

Ernte der Samen

Wenn der Samen reif ist – meist ist dies im August oder September der Fall –, öffnen sich die Fruchtblätter an ihrer Längsnaht von der Spitze her. Der Zeitpunkt der Samenernte ist dann gekommen. Samen von Strauchpfingstrosen der Untersektion Vaginatae sind frisch geerntet ausgesprochen klebrig und bleiben meist an dem geöffneten Fruchtblatt haften. Die klebrige Flüssigkeit schmeckt süßlich. Wir beobachten

Strauchpfingstrosen vermehren

Samenverkauf in Heze

Keimung bei
Paeonia ludlowii

138

Strauchpfingstrosen vermehren

Fruchtblätter von Paeonia rockii subsp. linyanshanii kurz vor der Samenreife

häufig, dass Blattwanzen diese Fruchtknoten bevölkern. Im Gegensatz dazu sind die Samen der Untersektion Delavayanae nicht von dieser klebrigen Masse umgeben.

Um Schimmelbildung zu verhindern, sollten die Samen offen ausgebreitet getrocknet werden. Die Samen müssen kühl und trocken gelagert werden. Am besten ist es jedoch, die Samen sofort nach der Ernte auszusäen. Die Keimfähigkeit getrockneter Samen nimmt rapide ab, sodass es wenig Sinn macht, die geernteten Samen Pflanzenliebhabergesellschaften zur Verfügung zu stellen. Bis dort die Samenverteilung erfolgt, keimt nur noch ein sehr geringer Samenanteil. Auch werden sie bis zur Lieferung meist zu warm gelagert, was die Keimfähigkeit zusätzlich beeinträchtigt.

Die Samen der Strauchpfingstrosen sind größer als die der Staudenpfingstrosen. Eine Ausnahme stellt hierbei die Sektion Onaepia mit den Arten *Paeonia californica* und *Paeonia brownii* dar. Während man anhand der Samenform von Staudenpfingstrosen untereinander

'Turmalin', eine im Garten Rieck entstandene Rockii-Hybride.

139

Strauchpfingstrosen vermehren

'Turmalin', voll erblüht. Interessanterweise bildet die Pflanze nicht nur endständige Blüten aus, sondern entwickelt auch Seitenknospen.

Rechts: Zweijährige Sämlingsreihen in der Peace Peony Nursery, Provinz Gansu. Zwischen den Reihen wurden Cultivare aus Heze und Luoyang aufgepflanzt

Verwandtschaftsbeziehungen ableiten kann – z. B. zwischen der *Paeonia officinalis*- oder der *Paeonia mascula*-Gruppe –, ist es nur schwer möglich, bei den Strauchpfingstrosen Gemeinsamkeiten oder deutliche Unterschiede zu erkennen. Dies trifft mit Einschränkungen auf die Vertreter der Untersektion Vaginatae zu. Von den bisher erhaltenen Samen von *Paeonia rockii*, *Paeonia ostii* und *Paeonia decomposita* ließen sich keine signifikanten Unterschiede bezüglich der Größe und Form der Samen feststellen. Wir müssen jedoch hinzufügen, dass wir bisher nicht von allen Wildarten Samen erhalten konnten.

Wir hatten den Eindruck, dass bei guter Bestäubung viele Samen im Fruchtknoten entstehen. Dieser kann ob der Fülle der Samen auch schon im Juni aufplatzen und die Samen bis zur Reife der Sonne aussetzen. Bei dem Gedränge im Fruchtknoten entstehen alle Formen und Größen an Samen. Durch den Druck vom Nachbarsamen gibt es platte Stellen, sie können dreieckig, eirund oder sogar fast würfelförmig sein. Ist die Befruchtung schlecht ausgefallen und haben die wenigen Samen im Fruchtknoten viel Platz, entwickeln sie sich länglich eirund und ohne Eindellung. Die durchschnittliche Samengröße der oben genannten Arten kann daher nur ungefähr mit +/– 10 mm Länge und 8 mm Breite angegeben werden. Die Farbe der reifen Samen ist schwarz.

Die Samen der Vertreter der Untersektion Delavayanae dagegen haben eine bräunlich-schwarze Farbe, die dunkler wird, je mehr die Samen austrocknen. Im Fruchtknoten bilden sich die Samen im lockereren Verband aus als *Paeonia rockii* oder *Paeonia ostii,* dadurch haben die Samen der Delavayanae zur Entwicklung im Fruchtknoten viel Platz. Daher sind diese Samen immer länglich-eirund und ohne Eindellungen geformt. Die größten Samen der ganzen Gattung hat *Paeonia ludlowii*, sie können eine durchschnittliche Länge von 16 mm und 11 mm Breite erreichen.

140

Strauchpfingstrosen vermehren

Die Jahresuhr der Päonienvermehrung aus Samen, beginnend mit Blüte und Samenbildung, Samenreife, Aussaat und Keimung

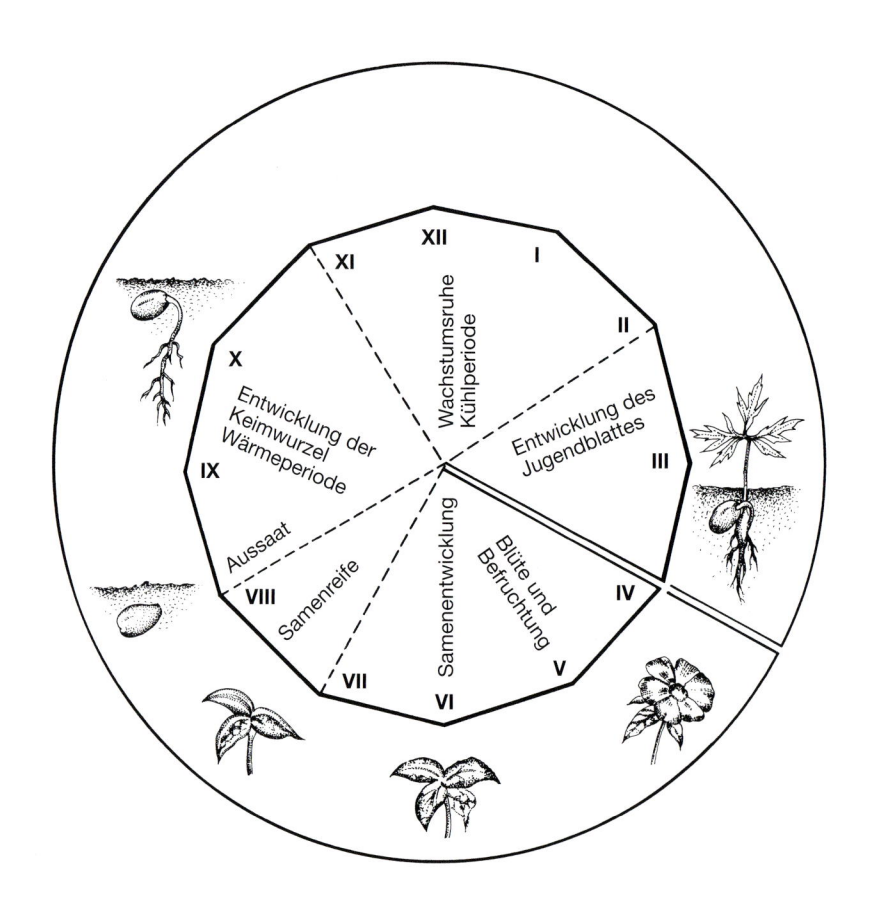

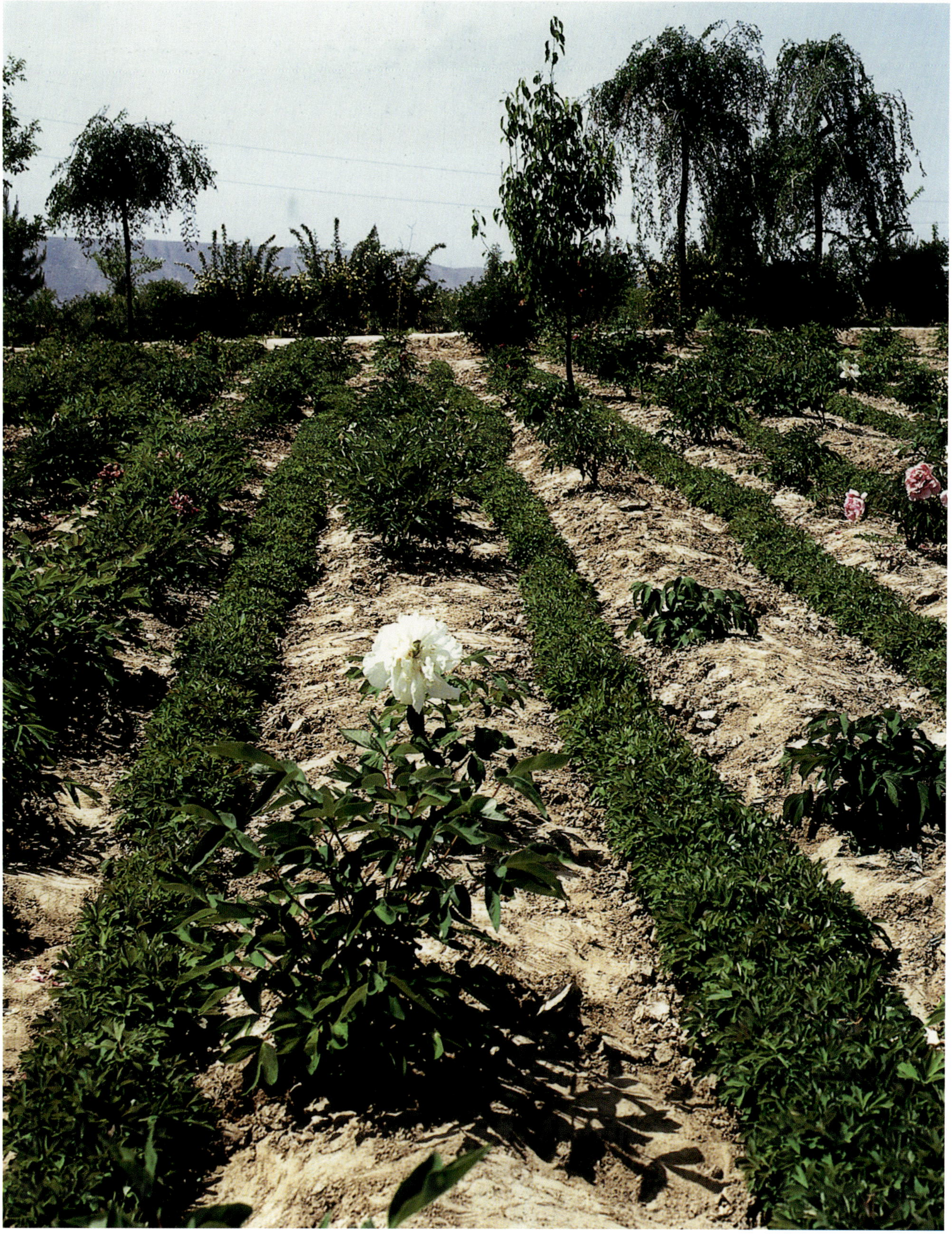

Epigäische Keimung bei Paeonia rockii subsp. linyanshanii

Aussaat und Keimung

Frisch geernteter und sofort ausgesäter Samen keimt zuverlässig. Je länger mit der Aussaat gewartet wird, desto mehr nimmt die Keimfähigkeit des Saatgutes ab.

Es gibt viele verschiedene Rezepte, wie Pfingstrosensamen zur Keimung angeregt werden können. Hierzu muss man sich vergegenwärtigen, wie der Samen in der Natur keimt. Wird der Samen im Spätsommer reif, ist es noch meistens zwei bis drei Monate lang warm. Fallendes Laub bedeckt den Samen, die Feuchtigkeit des Herbstes verhindert das Austrocknen, der Samen bildet zunächst die Keimwurzel. Ist diese Wärmeperiode durch einen frühen Kältebeginn zu kurz, kommt es nicht zur Keimung und man muss ein weiteres Jahr hoffen, dass die Keimwurzel nach einem langen Frühjahr und Sommer sich im Herbst entwickeln kann.

Da die meisten Pfingstrosen Gebirgspflanzen sind, wirkt sich eine Schneedecke über den

erstes Jugendblatt

Epicotyl

Keimblätter

Samenschale

Keimwurzel

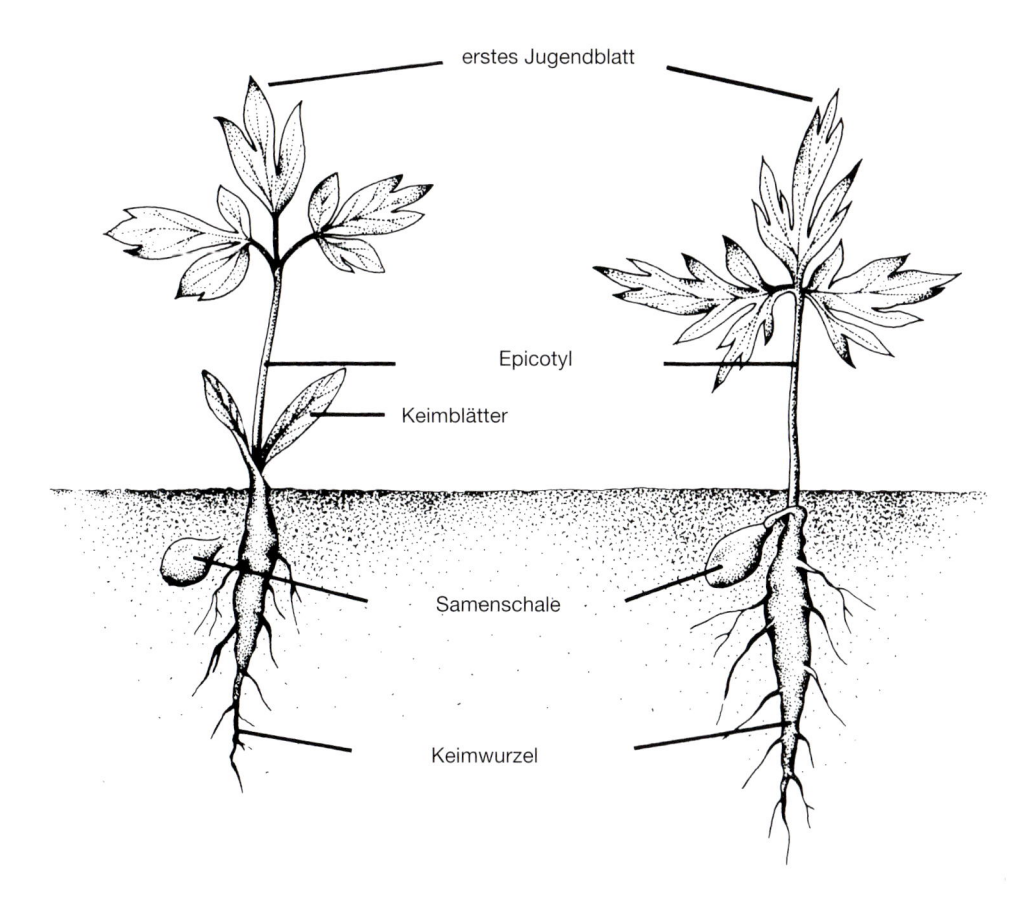

Unterschiede zwischen epigäischer Keimung (links: Paeonia rockii subsp. linyanshanii) und hypogäischer Keimung (rechts: Paeonia delavayi)

Winter positiv aus: Selten sinken unter dieser schützenden Schicht die Temperaturen unter den Gefrierpunkt ab und es bleibt für mehrere Monate kühl und dunkel. Da im Laufe der Evolution die Pfingstrosen sich diesem Lebensrhythmus angepasst haben, kann sich nur nach einer solchen Kühlphase das erste Jugendblatt bilden.

Nach unseren Erfahrungen sind Ausfälle dann verstärkt zu beobachten, wenn eine Keimmethode angewandt wird, die den natürlichen Prozess ungenügend simuliert. Einige Päonienfreunde säen ihre Samen in mit feuchtem Sand oder Vermiculite gefüllten Plastikbeuteln aus, die sie für zwei bis drei Monate auf die Heizung legen, dabei regelmäßig auf Pilzbefall kontrollieren und anschließend die Beutel in den Kühlschrank legen, was wieder zuverlässige Kontrollen und viel Fürsorge bedarf. Wir meinen, dass Sämlinge, die so oder auf ähnlichem Wege angezogen wurden, desorientiert sind, wenn sie ausgepflanzt werden: Wurzel und Blatt müssen sich auf die veränderte Lage zur Schwerkraft erneut umstellen. Außerdem sind sie auf unterschiedliche Tag- und Nachttemperaturen nicht eingestellt und wenig abgehärtet. Die Bedingungen bei der Pflanzung im Gelände müssen deshalb optimal sein. Des Weiteren kommen die so aufgezogenen Pflanzen aus einem keimfreien Medium in eine Umgebung voller Pilze und Bakterien. Es ist nicht verwunderlich, wenn große Ausfälle beklagt werden müssen.

Hin und wieder wird empfohlen, die Samen anzuschneiden, anzuritzen oder mit Schmirgelpapier zu bearbeiten. Damit kann jedoch die Keimruhe nicht gebrochen werden, da der Samen dazu eine Wärme- und anschließend eine Kälteperiode benötigt. Dies ist genetisch festgelegt. Durch die überflüssige Verletzung der Samenhülle können Pilze zum Embryo vordringen und ihn zerstören. Auch mit chemischen Mitteln – z.B. Gibberellinsäure – wird zuweilen versucht, die Keimungsphase zu verkürzen.

Im Laufe von 25 Jahren haben wir eine eigene Methode entwickelt. Sie simuliert die Bedingungen beim Keimungsprozess in der

143

Strauchpfingstrosen vermehren

144

Strauchpfingstrosen vermehren

In einem Bauernhof bei Lintao in Gansu werden die neu ausgepflanzten Sämlinge gegen Wind und Sonneneinstrahlung geschützt

Natur und bescherte uns bisher zufriedenstellenden Erfolg. Ein Großteil der Päonien unseres Gartens wurden auf diese Weise angezogen.

Nach der Ernte säen wir den Samen sofort aus. Samen anderer Herkunft weichen wir gleich nach Erhalt in einem Glas Leitungswasser ein. Sobald sich die Samen mit Wasser vollgesogen haben, schwimmen sie nicht mehr, sondern setzen sich am Glasboden ab. Erfahrungsgemäß ist dieser Zeitpunkt nach 3 Tagen erreicht. Sollte danach keine Zeit sein, das präparierte Saatgut auszusäen, schadet es nicht, die Samen einige Tage länger im Wasser liegen zu lassen, doch sollte das Wasser täglich gewechselt werden.

Tontöpfe sind die idealen Aussaatgefäße, weil sie die Feuchtigkeit am besten regulieren. Sie werden mit gekaufter Blumenerde bis zum Rand locker gefüllt. Sodann wird das Namensetikett gesteckt, die Samen ausgelegt und weitere Blumenerde darauf aufgehäuft. Mit der flachen Hand wird die Erde festgedrückt, bis die Substratfüllung mit dem Topfrand abschließt. Die Samen sollten so ausgelegt werden, dass sie sich im Topf nicht gegenseitig berühren. Sind alle Töpfe derart vorbereitet, werden sie in eine Schale Wasser gestellt, damit sie sich mit Wasser vollsaugen können.

Dann versenkt man die Töpfe bis zum Rand in einem mit Fluss-Sand gefüllten Topfquartier. Ein Maschendraht unter den Töpfen ausgelegt, verhindert, dass Maulwürfe hier ihre Hügel aufwerfen. Unser Topfquartier liegt erhöht, damit sich keine Staunässe bilden kann. Warum wir Sand zum Einsenken bevorzugen, macht folgende Episode deutlich: Als wir die Töpfe noch in unserer lehmhaltigen Gartenerde einsenkten, schufen wir nur ein Refugium für die vielen Nacktschnecken, die dann nach der Keimung begierig unsere jungen Pflanzen abfraßen.

Der Sand muss den Topf ohne Hohlräume umschließen, damit der Tontopf gleichmäßig feucht bleibt. Bei Trockenheit müssen Topf und Sand feucht gehalten werden. Es ist deshalb auch günstiger, wenn das Beet im Halbschatten liegt. Ein anderer Grund ist, dass an solch einem Standort die Jugendblätter nicht zu früh austreiben.

Das Topfquartier sollte mit engem Maschendraht so abgedeckt werden, dass Amseln nicht mehr beikommen. Auf der Suche nach Würmern wühlen diese die Töpfe derart durch, dass die Samen bis zu 30 cm weit verstreut herumliegen. Mit Vorliebe ziehen sie auch die Namensschilder aus den Gefäßen.

Interessanterweise gibt es bei der Strauchpfingstrose zwei Arten der Keimung. Die meisten Wildarten der Päonien keimen hypogäisch. Dabei verbleiben die Keimblätter, die Cotyledonen, in der Samenhülle. Über der Erde erscheint nur das erste Jugendblatt. Diese Keimung ist typisch für *Paeonia ostii* und alle Vertreter der Untersektion Delavayanae. Allerdings war es uns bisher nicht vergönnt, alle Wildarten auszusäen und zu beobachten, insofern ist unsere Aussage noch unvollständig.

Paeonia rockii und *Paeonia rockii* subsp. *linyanshanii* keimen dagegen epigäisch. Hier erscheinen die beiden Keimblätter über der Erde, wie bei einer Bohne oder Tomate. Zwischen den beiden Keimblättern entwickelt sich das erste Jugendblatt. Rockii-Hybriden keimen auf beide Arten, je nach dem genetischem Anteil der Eltern.

Es ist wichtig, dass die Samen bei dieser Art der Keimung mit Erde bedeckt bleiben. Es kommt vor, dass sich einige Samen durch die Witterungseinflüsse an die Oberfläche arbeiten. Wir haben dabei beobachtet, dass diesen Samen die Kraft fehlt, das Epikotyl (Keimblatt) aus der Samenhülle ziehen zu können.

In den letzten warmen Wintern begann die Keimung frisch geernteter und sofort ausgesäter Samen oft schon im Dezember. Anschließende Kahlfröste bis Mitte April schädigten zwar die zarten Keimlinge, doch überlebte erstaunlicherweise jeder Sämling.

Kultur der Sämlinge

Bei der anschließenden Aufzucht der Sämlinge wird in der Literatur der meiste Ausfall beklagt. Auch hier muss man sich wieder vergegenwärtigen, wie Sämlinge in der Natur aufwachsen. Sie sind umgeben von Nachbarpflanzen, die teilweise Schatten halten und Schutz geben, sie aber auch bedrängen. Aus diesem Grund ist es günstiger, für die Aufzucht entweder ein halbschattiges Beet auszuwählen oder die Pflänzchen die ersten Tage und Wochen zu schattieren.

Etwa Mitte Mai sind die Sämlinge soweit erstarkt, dass sie ein Versetzen überstehen. Ideal ist für diesen Zeitpunkt ein bedeckter Himmel, Verbrennungen und hitzebedingte Ausfälle können dann vermieden werden. Sicherer ist es aber, mit dem Versetzen bis in den Spätsommer oder Herbst zu warten.

Zuerst wird das Aufzuchtbeet vorbereitet. Ist das Beet tiefgründig gelockert, werden die Sämlingstöpfe aus dem Topfquartier geholt und so lange in ein Wasserbad getaucht, bis keine Luftblase mehr aufsteigt. Sodann wird der Topf unter der Wasseroberfläche umgekippt. Durch Klopfen und Erschüttern wird der Topfinhalt unter Wasser entleert, die Erde ausgeschwemmt und die zusammenhängenden Würzelchen vorsichtig auseinandergezogen. Die »Unterwassergeburt« ist die schonendste Art, Sämlinge ohne Verletzungen voneinander zu trennen.

Sofort nach der Vereinzelung werden die Pflanzen so tief gepflanzt, wie sie zuvor im Sämlingstopf saßen. Leicht lässt sich dies an der unterschiedlichen Färbung des Stielchens erkennen. Praktischerweise setzt man die Jungpflanzen sortenweise in Reihen. Beim Pflanzabstand sollte die Größe der ausgewachsenen Pflanze bedacht werden.

Mit dem Einweichwasser wird angegossen, verbleibende ungekeimte Samen einer Sorte gelangen dadurch in die Pflanzenreihe mit der richtigen Sortenbezeichnung, vielleicht keimen sie dort im folgenden Jahr. Hat man auf dem Etikett die Anzahl der Samen vermerkt, können die Sämlinge leicht abgezählt werden. Der Prozentsatz der Keimung lässt sich somit schnell feststellen. Damit entfällt auch das zeitraubende, detektivische Suchen nach noch keimfähigen Samen im Einweichwasser.

Die Sämlinge müssen in Trockenzeiten ab und zu gegossen werden. Hin und wieder versuchen wir, die unkontrolliert wuchernde Be-

Strauchpfingstrosen vermehren

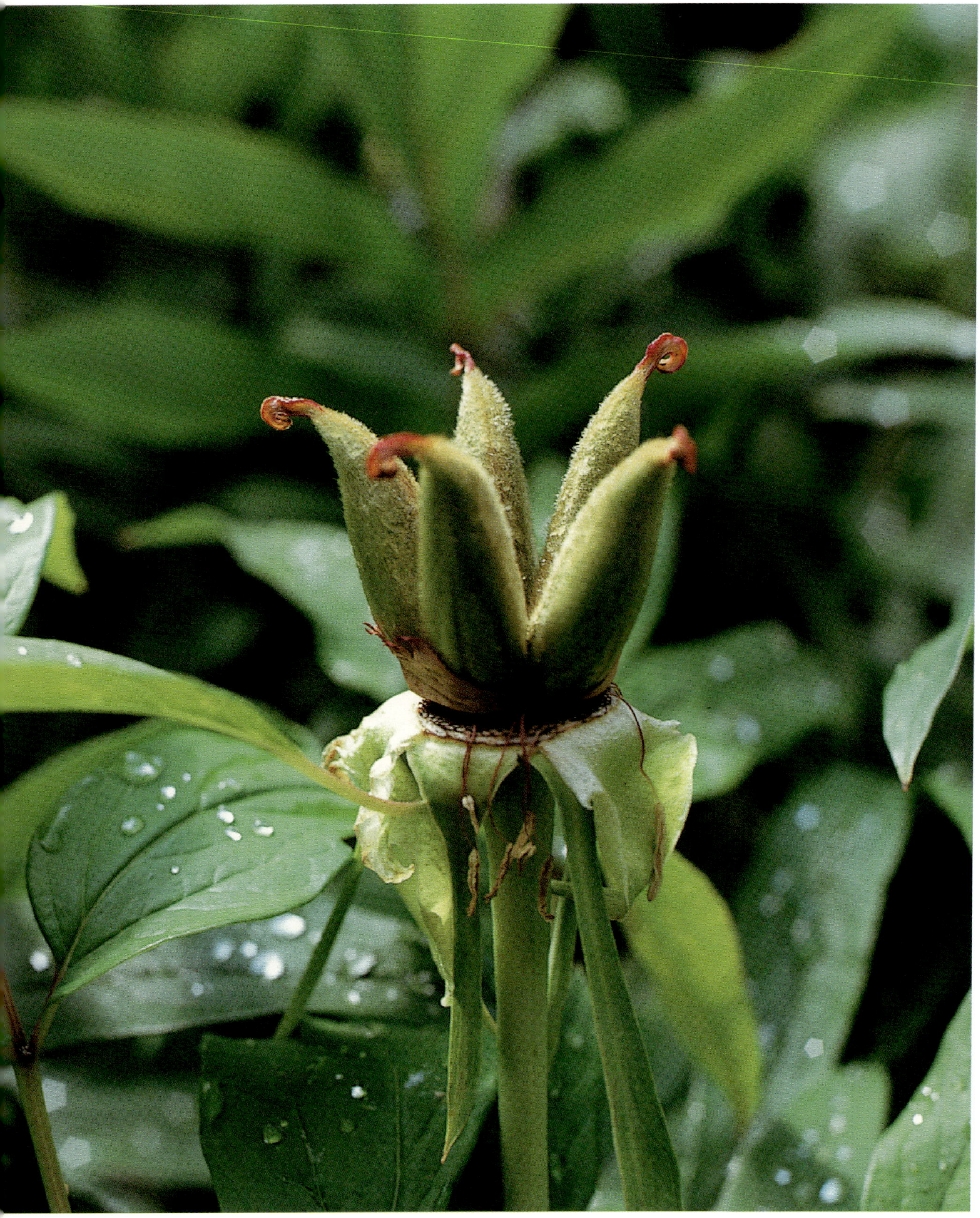

gleitflora durch Jäten einzudämmen. In sehr kalten Wintern können die noch jungen Sämlinge durch die Frosteinwirkung teilweise aus dem Boden gehoben werden. Als Gegenmaßnahme empfiehlt sich eine Mulchschicht z. B. aus Rindenhumus.

In den Beeten verbleiben die Sämlinge je nach gewähltem Pflanzabstand bis zum Zeitpunkt nach der ersten Blüte, das dauert etwa vier Jahre. Mit Düngegaben jeglicher Darreichungsform und Zusammensetzung haben wir uns bei den Sämlingen bisher sehr zurückgehalten.

Bei der Keimung und Kultur der Sämlinge gibt es allerdings auch Probleme, die angesprochen werden sollten. Das größte Problem bei der Aufzucht der Sämlinge sind tierische Schädlinge. In den ersten Wochen nach der Keimung werden Pfingstrosen noch von Schnecken angenommen. Wir haben zwar schon beobachtet, dass sich einige angefressene Sämlinge auf wunderbare Weise regenerierten, doch können die Ausfälle sehr schmerzlich sein. Sobald die Sämlinge ein paar Wochen alt sind, werden sie nicht mehr von Schnecken geschädigt.

Der schlimmste Schädling jedoch ist die Larve des Schnellkäfers, *Agriotes lineatus*. Dieser weißliche »Unglückswurm« mit braunem Kopf frisst an den Wurzeln aller Pfingstrosen. Schwache Sämlinge können so geschädigt eingehen. Diese Larven dürften aber in Gärten ohne Pfingstrosenmonokultur nicht zum Problem werden. Jedoch bei uns im Garten nehmen die Verluste deutlich zu. Einmal fanden wir auch einen Maikäfer-Engerling in einem Sämlingstopf, als wir dem unerklärlichen Absterben von Sämlingen nachforschten.

In wechselwarmen Wintern mit Frost und Auftauen können frostgeschädigte Sämlinge, die bereits im Spätherbst gekeimt haben, auch unter Pilzbefall leiden. Vermutlich handelt es sich um den Schimmelpilz *Botrytis paeoniae*. Meist entwickelt sich neben dem abgestorbenen ersten Blatt im Frühjahr ein zweites Blatt, sodass kein ernsthafter Ausfall entsteht.

Trotz der angeführten Schwierigkeiten erstaunt uns sehr, wie hart Strauchpfingstrosen im Nehmen sind und wie einfach die Aufzucht ist.

Entstehung der Samen

Nach diesen Betrachtungen über Ernte, Aussaat und Keimung der Samen ist der Gedanke interessant, wie Samen entstehen.

In der Blüte befinden sich die Fruchtblätter, die an ihrer Spitze die Narbe tragen. Die meist fünf Fruchtblätter einer *Paeonia rockii* zum Beispiel sind von einer Vielzahl an Staubblättern umgeben. Die Staubblätter selbst bestehen aus den Staubfäden und den Staubbeuteln. Blüht eine Strauchpfingstrose auf, so sind die Staubbeutel meist noch geschlossen und kein Pollen ist sichtbar. Erst am zweiten oder dritten Tag der Blüte öffnen sich die Staubbeutel und geben den Pollen frei. Dies ist nun ein Fest für unsere Honig- und Wildbienen. Auch der grün-golden schillernde Rosenkäfer, *Cetonia aurata*, hält sich gerne in den Blüten auf. Bei ihrer Pollensammlung bringen die Bienen unbewusst Pollen auf die Narbe, die Befruchtung findet statt. Warum öffnen sich die Pollenbeutel erst später als die Blüte? Die Blüten der Päonien sind protogyn, das heißt, die Narben reifen früher als die Pollen der gleichen Blüte. Dies ist eine sinnvolle Einrichtung der Natur, um Selbstbefruchtung und damit die genetische Verarmung, die sich daraus im Laufe der Evolution entwickeln würde, zu umgehen. Nach der Befruchtung schwellen die Fruchtblätter und beginnen in der Länge und Breite zu wachsen.

Nicht immer kann man sicher sein, dass eine Befruchtung stattfindet. Erleidet die Päonienknospe kurz vor der Blüte noch Nachtfröste von unter −10 °C, so erfriert der Pollen im Pollenbeutel. Die Blüte öffnet sich zwar, aber die Pollenbeutel bleiben geschlossen. Schneidet man den Pollenbeutel auf und untersucht den Pollen, so hat dieser nicht mehr die leuchtend gelbe Farbe eines gesunden Pollens, sondern ist gelblich-schmutziggrau. Leider kann es vorkommen, dass mehrere Jahre hintereinander gar kein Samen geerntet werden kann, weil die Knospen noch im April von Nachtfrösten geschädigt wurden.

Hat man Wildformen vom Naturstandort, kann mit einer gezielten Selbstbefruchtung versucht werden, nicht hybridisiertes Saatgut zu erhalten. Ansonsten ist unkontrolliert entstandener Samen aus einem Garten mit mehreren

Linke Seite: Samenstand von Paeonia ostii cv. 'Feng Dan Bai'

In Heze werden vereinzelt Päonien im Frühjahr mit anderen Sorten durch Anplatten veredelt. Solch verschiedenartig blühende Sträucher sind teurer als einfach blühende

148

Strauchpfingstrosen vermehren

verschiedenen Pfingstrosenarten vorsichtshalber als Hybridsaatgut anzusehen. Durch Selbstbefruchtung können Wildarten mit Einschränkungen konserviert und weitergegeben werden. Zur Selbstbefruchtung muss die Narbe der Blüte solange vor Insektenbestäubung geschützt werden, bis der arteigene Pollen reif geworden ist. Dies kann mittels einer übergestülpten Papiertüte oder einem selbstgenähten Organzasäckchen geschehen, zusätzlich können die Blütenblätter zur Sicherheit entfernt werden. Ist der Pollen reif, kann mit einer Pinzette oder einem Pinsel oder nur einem Finger der blüteneigene Pollen auf die Narbe aufgetragen werden. Anschließend ist die Narbe wieder vor eventuell weiterem, fremdem Pollenauftrag zu schützen.

Beschriftung

Im Laufe der Zeit haben wir mehr und mehr erkannt, wie wichtig eine ausreichende Beschriftung der Sämlinge ist. Nach langem Herumexperimentieren bekommt jetzt jede Samensendung eine Nummer, beginnend mit der Jahreszahl und einer fortlaufenden Nummer z.B. 99.010. Ebenso wichtig erscheint uns eine ausführliche Buchführung mit Pflanzplänen. Spätestens, wenn besuchende Kleinkinder den Etikettenwald umorganisiert haben, wird man sich dankbar an die Buchführung erinnern. Vermerkt man zudem besondere Beobachtungen, kann das eigene Wissen um die Paeonie festgehalten und vertieft werden.

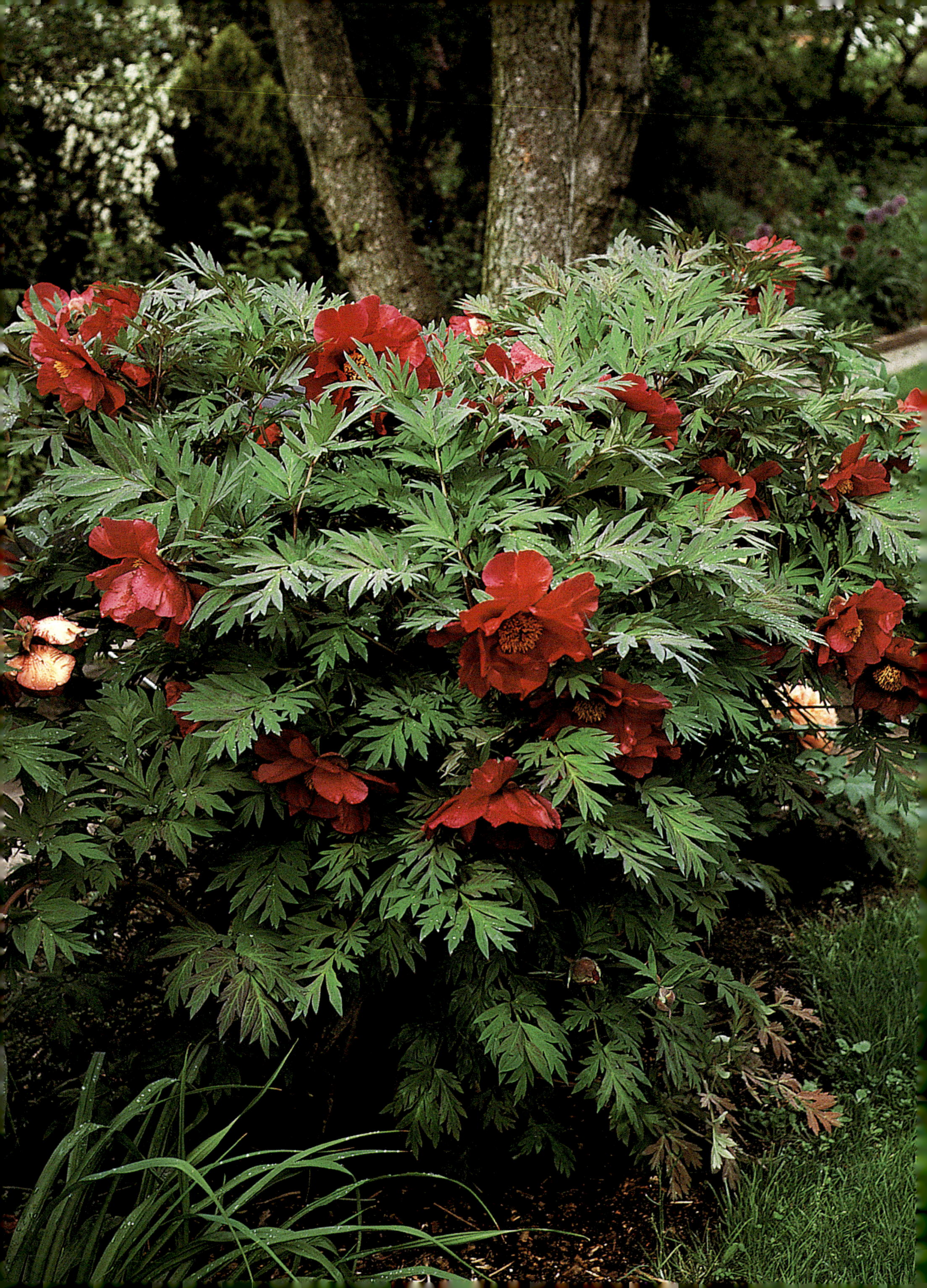

Anhang

Vollständige Liste der Saunders-Hybriden

Saunders-Hybriden
(vollständige Liste der Sorten)

I. Roman Gold Group

+	'Amber Moon'	(1948)
+	'Arcadia'	(1942)
	'Argosy'	(1928)
+	'Canary'	(1940)
+	'Golden Bowl'	(1948)
+	'Goldfinch'	(1948/50)
	'Nankeen'	(1950)
+'	Narcissus'	(1941)
+	'Roman Gold'	(1941)
+	'Silver Plane'	(1948/50)
+	'Silver Sails'	(1940)
	'Star Dust'	(1950)
+	'Wings of the Morning'	(1948)

II. »Golden Hind Group«

+	'Age of Gold'	(1948/50)
+	'Alhambra'	(1948)
	'Celestial'	(1948/50)
+	'Daffodil'	(1948)
	'Gold Dust'	(1952)
+	'Golden Hind'	(1948/50)
+	'Golden Isles'	(1948)
+	'Gold Sovereign'	(1950)
+	'High Noon'	(1952)
	'Hyperion'	(1948/50)
	'Nereid'	(1949)
+	'Orion'	(1948)
	'Spanish Gold'	(1948/50)

III. Tea Rose Group

+	'Angelet'	(1950)
+	'Apricot'	(1948/50)
+	'Brocade'	(1941)
	'Countess'	(1942)
+	'Damask'	(1941)
	'Festival'	(1941)
+	'Golden Mandarin'	(1952)
+	'Happy Days'	(1948)
+	'Harvest'	(1948/50)
+	'Holiday'	(1948/50)
+	'Marchioness'	(1942)
	'Pastoral'	(1950)
	'Segovia'	(1949)
+	'Spring Carnival'	(1944)
	'Sunrising'	(1948)
+	'Tea Rose'	(1948)
	'Titania'	(1949)

IV. Banquet Group

+	'Banquet'	(1941)
+	'Chinese Dragon'	(1950)
	'Conquest'	(1948)
+	'Hesperus'	(1948/50)
+	'Regent'	(1945)
+	'Renown'	(1949)
+	'Right Royal'	(1950)
+	'Rose Flame'	(1950)
+	'Summer Night'	(1949)
+	'Tiger Tiger'	(1948)
	'Trophy'	(1944)

Linke Seite: 'Chinese Dragon' eine besonders reich blühende Saunders-Hybride.

Saunders-Hybriden (Forts.)
(vollständige Liste der Sorten)

V. Black Pirate Group		
+	'Black Douglas'	(1948)
+	'Black Panther'	(1948)
+	'Black Pirate'	(1941)
	'Charioteer'	(1949)
+	'Corsair'	(1941)
+	'Daredevil'	(1948)
	'Heart of Darkness'	(1948 F_2)
	'Lombard'	(1948)
	'Monitor'	(1948)
	'Red Cloud'	(1950)
	'Red Currant'	(1948)
	'Red Jade'	(1948)
+	'Thunderbolt'	(1948)
+	'Vesuvian'	(1948)

VI. Mystery Group		
+	'Coronal'	(1941)
	'Harlequin'	(1952)
+	'Infanta'	(1948)
	'Melody'	(1948)
+	'Mystery'	(1948)
+	'Princess'	(1941)
+	'Savage Splendor'	(1950)

Zwei Namenssorten (*Centaur* und *Poenix*) wurden später verworfen.
+ = Sorten, die – sporadisch – im Handel angeboten werden
( ) = Jahreszahl der Einführung

Anhang

Registrierte Daphnis-Hybriden

Daphnis-Hybriden
Registriert, bereits im Handel:

Sorte	Kreuzungsvariante	Blüte
'Aphrodite'	F_1 = *lutea* × 'White Queen'	zartes Gelb, manchmal fast weiß
'Arethusa' (Gemahlin des Theseus)	BC_2 = BC_1 selbst bestäubt	lichtrosa, einfach blühend
'Ariadne'	BC_3 = BC_2 × 'Impomon'	Pfirsichfarbtöne
'Artemis'	F_1 = *lutea* × 'White Queen'	weiches Gelb
'Aurora' (Morgenröte)	BC_1 = 'Wings of the Morning' × F_2A	gelb, roter Schlund
'Avra'	F_1 = *lutea* × 'White Queen'	kleinblütig, weiß, einfach
'Boreas'	F_2 = F_1 selbst bestäubt	burgunderrot
'Demetra' (Göttin der Fruchtbarkeit)	F_1 = *lutea* × 'Shintenchi'	goldgelb, gefüllt
'D.H.Laurence'	BC_1 = unbekannt	rosa mit dunklerem Zentrum, halb gefüllt
'Gauguin'	F_1 = *lutea* × 'Shintenchi'	orangerot auf gelber Basis
'Helios' (Sonnengott)	BC_1 = 'Golden Hind' × F_2B	warmes Gelb, halb gefüllt
'Hephestos'	BC_1 = 'Thunderbolt' × F_2A	leuchtend dunkelrot
'Hestia' (Göttin des Herdes)	BC_2 = BC_1 selbst bestäubt	leuchtend rot, halb gefüllt
'Icarus'	F_2 = F_1 selbst bestäubt	kräftig rot
'Iphigenia'	BC_3 = BC_2 × 'Daioh'	blutrot, dunkler Schlund
'Kronos'	F_1 = *lutea* × 'Ubatama'	fast schwarz, dicht gefüllt
'Leda'	BC_3 = 'Kokamon' × BC_2	leuchtend, abgestufte rosa Farbtöne
'Maia' (Tochter des Atlas)	BC_2 = BC_1 selbst bestäubt	rot, halb gefüllt
'Marie Laurencin'	F_1 = *lutea* × 'White Queen'	rosa Farbtöne, zur Mitte hin dunkler
'Medea' (Zauberin der griech. Sage)	BC_4 = 'Guardian of the Monastery' × F3	braunrot
'Nike'	BC_2 = BC_1 × 'Guardian of the Monastery'	koralle und orangefarbene Farbtöne mit raffiniertem Schatten
'Persephone'	F_1 = *lutea* × 'White Queen'	lichtes Gelb, schöne Blütenform
'Persepholis' (Hauptstadt des alten Persien)	F_1 = *lutea* × 'Ubatama'	klares Rot, einfach
'Phaedra' (Gemahlin des Theseus)	BC_1 = 'Segovia' × F_2B	braunrot, einfach blühend
'Pluto' (Gott der Unterwelt)	F_2 = 'Corsair' selbst bestäubt	glühendes Rot

Daphnis-Hybriden (Forts.)
Registriert, bereits im Handel:

Sorte	Kreuzungsvariante	Blüte
'Prometheus' (Titane, der den Menschen das Feuer brachte)	$BC_3 = BC_1 \times$ 'Daioh'	kardinalrot
'Redon'	$F_1 = $ *lutea* $\times$ 'Shintenchi'	Blüten rosa, blau überhaucht, andere pfirsichfarben gefärbt
'Terpsichore'	$BC_1 = $ 'Amber Moon' $\times F_2 A$	apricot- und pfirsichfarben
'Tessera'	$F_1 = $ *lutea* $\times$ n.n. *Moutan* 4. erfolgreiche Kreuzung	einfache, schalenförmige orangenfarbene Blüte
'Themis'	$F_1 = $ *lutea* $\times$ 'White Queen'	altrosa, blau überhaucht
'Tria'	$F_1 = $ *lutea* $\times$ n.n. *Moutan* 3. gelungene Kreuzung	sattgelbe Blüten, bis zu drei an einem Stiel
'Zephyrus'	$BC_1 = $ 'Suisho Haku' $\times F_2 A$	dahlienförmige, perlmuttfarbene Blüten mit dunklem Schlund

1995/1996 registriert

Sorte	Kreuzungsvariante	Blüte
'Antigone' (Tochter des Ödipus)	$BC_2 = BC_1 \times$ 'Red Rascal'	leuchtend gelb, einfach
'Argonaut'	$BC_3 = BC_2$ selbst bestäubt	dunkle Basisflecken, rosa Töne, roter Rand
'Calypso' (Seenymphe)	$F_2 = $ 'Coronal' selbst bestäubt	gelb mit rotem Rand, einfach blühend
'Clytie' (Wassernymphe)	$BC_2 = BC_1 \times$ 'Red Rascal'	rein weiß, einfach, mit dunkelrotem Schlund
'Daedalus' (Vater des Icarus)	$F_2 = $ 'Thunderbolt' selbst bestäubt	dunkelrot, halb gefüllt
'Dyonysus' (Gott des Weins)	$F_2 = $ 'Gauguin' selbst bestäubt	leuchtend rot, halb gefüllt, ähnlich 'Gauguin'
'Isadora' (nach Tänzerin I. Duncan)	$BC_1 = $ unbekannt	gelb, rot überhaucht, einfach blühend
'Maria Teressa'	$BC_2 = $ unbekannt	leuchtend rosa, halb gefüllt, duftend
'Oread' (Bergnymphe)	$BC_2 = $ Daphnis-Sämling $\times$ 'Gessekai'	lichtrosa, halb gefüllt
'Rhea' (Mutter des Zeus)	$BC_3 = BC_1 \times$ 'Captains Concubine' (Moutan)	leuchtend rosa, halb gefüllt
'Sappho' (Dichterin des Altertums)	$F_3 = F_2 A \times F_2 B$	hellviolett, einfach
'Thalia' (eine der drei Grazien)	$BC_3 = $ Kreuzung zweier Daphnis-Sämlinge	dunkelrosa, halb gefüllt, duftend
'Urania' (Muse der Himmelskunde)	$BC_1 = $ 'Golden Bowl' $\times$ 'Compagnon of Serenity' (Moutan)	goldgelb, einfach blühend, duftend

Bezugsquellen

Deutschland
Bäuerlein's Grüne Stube: Haselweg 18, D-93077 Bad Abbach-Peising; Fon: 0049-(0)9405-3897; Fax: 0049-(0)9405-0485.
Der Schattengarten: Dirk Brahde, Finkelsteinstr. 1, D-51375 Leverkusen; Fon/Fax: 0049-(0)214-8707184
Albrecht Hoch: Potsdamer Str. 40, D-14163 Berlin; Fon: 0049-(0)30-8026251; Fax: 0049-(0)30-8026222.
Staudengärtnerei Klose: Rosenstr. 10, D-34253 Lohfelden/Kassel; Fon: 0049-(0)561-515555; Fax: 0049-(0)561-515120; staudengaertnerei.klose@t-online.de.
Wolfgang Linnemann: Rheindorfer Str. 49, D-53225 Bonn-Beul; Fon: 0049-(0)228-471448; Fax: 0049-(0)228-471247; wlinneman@t-online.de; http://www.paeonien.de.
Baumschulen B. Müllerklein GbR: Eußenheimerstr. 3, D-97753 Karlstadt/Main; Fon: 0049-(0)9353-9715-0; Fax: 0049-(0)9353-4606.
Päonien Garten: Lothar Parlasca, Am Steinweg 11, D-60437 Frankfurt/M.; Fon/Fax: 0049-(0)6101-541466; pg@parlasca.de; http://www.paeoniengarten.de.
Werner Reinermann: Bürgerweg 8, D-46624 Schöppingen; Fon: 0049-(0)2555-1851; Fax: 0049-(0)2861-85732; w.reinermann@ksk-borken.de.
Rosenhof Schultheis: Bad Nauheimerstr. 3-7, D-61231 Bad Nauheim-Steinfurth; Fon: 0049-(0)6032-81013, Fax: 0049-(0)6032-85890, Infos@Rosenhof-Schultheis.de, http://www.rosenhof-schultheis.de.
Sortiments- und Versuchsgärtnerei Simon: Staudenweg 2, D-97828 Marktheidenfeld; Fon: 0049-(0)9391-3516; Fax: 0049-(0)9391-2183; Simon-Pflanzen@t-online.de.
Stephan Tetzlaff: Lütticher Str. 38, D-40547 Düsseldorf; Fon: 0049-(0)211-553671; Fax: 0049-(0)211-571346; Stephan.Tetzlaff@nunhems.com.

Wolfgang Gießler
Fabrikstr. 27
D-39240 Gross Rosenburg;
Fon: 0049-(0)3929/420768.
Staudengärtnerei Gräfin von Zeppelin: D-79295 Sulzburg/Laufen; Fon: 0049-(0)7634-69716; Fax: 0049-(0)7634-6599; graefin-v-zeppelin@t-online.de; http://www.graefin-v-zeppelin.com.

China
xinxinflorist: www.xinxinpeony.com; xinxinpeony@hotmail.com.
Miss Wang Shuo, Shandong Heze Prefecture Import &Export Corporation: 17, Xingcai Road; Heze city, Shandong, 274012; P.R. China; Fax 0086-530-5332509.
Caozhou Hundred Flowers Garden, Peony Agent: Heze city, Shandong, 274000; P.R. China; Fax 0086-530-5631954

Frankreich
Pivoines Rivière: La Plaine, F-26400 Crest, France; Fon: 0033-4-75254485; Fax: 0033-4-75256098.
La Pivoine Bleue: À Sechan Dessus, F-32550 Montegut, France, Fon/Fax: 0033-5-62656356; pivoine.bleue@free.fr.

Großbritannien
Phedar Nursery: Will Mc Lewin, Bunkers Hill, Romiley, Stockport, SK6 3DS, United Kingdom; Fon/Fax 0044-1614-303-772.
Kelways Limited, Barrymore Farm: Langport, TA10 9EZ, United Kingdom; sales@kelways.co.uk; http://www.kelways.co.uk.

Italien
Centro Botanico Mudan: Loc Pallone, I-01030 Vitorchiano; Fax 0039-761-370842 oder 289347.

Niederlande

Kruidenkwekerij, Roger & Linda Bastin:
Nieuwenhuysstraat 29, NL-6336 XV, Aalbeek, Hulsberg (gemeente Nuth); Bastinkk@cuci.nl; http://www.bastin.nl

Pieter Zwijnenburg, jr.: Halve Raak 18, NL-2771 AD Boskoop; Fon: 0031-172-216232; Fax: 0031-172-218474.

Schweiz

Vivaio 'Eisenhut' Baumschule:
CH-6575 San Nazzaro;
Fon: 0031-(0)91-7951867;
Fax: 0031-(0)91-7953029; info@eisenhut.ch;
http://www.eisenhut.ch.

USA

Brothers (Richard W. Rogers):
27015 SW Ladd Hill Rd., Sherwood, Oregon 97140; USA; Fon: 001-503-625-7548; Fax: 001- 503-625-1667.

Song Sparrow Perennial Farm (früher Klehm Nursery): 13101 E. Rye Rd, Avalon, Wisconsin 53505, USA;
sparrow@JVLNET.com;
http://www.songsparrow.com;
http://www.klehm.com.

Reath Nursery: Country Road 577, Box 247, Vulcan, Michigan 49892; USA;
reathnur@up.net;
http://www.reathsnursery.com.

Literatur

ANDERSON, G. (1817): A monograph of the Genus *Paeonia*. Transactions of the Linnean Society of London, 12 (1): 248-255.

ANDREWS, H. (1804): *Paeonia suffruticosa*, shrubby peony. Botanist's Repository, 6: Tafel 373.

– (1807): *Paeonia papaveracea*, Poppy-like Paeony. Botanist's Repository, 7: Tafel 463, eine Seite Text.

ALBERS, M. R. J. & KUNNEMAN, B. P. A. M. (1992): Micropropagation of *Paeonia*. Acta Horticulturae 314: 82-92.

ALLEN, T. (1987): Peony 'Joseph Rock'. The Garden 112 (1): 27-28.

ANONYME (1908): *Paeonia lutea* 'Superba'. Gardeners' Chronicle 3rd Series, 44: 50.

ARNOLD, R. E. (1929): Hardy flower border: *Paeonia forrestii*. The Gardeners' Chronicle 3rd Series, 86: 402.

BÄRTELS, ANDREAS (1987): Kostbarkeiten aus ostasiatischen Gärten. Verlag Eugen Ulmer, Stuttgart.

BAKER, J. G. & MOORE, S. (1879): A contribution to the flora of Northern China. Journal of the Linnean Society of London, 17: 376-377.

BAKER, J. G. (1884): Notes on Paeonies. Gardeners' Chronicle New Series, 21: 732, 779-830 et vo. 22: 9-10.

BALL, F. C. (1913): *Paeonia Delavayi* Franch. Gardeners' Chronicle 3rd Series, 53: 403 et 405.

BARBER, H. N. (1941): Evolution in the Genus *Paeonia*. Nature 148: 227-228.

BARYKINA, R. P. & GULANJAN, T. A. (1976): Ontomorfogenez kustarnikovik predstavitelej roda *Paeonia* L. 1. P. suffruticosa Andr. (Ontomorphogenese strauchiger Vertreter der Gattung Paeonia L. 1. P. suffruticosa Andr.): Vestnik Moskovskogo Universiteta, Ser. 6 Biologija potchvedenie: 45-55.

– (1978): Ontomorfogenez kustarnikovik predstavitelej roda *Paeonia* L. 2. P. *lutea* Franch. i P. delavayi Franch. (Ontomorphogenese strauchiger Vertreter der Gattung Paeonia L. 1. P. lutea Franch. und P. delavayi Franch.): Vestnik Moskovskogo Universiteta, Ser. 16 Biologija (2): 64-76.

BARYKINA, R. P. (1979): Lebensformen der Päonien und mögliche Wege ihrer strukturellen Evolution. Vestnik Moskovskogo Universiteta, Ser. 16 Biologija (2): 14-26.

BEUCHERT, MARIANNE (1988): Die Gärten Chinas, 2. Aufl., Diederichs-Verlag, München.

– (1980): Die Paeonien von Luoyang. Gartenpraxis, Heft 4, S. 160-162.

BRANDT, KLAUS J. (1988): Chinesische Lackarbeiten. Linden-Museum Stuttgart.

BRICKELL, C. & SHARMAN, F. (1988): Pflanzenschätze aus alten Gärten: vergessene und bedrohte Gartenpflanzen. Verlag Eugen Ulmer, Stuttgart.

BRIGGS, ROY W. (1993): Chinese' Wilson. HSMO, London.

BUCKLEY-EBREY, P. (1996): China – eine illustrierte Geschichte. Campus Verlag, Frankfurt/Main.

CHENG, F.-Y. & LI, J.-J. (1994): *Paeonia rockii* and its cultivars. Bulletin of the American Peony Society, Vol. 291: 32-33.

– (1998): Exportation of Chinese tree peonies (Mudan) and their developement in other countries. I. cultivated, Journal of Northwest Normal University (Natural Sciences) Vol 34 (1): 109-116.

CHENG, F.-Y. (1994): Registrations of *P. rockii* cv. Bulletin of the American Peony Society, Vol. 292: 28-30.

CHENG, F.-Y., LI, J.-J. & CHEN, D.-Z. (1997): The natural propagation characteristics of wild tree peony species in China. Acta Horticulturae Sinica, 24 (2): 180-184.

CHENG, F.-Y. & CHEN, D.-Z. (1998): Studies on the selection and breeding of new hybrids from blotched tree peony (*Paeonia rockii* cv.) and the cultivars classification of tree peony. Journal of Beijing Forestry University. Vol. 20 (2): 2-7.

COOPER, R. (1988): Survey of the Paeonia species in the light of the recent literature. Oldham.

– (1992): Peony Bibliography compiled by L. Fernig, Revision part of a Survey of peony species. S.P.I.N.

CRONQUIST, A. (1981): An integrated system of classification of flowering plants. Columbia University Press, New York, S. 299-302.

– (1988): The evolution and classification of flowering plants, 2. Aufl. New York Botanic Garden, Seite 324-325.

CSAPODY, V. (1968): Keimlingsbestimmungsbuch der Dikotyledonen. Akadémiai Kiakó, Budapest.

DAPHNIS, N. (2000): Letters to the editor, *Paeonia*. Vol. 30 No. 1 und 2.

DARK, S.O.S. (1936): Meiosis in diploid and tetraploid Paeonia species. Journal of Genetics, 32 (3): 353-372.

EGGEBRECHT, A. et al. (1994): China, eine Wiege der Weltkultur: 5000 Jahre Erfindungen und Entdeckungen. Philipp von Zabern, Mainz.

ERHARDT, W.; GÖTZ, E.; SEYBOLD. S.; BÖDEKER, N. (2000): Zander, Handwörterbuch der Pflanzennamen. 16. Aufl., Verlag Eugen Ulmer, Stuttgart.

FANG, W. P. (1958): Notes on Chinese paeonies. Acta Phytotaxonomica Sinica, 7 (4): 313-323 und Tafel 61.

FARRER, R. (1916): Report of work in 1914 in Kansu and Tibet. Journal of the Royal Horticultural Society, 42: 88.

– (1917): On the Eaves of the World. Vol.1, Arnold, London.

FEARNLEY-WHITTINGSTALL, J. (1999): Peonies, the imperial flower. Weidenfeld & Nicholson, London.

FINET, A.E. & GAGNEPAIN, F. (1904): Contributions à la flore de l'Asie orientale d'après l'Herbier du Museum de Paris. Bulletin de la Société Botanique de France, 51: 523-527.

FORBES, F. B. & HEMSLEY, W. B. (1886): Enumeration of all the plants known from China proper, Formosa, Hainan, the Corea, the Luchu Archipelago, and the Islands of Hong Kong, together with their distribution and synonymy. Journal of the Linnean Society of London, Serie Botany, 23: 21-22.

FORREST, G. (1920): *Paeonia delavayi*. The Gardeners' Chronicle, 3rd. Series, Vol. 68: 97-98.

FRANCHET, A. (1886): Plantae *Yunnanenses* a cl. J. M. DELAVAY collectas. Bulletin de la Société Botanique de France 33: 382-383.

– (1889): Plantae *Delavayanae* sive enumeratio plantarum quas in provincia chinensi Yun-nan collegit J. M. Delavay: 31-32, Paris.

Fu Likuo & Jin, J.-N. (1992): China Plant Red Data Book – Rare and Endangered Plants. Vol. I. Science Press, Beijing/New York.

Genders, R. (1961): The Paeony. The Garden Book Club, London.

Good, W., Herausgeber (1991): Schweizer Staudengärten. Gesellschaft der Schweizer Staudenfreunde: Heft 15/16 (über Päonien).

– (1996): *Paeonia lutea*-Hybriden von Nassos Daphnis (I): Gartenpraxis (12): 14-18.

– (1997): *Paeonia lutea*-Hybriden von Nassos Daphnis (II): Gartenpraxis (12): 12-17.

Gong X., Gu Z.-J. & Wu Q.-A. (1991): A cytological study of seven populations in *Paeonia delavayi* var. *lutea*. Acta Botanica Yunnanica 13 (4): 402-410.

Gottschalk, G. (1982): Chinas große Kaiser. Scherz Verlag, Bern und München.

Guo, H.-J. (1998): Mudan Zhi Zui. Nan Hua Hotel, Heze Prefecture Tourist Bureau.

Greuter, W. & Raus, T. (1982): Med-Checklist. Willdenowia, 12 (2): 198.

Greuter, W. & al. (1988/1995): International Code of Botanical Nomenclature. International Association for Plant Taxonomy, Königstein.

Guan Kaiyun (1998): Highland Flowers of Yunnan. Yunnan Science and Technology Press, Yunnan.

Halda, J. J. (1997): Systematic treatment of the Genus Paeonia L. with some nomenclatoric changes. Acta Mus. Richnov. Sect. Natur. 4 (2): 25-32.

– (1998): Notes on the observations upon the structure of the Paeonia seeds, fruit and roots. Acta Mus. Richnov. 5(1): 1-10.

Handel-Mazzetti, H. (1939): Plantae sinenses a Dre. H. Smith annis 1921, 1922, 1924 et 1934 lectae, Acta Horti Gotoburgensis, 13: 37-40.

Harding, A. (1993): The Peony. Sagapress/Timberpress, Portland, Oregon.

Hashida, Ryoji (1990): A book of tree and herbaceous peonies in modern Japan. Nihon Botan Kyokai, Japan.

Hashida, Ryoji (1994): Striped flowers of the tree peony. Bulletin of the American Peony Society, No. 289 (21-23).

Haw, Stephen G. (1985): Mudan: the king of flowers. The Garden, 110 (4): 154-159.

– (1986): A problem of peonies. The Garden, 111 (7): 326-328.

– (2000): *Paeonia ostii* in Britain. The New Plantsman, 7 (3): 160-164.

– (2001): Tree Peonies, a Review of their History and Taxonomy. The New Plantsman, 8 (3): 156-171.

Haw, S. G. & Lauener, L. A. (1990): A review of the infraspecific taxa of Paeonia suffruticosa Andrews. Edinburgh Journal of Botany, 47 (3): 273-281.

Haworth-Booth, M. (1963): The Moutan or Tree Peony. Constable Publishers, London.

Hertle, F. (1997): *Paeonia lutea*-Hybriden von Prof. Saunders. Gartenpraxis (12): 8-13.

– (2000): Kulturprobleme bei Strauchpfingstrosen. Gartenpraxis (10): 40-44.

Heß, D. (1990): Die Blüte. 2. Aufl.. Verlag Eugen Ulmer, Stuttgart.

Hong, D.-Y.; Zhang, Z. X. & Zhu, X. Y. (1988): Studies on the genus *Paeonia* (1) Report of karyotypes of some wild species in China. Acta Phytotaxonomica Sinica, 26 (1): 33-43.

Hong, D.-Y.; Pan, K. Y. & Pei, Y. L. (1996): The identity of *Paeonia decomposita* Hand.-Mazz.. Taxon, 45 (1): 67-69.

Hong, D.-Y. (1997): Notes on *Paeonia decomposita* Hand.-Mazz.. Kew Bulletin, 52 (4): 957-963.

– (1997): *Paeonia* (Paeoniaceae) in Xizang (Tibet). Novon, 7 (2): 156-161.

– (1998): *Paeonia rockii* and its one new subspecies from Mt. Taibai, Shaanxi of China. Acta Phytotaxonomica Sinica 36 (6): 538-543.

Hong, D.-Y., Pan Kai-yu & Yu Hong (1998): Taxonomy of the *Paeonia delavayi* complex. Annals of Missouri Bot. Garden, 85 (4): 554-564.

Hong, D.-Y., Pan Kai-yu & Xie Z.-W. (1998): Yinpingudan, the wild relative of the king of flowers, *Paeonia suffruticosa* Andrews. Acta Phytotaxonomica Sinica 36 (6): 515-520.

Hong, D.-Y. & Pan Kai-yu (1999): A revision of the *Paeonia suffruticosa* Complex. Nordic Journal of Botany 19 (39): 289-299.

Hong, D.-Y. & Pan Kai-yu (1999): Taxonomical history and revision of *Paeonia* sect. Moutan (Paeoniaceae). Acta Phytotaxonomica Sinica 37 (4): 351-368.

Hong, T., Zhang, J. X., Li, J. J., Zhao, W. Z. & Li, M. R. (1992): Study on the Chinese wild woody peonies (I) New taxa of Paeonia L. sect. Moutan D.C.. Bulletin of Botanical Research, 12 (3): 223-234.

Hong, T. & Li, M.R. (1993): Study on the Chinese wild woody peonies (II) Preliminary study on the phylogenetic relationship between the wild species of the Chinese woody peony and their cultivars. S. 1-13 (unveröffentlicht).

Hong, T. & Osti, G.L. (1994): Study on the Chinese wild woody peonies (II) New taxa of *Paeonia* L. sect. Moutan DC.. Bulletin of Botanical Research, 14 (3): 237-240.

Hong, T. & Dai, Zhen-lun (1997): Study on the Chinese wild woody peonies (III) New taxa of *Paeonia* L. sect. Moutan DC. Bulletin of Botanical Research 17 (1): 1-5.

Hooker, J.D. (1901): *Paeonia lutea*. Curtis's Botanical Magazine, 127: 7788.

Hosoki, T. & al. (1997): Comparative study of tree peony (*Paeonia suffruticosa* Andr.) cultivars and hybrids by random amplified polymorphic DNA (RAPD) analysis. Japan. Soc. Hort. Sci. 66 (2): 393-400.

– (1997): Comparative study of Chinese tree peony cultivars by random amplified polymorphic DNA (RAPD) analysis. Scientia Horticulturea 70: 67-72.

Huth, E. (1892): Monographie der Gattung *Paeonia*. Botanische Jahrbücher für Systematik, Pflanzengeschichte und Pflanzengeographie, 14: 258-276.

Huxley, A. & al. (1992): *Paeonia*, The new R.H.S. Dictionary of Gardening. Vol. 3: 434-440.

James, A.C., Harris, R.A. & Mantell, S.H. (1996): *Paeonia* Species (Tree Species). Biotechnology in Agriculture and Forestry, 35: 244-268.

Kemularia-Natadze, L.M. (1961): Kavkazskie predstaviteli roda *Paeonia* L. (Caucasian representatives of the genus Paeonia L.). Tbilisi, Tr. Tbil. Bot. Inst. 21, 51 S., engl. Übersetzung durch Kravchuk, N. & Kuznetsov, V., für S.P.I.N.

Kessenich, G.M. (1976): History of the peonies and their originations. American Peony Society, Hopkins, Minnesota.

– (1979): The best of seventy-five years. American Peony Society, Hopkins, Minnesota.

– (1987): Peonies 1976-1986. American Peony Society, Hopkins, Minnesota.

– (1988): The American Tree Peony. American Peony Society, Hopkins, Minnesota.

– (1997): Peonies 1986-1996. American Peony Society, Hopkins, Minnesota.

Keswick, Maggie (1986): The Chinese Garden, 2. Aufl.. Academy Editions, London.

Komarov, V.L. (1921): Plantae novae Chinenses. Notulae systematicae ex Herbario Horti Botanici Petropolitani, 2 (2): 5-8.

Krüssmann, Gerd (1977): Handbuch der Laubgehölze. 2. Aufl.. Bd. II E-Pro, Parey, Berlin.

Krupke, H. (1996): Passion för pioner. LTs förlag, Schweden.

Lancaster, Roy (1989): Travels in China. Antique Collectors Club, Woodbridge, Suffolk.

Li, Jia-jue, Zhang Q.-L. & Cheng, F.-Y. (1995): Classification study on the Chinese moutan and the moutan breeding. Acta Horticulturae 404 (7): 118-122.

Li, Jia-jue (1999): Zhongguo mudan yu shaoyao. China Forestry Publishing House, Beijing.

Li, M.-X. & Zhang, X.F. (1982): A cytogenetic observation on triploid *Paeonia suffruticosa*. Yichuan (Hereditas), 4 (5): 19-21, 27.

Liang, Z.H. (1988): Luoyang Peony. Zhe Jiang Photograph Publishing House.

Liu, Xiang (1995): Zhongguo Mudan. Henan Scientific and Technical Publishing House, Zhengzhou.

Lovka, L. & al. (1971): I.O.P.B. chromosome number, report XXXIV, Taxon, 20 (5-6): 789.

Luo, Y.-B., Pei Y.-L., Pan K.-Y. & Hong D.-Y. (1998): A study on pollination biology of *Paeonia suffruticosa* subsp. *spontanea* (Paeoniaceae). Acta Phytotaxonomica Sinica 36 (2): 134-144.

Lynch, I. (1890): A new classification of the genus *Paeonia*. Journal of the Royal Horticultural Society, 12: 429-445.

Marquand, C.V.B. (1929): The botanical collection made by Captain F. Kingdon-Ward in the eastern Himalaya and Tibet in 1924-25. Journal of the Linnean Society of London (botany), 48: 158.

McLewin, W. (1996): English Text insert to: Zhongguo Mudan (1995).

Osti, G. L. (1991): Puzzling peonies. The Garden (5): 282.

– (1994): Tree Peonies revisited. The New Plantsman, 1 (4): 195-205 et 247.

– (1996): Im Reich der Mudan. Garten International (2): 120-127.

– (1999): The book of tree peonies. Umberto Allemandi, Turin.

Page, M. (1997): The gardeners' guide to growing peonies. David & Charles, Newton Abbott & Timber Press, Oregon.

Pan, K.Y. in Wang, W. T. & al., (1979): Flora Republicae Popularis Sinicae. Vol. 27: 37-59 et 603, Beijing.

Pan, K.Y. in Wu, C.Y.(1985): Flora Xizangica. Vol. 2: 5-8, Science Press, Beijing.

Pan, K.Y. (1995): The analysis of distribution pattern in the Paeoniaceae and its formation. Acta Phytotaxonomica Sinica, 33 (4): 340-349.

Pei, Y. L. & Hong, D. Y. (1995): *Paeonia qiui* – a new woody species of *Paeonia* from Hubei, China. Acta Phytotaxonomica Sinica, 33 (1): 91-93.

Pei, Y. L., Zou, Y. P., Yin, Z., Wang, X.Q., Zhang, Z. X. & Hong, D.Y. (1995): Preliminary report of RAPD analysis in *Paeonia suffruticosa* subsp. *spontanea* and *Paeonia rockii*. Acta Phytotaxonomica Sinica, 33 (4): 350-356.

Qiao Yun (1988): Alte Chinesische Gartenkunst, 2. Aufl.. Koehler & Amelang, Leipzig.

Rehder, A. & Wilson, E.H. in Sargent, C. S. (1913): Plantae Wilsonianae. Vol. 1 part. 3: 318-319, Cambridge University Press.

Rehder, A. (1920): New species, varieties and combinations from the Herbarium and the collections of the Arnold Arboretum. Journal of the Arnold Arboretum, 1: 193-194.

Rieck, I. (1995): Pfingstrosen generativ vermehren. Gartenpraxis, 21 (7): 19-23.

– (1995): Pfingstrosen vegetativ vermehrt. Gartenpraxis, 21 (8): 45-48.

– (1996): Chinas wilde Mudan. Gartenpraxis, 24 (3): 8-12.

– (1998): Strauchpäonien aus Gansu. Gartenpraxis, 24 (5): 8-14.

– (1998): Die Päonien des Père Delavay. Gartenpraxis, 21 (8): 29-32.

Rivière, M. (1996): Prachtvolle Päonien. Verlag Eugen Ulmer, Stuttgart.

Rogers, A. (1995): Peonies, Timber Press, Portland.

Rowland, N. (1996): Imperial Splendour. Gardens Illustrated, 21 (Aug./Sept): 54-63.

Royal Horticultural Society: R.H.S. Colour Charts. London und Leiden.

Sabine, J. (1826): On the *Paeonia Moutan*, or tree paeony, and its varieties. Transactions of the Horticultural Society of London, Vol. 6: 465-492.

Sang, T., Crawford D. J. & Stuessy, T. E. (1995): Documentation of reticulate evolution in peonies (*Paeonia*) using internal transcribed spacer sequences of nuclear ribosomal DNA: Implications of biogeography and concerted evolution. Proc. Natl. Acad. Sci. USA 92 (15): 6213-6817.

Sang, T., Crawford D. J. & Stuessy, T. E. (1997): Chloroplast DNA phylogeny, reticulate evolution, and biogeography of *Paeonia* (Paeoniaceae). American Journal of Botany, 84 (8): 1120-1136.

Sang, T., Donoghue M.J. & Zhang D. (1997): Evolution of alcohol dehydrogenase genes in peonies (*Paeonia*): Phylogenetic relationships of putative nonhybrid species. Mol. Biol. Evol. 14 (10): 994-1007.

Saunders, A. P. (1933): Hybrid Peonies. The New Flora & Sylva, 5: 245-255.

Saunders, A.P. & Stebbins J.R, G. L. (1938): Cytogenetics studies in *Paeonia* I: The compatibility of the species and the appearance of the hybrids. Genetics, 23: 65-82.

Schmitt, Eric (1996): Les Pivoines – étude systematique du genre *Paeonia* L..Plantes de Montagne, 45. Année No. 177: 16-20.

– (1996): Les Pivoines – étude systematique du genre *Paeonia* L.. Plantes de Montagne, 45. Année No. 179: 92-101.

Schneebeli-Graf, Ruth (1991): Zierpflanzen Chinas, Teil 1. Umschau, Frankfurt/Main.

– (1992): Nutz-und Heilpflanzen Chinas, Teil 2. Umschau, Frankfurt/Main.

Schroeter A. I. & Panasiuk V. A. in Bykov V. A. (1999): Dictionary of plant names. Koeltz, Koenigstein.

Schubert, R. & Wagner, G. (2000): Botanisches Wörterbuch. 12. Aufl.. Verlag Eugen Ulmer, Stuttgart.

SHEN B.-A. (1997): The origin of the traditional Chinese medicine, »Mudanpi« – a new variety of *Paeonia*. Acta Phytotaxonomica Sinica, 35 (4): 360-361.

SIMS, J. (1820): *Paeonia Moutan* var. *Papaveracea* – single flowered Moutan. Curtis Botanical Magazine Vol. 47, Tafel 2175, 2 Seiten Text.

SIVIN, N. (Hrsg.) (1989): Bildatlas China, Südwest-Verlag, München.

SMITHERS, P., in WESTRICH, J. (1990): Strauchpäonien – Aristokraten der Blumenwelt. DuMont, Köln.

SMITHERS, P. (1992): Rock's Peony. The Garden, 117 (11): 519-521.

STEBBINS JR, G. L. (1939): Notes on some systematic relationships in the Genus *Paeonia*. University of California Publications in Botany, 19 (7): 245-266.

STEARN, W. T. in CULLEN, J. & al. (1995): European Garden Flora. Vol. 4: 18-23, Cambridge University Press.

– (1948): Review: A study of the Genus *Paeonia* by F. C. Stern. Madrono, 9 (6): 193-199.

STERN, F.C. (1931): Paeony species. Journal of the Royal Horticultural Society, 56: 71-77.

– (1939): The Moutan Peony. Journal of the Royal Horticultural Society, 64: 550-552.

– (1943): Genus *Paeonia*. Journal of the Royal Horticultural Society, 68 (5): 124-131.

– (1944): Geographical distribution on the genus *Paeonia*, Proceedings of the Linnean Society of London, 155 (2): 76-80.

– (1946): A Study of the Genus *Paeonia*, Royal Horticultural Society, London.

–– (1947): The tibetan form of *Paeonia lutea*. Journal of the Royal Horticultural Society, 72 (9): 394-395.

– (1959): *Paeonia suffruticosa* Rock's var.. Journal of the Royal Horticultural Society, 84 (8): 366, Tafel 104.

– (1960): A chalk garden. Faber and Faber, London.

STERN, F.C. & TAYLOR, G. (1951): A new peony from S.E. Tibet. Journal of the Royal Horticultural Society, 76 (6): 216-217.

STERN, F.C. & TAYLOR, G. (1953): *Paeonia lutea* var. *ludlowii*. Curtis's Botanical Magazine, 159 (4): Tab. 209, Farbtafel.

STRASBURGER, E. (BEGR.); SITTE, P. (BEARB.) & AL. (1991): Lehrbuch der Botanik für Hochschulen, 33. Aufl.. Fischer, Stuttgart.

SUN, JUAN (1997): A treatise to the mudan peony of Luoyang. China Pictorial Publishing House, Beijing.

SUN, XIUDONG (1989): Atlas of the people's republic of China. Foreign Languages Press and China Cartographic Publishing House, Beijing, China.

SUSNIK, F. & LOVKA, M. (1973): IOPB chromosome number report XLI. Taxon, 22 (4): 463.

TREHANE, P. (1989): Index Hortensis. Vol. Perennials: 365-366, 1. éd., Quaterjack Publishing, Wimborne.

WADDICK, J.W. (1994): Chinese peony notes. Bulletin of the American Peony Society, 290: 5-6.

WAGNER, JEFF (1993): A Chaotic History. The Garden, 118 (4): 176.

WANG G.-C. & LIU Z.-J. IN JIANG Z.-H. (2000): The peonies of China, China Forestry Publishing House, Beijing.

WANG L.-Y. & ET AL. (1998): Chinese Tree Peony. China Forestry Publishing House, Beijing.

– (1999): Zhongguo mudan yu shaoyao. Jin Dun Press, Beijing.

WANG, JOSEPH C. (1998): The Chinese Garden. Oxford University Press, New York.

WARDA, H.-D. (1998): Das große Buch der Garten- und Landschaftsgehölze. Bruns Pflanzen Export GmbH, Bad Zwischenahn.

WERCKMEISTER, P. (1976): *Paeonia lutea*-Hybriden – seltene Gartenschätze. Gartenpraxis, 5: 217-220.

– (1976): *Paeonia Moutan* und ihre Hybriden mit *Paeonia lutea* und *Paeonia delavayi*. Der Staudengarten, Zeitschrift der Gesellschaft der Staudenfreunde e.V, (2): S. 39-45.

WESTRICH, J. (1990): Strauchpäonien – Aristokraten der Blumenwelt. DuMont, Köln.

WINSTANLEY, DAVID (1996): A Botanical Pioneer in South West China, ETS, Brentwood, Essex.

WISTER, J.C. (1962): The Peonies. American Horticultural Society, Washington D.C.

WU JING XU (1995): The cultivated history and present condition of tree peony in Luoyang, China. Bulletin of the American Peony Society. Vol. 293: 27-30.

- (1995): A new way of quickly reproducing the tree peony. Bulletin of the American Peony Societ. Vol. 294: 20.
- (1995): The technique of forcing and retarding tree peony bloom in China, Bulletin of the American Peony Society. Vol. 29 : 22-25.
- (1995): Bud or branch grafting of moutan & training of »A plant of many flowers« plant. Bulletin of the American Peony Society. Vol. 295: 37-38.

WU, QUANAN (1999): Wild Flowers of Yunnan in China. China Forestry Publishing House, Beijing.

XIAO B.-Q. (1992): Tree peonies of Caozhou. Shanghai's People Art Press, Shanghai.

YU, C.-Y., LI, S. F. & ZHOU J. Y. (1987): Karyotype Analysis of *Paeonia suffruticosa* var. *papaveracea* and *P. suffruticosa* var. *spontanea*. Acta Botanica Boreali – Occidentalia Sinica, 7 (1): 12-16.

YU, J. & XIAO P.G. (1987): A preliminary study of the chemistry and systematics of Paeoniaceae. Acta Phytotaxonomica Sinica, 25 (3): 172-179.

ZHANG S.-Z., PAN K.-Y, ZHANG D.-M., HONG D.-Y. (1997): Observations on abnormal meiosis of pollen mother cells in *Paeonia suffruticosa* subsp. *spontanea*. Acta Botanica Sinica, 39 (5): 397-404.

ZHOU S.-L., HONG D.-Y. & PAN K.-Y. (1999): Pollination biology of *Paeonia jishanensis* T. Hong & W. Z. Zhao (Paeoniaceae), with special emphasis on pollen and stigma biology. Botanical Journal of the Linnean Society 130: 43-52.

ZHU J. (1992): Chinese Landscape Gardening. Foreign Languages Press, Beijing, China.

ZOU, Y. P., CAI, M.: & WANG. Z. P. (1999): Systematic studies on Paeonia sect. Moutan DC. based on RAPD analysis. Zhiwu Fenlei Xuebao. Acta Phytotaxonomica Sinica 37 (3): 220-227.

Glossar

Diskus: Scheibe
fertil: fruchtbar
Hybride: durch Kreuzung verschiedenartiger Eltern entstandener Bastard (Mischlingspflanze, Kreuzungsprodukt) (aus SCHUBERT/WAGNER, S. 270).

Anmerkung der Autoren: Wir verwenden den Begriff Hybride aus Sicherheitsgründen auch dann, wenn sich die Eltern einer Pflanze nicht eindeutig feststellen lassen. In Gärten entstandene oder befindliche Pflanzen, deren genaue Herkunft unbekannt ist, sehen wir vorsichtshalber als Hybriden an.

intersektionelle Hybride: Kreuzungsprodukt zwischen zwei Sektionen, bei Päonien verstand man bisher darunter Hybriden zwischen der Sektion Moutan (Strauchpäonie) und der Sektion Paeon (Staudenpäonien), vgl. hierzu aber auch HALDA/HAW S. 27/28

Klon: Gruppe von Individuen, die durch vegetative Vermehrung eines Individuums entstanden sind und die gleiche Erbmasse besitzen (aus SCHUBERT/WAGNER, S. 304).

Kulturform: im Sinne von Kulturpflanzen: »als Nutz-oder Zierpflanzen mehr oder weniger züchterisch bearbeitete, aus Wildpflanzen … hervorgegangene, im Anbau (in Kultur) befindliche Arten, die durch die Kultur gewollte, gezielte Abänderungen insbesondere der für den Menschen wertvollsten Pflanzenteile mit gradueller Entfernung von der jeweiligen Wildform erfuhren. Typisch ist insbesondere für die eingeführten Arten, dass sie meist der Pflege des Menschen bedürfen und ohne diese … degenerieren bzw. oft wieder verschwinden.« (aus SCHUBERT/WAGNER, S. 314)

steril: unfruchtbar
Strain: Spielart, Stamm, Zuchtlinie
Sorte/Cultivar (siehe auch **Kulturform**): »angebaute, gezüchtete Sorte, Kulturvarietät, niedrigste taxonomische Einheit der Kulturpflanzen (Abk. cv.). Es handelt sich entweder um eine Linie, die auf einen Standardtyp hin streng ausgelesen ist oder um einen in Kultur entstandenen Klon.« (aus SCHUBERT/WAGNER, S. 170)

Bildquellen

Farbfotos:
Auktionshaus Nagel, Stuttgart: S. 17
Esleben, Hans; Blieskastel-Bissingen: S. 103 o.
Hertle, Friedrich; Fürth: S. 7, 82 o., 83, 84 o., 91 o., 92, 96, 97, 98 o.r., 98 o.l., 98 u.r., 99, 101, 103 u., 105, 107, 108, 109, 110, 112, 113, 115, 118, 120, 125, 128, 129, 130, 150
Tao Hong: S. 41

Linden-Museum, Stuttgart: S. 15
Rieck, Gottlob; Bad Rappenau: S. 3, 5, 6 o., 12, 13, 14, 20, 26, 31, 33, 35, 37, 38 u., 40, 42, 43, 44, 45, 46, 48, 49, 50, 51, 54, 55, 56, 57, 59, 60, 61, 62, 63, 64, 65, 66, 67, 68, 69, 70, 71, 72, 73, 82 u., 84 u., 86, 87, 91, 98 u.l., 104, 106, 123, 126, 127, 132, 137, 138, 139, 141, 142, 146, 148
Smithers, Peter: S. 74, 77, 79, 80, 81, 89, 90, 91 u.
Warda, Hans-Dieter; Ellerhoop-Thiensen: S. 124
Westrich, Josh; Essen: S. 6 u., 9, 11, 18, 22, 23, 24, 32, 34, 36, 38 o., 39, 144

Zeichnungen, Grafiken:
Esleben, Bruni; Blieskastel-Biesingen: S. 135, 136
Hess, Kerstin; Stuttgart, zeichnete nach Vorlage von den Autoren die Strichzeichnungen auf Seite 114, 133, 134, 140, 143

Rieck, Gottlob; Bad Rappenau: S. 29, 30, 47
Rieck, Irmtraud; Bad Rappenau: S. 25
Unbekannt S. 10
Die Abbildung auf Seite 16 wurde von einer Vorlage aus dem Katalog von Arne Eggebrecht, »China eine Wiege der Weltkultur« reproduziert (© 1994 Roemer- und Pelizaeus-Museum, Hildesheim und Verlag Philipp von Zabern, Mainz).
Die Abbildung auf Seite 52 wurde aus dem Buch von Wang Lian-Ying (u. a.) »Chinese Tree Peony« entnommen (© 1998 China Forestry Publishing House, Beijing).
Trotz sorgfältiger Recherchen konnten nicht alle Rechte an Abbildungsvorlagen zur vollen rechtlichen Sicherheit geklärt werden. Deshalb richten Sie bitte Hinweise zu möglichen Urheberrechtsverletzungen an den Verlag.

Liste der genannten Sorten

Die halbfett ausgezeichneten Namen verweisen auf Bilder, die mit Stern gekennzeichneten Seitenzahlen beziehen sich auf ausführliche Sortenbeschreibungen.

'Age of Gold' 94, **95**, 96*, 106, **125**, 151
'Alhambra' 151
'Alice Harding' 87, **88**, 109
'Alice in Wonderland' 109
'Amateur Forest' 88
'Amber Moon' 101, 151, 154
'Ambrose Congreve' 90*, **90**
'Angelet' **95**, 97*, 151
'Anna Marie' 109, 109*, 127*, 136
'Annie Rosse' 43
'Antigone' 154
'Aphrodite' 100, 101*, **102**, **125**, 153
'Apricot' 151
'Arcadia' 151
'Arethusa' 153

'Argonaut' 154
'Argosy' 93, 151
'Ariadne' **102**, 106, 153
'Artemis' 100, **102**, 153
'Aurora' 153
'Avra' 153

'Bai Bi Lan Xia' **68**
'Bai Hua Cong Xiao' **58**, 59*
'Banquet' 94, **95**, 125, 131, 151
'Baron Thyssen Bornemisza' **90**, **91**, 92*
'Black Douglas' 152
'Black Panther' 94, **95**, 97*, 131, 152
'Black Pirate' 94, **95**, 96, 112, 112*, 131, 152
'Boreas' **102**, 103, 153
'Brigadier Lane' **91**
'Brocade' 151

'Calypso' 154
'Canary' 94, **95**, 151
'Captains Concubine' 113*, 154
'Celestial' 151
'Charioteer' 152
'Chinese Dragon' 94, **95**, 98*, **125**, 128*, 131, 150*, 151

'Chromatella' 88
'Chun Hong Jiao Yan' 65
'Clytie' 154
'Compagnon of Serenity' 154
'Cong Zhong Xiao' 48*, **58**, 59*
'Conquest' 151
'Coronal' **95**, 152, 154
'Corsair' 152, 153
'Countess' 151

'D.H.Laurence' 153
'Da Hu Hong' 49*, **59**, 60*
'Da Mo Fen Yun' **68**, 68*
'Daedalus' 154
'Daffodil' 151
'Daioh' 101, 153, 154
'Damask' 151
'Daredevil' 152
'Demetra' 153
'Dojean' **90**
'Dou Lu' 54, 55*, **60**
'Dyonysus' 154

'Eldorado' 87

'Er Qiao' **60**, 60*
'Exotic Era' 106

'Feng Dan Bai' 11*, 12, 22, 35, 36, 50, **60**, 146*

'Feng Dan Fen' 5*
'Festival' 151

'Gauguin' 7*, 100, 101, **102**, 119, 125, 131, 153, 154
'Gejin Zi' 64
'Gessekai' 154
'Godaishu' **78**
'Gold Dust' 151
'Gold Sovereign' 151
'Golden Bowl' 94, **95**, 97*, 151, 154
'Golden Era' 106, 108*, 109
'Golden Hind' **95**, 97*, 125, 151, 153
'Golden Isles' **95**, 106, 151
'Golden Mandarin' 151
'Golden Vanity' **95**, 124*
'Goldfinch' 151
'Guan Shi Mo Yu' 63
'Guardian of the Monastery' 101, 153

'Hakuo-Jishi' **78**
'Hana Dajin' **79**
'Hana Kisoi' **78**, 80*, 125*
'Happy Days' 151
'Harlequin' 152
'Harvest' **95**, 98*, 131, 151
'Hatsu Garashu' **79**
'Heart of Darkness' 152
'Hei Bai Fen Ming' 67*
'Hei Hua Kui' **60**, 60*, 63
'Hei Xuan Feng' 68
'Helios' 153
'Hephestos' **95**, 101, **102**, 103*, 131, 153
'Hesperus' 131, 151
'Hestia' 153
'High Noon' 94, **95**, 98*, 131, 151
'Higurashi' **78**, 81*
'Hinode Sekai' **78**, 82*, 90
'Holiday' 151
'Hong Xian Nu' **68**
'Houki' **78**, 84*
'Hu Hong' 60
'Hua Er Qiao' 60
'Hua Hu Die' 64
'Huang Hua Kui' 53, **61**, 61*

'Hui Die' **68**, 69*, 70
'Hui He' 68*
'Hyperion' 151

'Icarus' **102**, 103, 115*, 153
'Ice Storm' **90**
'Impomon' 153
'Infanta' 152
'Iphigenia' 101, **102**, 106*, 153
'Isadora' 154

'Jin Cheng Nu Lang' **68**
'Jin Ye Fen' 66*
'Jing Hong Qiao Dui' 65
'Jing Yu' 51, 65
'Joseph Rock' 33

'Kamata Fuji' **79**, 90
'Kamata Nishiki' **79**
'Kansas' 85
'Kao' **78**
'Kinkaku' 88
'Kinkou' 88
'Kinshi' 88
'Kintei' 88
'Kinyou' 88
'Kokamon' 101, 153
'Kronos' **102**, 104*, 153

'L'Esperance' 87, **88**
'La Lorraine' 87, **88**
'La Ville de St. Denis' 87*
'Lan He' **68**, 70
'Lan Mo Shuang Hui' **68**
'Lan Tian Yu' **61**, 61*
'Leda' 101, **102**, 105*, 125, 126*, 131, 153
'Li Xiang' 50*, 68*
'Lombard' 152
'Long Yuan Zhuang Shi' **69**, 70*
'Louise Mouchelet' 87
'Luo Yang Hong' 22*, **61**
'Lydia Foote' 89*, **90**, 91

'Madame André Devillers' 88
'Madame Emile Joubert' 88
'Madame Louis Henry' 88
'Madame Stuart Low' 87
'Maia' 153

'Marchioness' **95**, 106, 151
'Maria Teressa' 154
'Marie Laurencin' 100, 153
'Medea' 153
'Melody' 152
'Mine d'Or' 88
'Monitor' 152
'Mystery' **96**, 98*, 125, 152

'Nankeen' 151
'Narcissus' 151
'Nereid' 151
'New York' 85
'Nike' 101, **102**, 107*, 120*, 129*, 153

'Oread' 154
'Orion' 151

'Pastoral' 151
'Persepholis' 153
'Persephone' **102**, 153
'Phaedra' 153
'Pluto' 153
'Princess' **96**, 99*, 115*, 152
'Prometheus' 154

'Qing Long Wo Mo Chi' 61*, **62**, 63

'Raphael' 85
'Red Cloud' 152
'Red Currant' 152
'Red Jade' 152
'Red Rascal' 154
'Redon' 100, **102**, 125, 153, 154
'Regent' 94, **96**, 125, 151
'Reine Elisabeth' 87, 88
'Renkaku' 74*, **76**, 77*, **78**
'Renown' 94, **96**, 99*, 131, 151
'Rhea' 154
'Right Royal' 151
'Rimpo' **79**
'Rock's Variety' 33, 90, 91, 137
'Roman Gold' **96**, 151
'Rose Flame' 151
'Rou Fu Rong' 65
'Ruffled Sunset' 106, 108*
'Sai Xue Ta' 65

'Sang Lorraine' 88
'Sappho' 154
'Savage Splendor' 152
'Segovia' 151, 153
'Shichifukujin' **78**, 83*
'Shintenchi' **78**, 83*, 100, 109, 153, 154
'Shou An Hong' 61*, **62**
'Shu Shen Peng Mo' 67*, **69**, 70
'Si He Lian' **62**, 62*
'Silver Plane' 151
'Silver Sails' 94, **96**, 151
'Souvenir de Ducher' 87
'Souvenir de Prof. Maxime Cornu' 86*, 87, 88
'Spanish Gold' 151
'Spring Carnival' 151
'Star Dust' 151
'Strawberry Delight' 109
'Suisho-Haku' **78**, 101, 154
'Summer Night' 94, **95**, 96, 99*, 151
'Sunrise' 106, 151
'Sunrising' 151
'Suzanne Rivière' **91**

'Taiyo' **78**, 82*
'Tama Fujo' **76**, 78
'Tama Sudare' **78**
'Tea Rose' 151
'Ten'i' **78**, 84*
'Terpsichore' 101, **102**, 106, 107*, 153, 154
'Tessera' 154
'Texas' 85
'Thalia' 154
'Themis' 100, **102**, 107*, 125, 154
'Thunderbolt' 94, **96**, 101, 152, 153, 154
'Tiger Tiger' 151
'Titania' 151
'Tria' 154
'Trophy' 151

'Ubatama' 153
'Urania' 154

'Vesuvian' 152
'Wan Hua Sheng' **62**, 62*

'Waucedah Princess' 109
'Wei Zi' 17, 51
'White Queen' 100, 153, 154
'Wings of the Morning' 151, 153
'Wu Long Peng Sheng' 62
'Wyoming' 85

'Xiao Hu Die' **64**, 64*
'Xiao Ye Hua Hu Die' 64
'Xin Xing' 6*
'Xue Lian' 69*

'Yachio Tsubaki' **125**
'Yae Zakura' **76**, 78
'Yan Long Zi Zhu Pan' 62
'Yan Long Zi' **62**, 63, 63*
'Yao Huang' 17, 51, 51*, **63**
'Yaso Okina' 87
'Yu Ban Bai' **63**, 63*, 64, **125**

'Zephyrus' 78, 101, **102**, 103*, 128*, 154
'Zhao Fen' **64**, 64*
'Zhu Sha Lei' 65*, **65**
'Zi Die Ying Feng' **70**, 70*
'Zi Er Qiao' 62

Register

Die halbfett ausgezeichneten Begriffe verweisen auf Bilder, die mit Stern gekennzeichneten Seitenzahlen beziehen sich auf ausführliche Beschreibungen.

Agriotes lineatus 147
American Peony Society (APS) 26, 51, 68, 78, 95, 100, 106
Andrews, Henry Charles 22, 27, 28, 29, 33, 36, 39, 40, 41, 50
Anhui 17, 27, 35
Arnold, R. E. 45
Aussaat 142

Banks, Sir Joseph 85
Bean, William Jackson 46

Beijing 15, 17, 19
Botan 75
Botrytis 122, 147

Caozhou 17, 54, 56, 63, 64
Cetonia aurata 147
Chaohu 35
Chen, De-zhong 23*, 33, 37, 38, 50*, 51, 65, 66, 67
Cheng, Fang-Yun 6, 37, 38, 39, 51, 53
Choni 24, 32, 32*
Chou-Dynastie 12
Ci Xi 19
Cladosporium 122
Containerhaltung 116
Cornu, Maxime 87
Cotyledonen 143*, 145

Dai, Z. L. 30, 41
Daikoninsel 75
Dan Pi 11*, **12**
Daphnis, Nassos 93, **100**, 101, 103, 104, 125
Daphnis-Hybriden 100, 102, 106, 109, 153
De Candolle, Augustin Pyramus 25
Delavay, Pierre Jean-Marie **21**, 26, 31, 42, 87
Delavayanae 21, 26, 27, 29, 30, 39, 41, 42, 46, 47, 138, 140, 145
Delavayi-Hybride 88
Diskus 25, 31, 39, 41
Dreiecks-Methode 135, 135*
Düngung **117**, 122

Edo-Zeit 75
Epicotyl 143*, 145
Erneuerungsschnitt 119

Fang, Wen-pei **21**, 27, 38
Farrer, Reginald John **21**, 32
Finet et Gagnepain 42
Formschnitt **119**
Fortune, Robert 85
Franchet, Adrien René **21**, 28, 31, 42
Frostschutz **121**

Fruchtblätter 25, 138*, 146*
Fungizide 122
Furman 19

Gämperle, René 47
Gansu 12, 17, 21, 23, 24, 32, 33, 34, 50, 51, 54, 65, 144
Garten
- »Bai Hua Yuan« 56, 56*, 58
- »Gujin Yuan« 57
- »Guo Se Yuan« 57
- »Helou Yuan« 56
- »Liji Yuan« 56
- »Luoyang Mudan Yuan« 57
- »Mu Dan Gong Yuan« 57
- »Wang Cheng Gong Yuan« 57
- »Xi Gong Yuan« 57
- »Zhaolou Yuan« 56, 58, 64, 71*
- Arboretum Thiensen 127
- Arnold Arboretum 85
- Kew Garden 45*, 85
- Nyman's Garden 43
- Nymphenburg 85
- Stuttgarter Wilhelma 72, 72*
Geißfuß-Pfropfung 135, 135*
Good, Walter 115
Goos und Koenemann 85
Gratwick Nursery 103
Gratwick, William 100, 101, 103
Guangzhou 58
Guizhou 50

Hacken **122**
Halda, Josef J. 27, 28
Handel-Mazzetti, Heinrich Freiherr von **22**, 24, 28, 31, 38
Han-Dynastie 10, 12
Haw, Stephen 28, 29, 30, 31, 33, 36, 41
Henan 25, 32, 35, 57
Henan Xian Nong 58
Henry, Louis 87, 88, 93
Heze 11, 17, 49, 51, 54, 55, 56, 57, 58, 60, 63, 66, 72, 137
Homer 11

Hong, De-yuan 21, **22**, 26, 27, 28, 29, 30, 31, 33, 35, 36, 38, 39, 41, 43, 46, 47
Hong, Tao 5, 6, **22**, 22*, 23, 24, 26, 27, 28, 29, 30, 31, 32, 33, 34, 35, 36, 38, 39, 41, 50
Hongkong 58
Huang He (gelber Fluss) 12, 66
Hubei 32, 34, 38, 41
Hüllkelch 42, 45
Hume, Abraham 40

In vitro-Vermehrung 133
intersektionelle Hybriden 5, 27, 89

Jishan 36

Kaiser Dai-Zhong 13
Kaiser Huizong 16, 16*, 17
Kaiser Shen Nong 11
Kaiser Wudi 12
Kaiser Xiao Zong 12
Kaiser Yang-di 13
Kaiserin Wu Tse-tien 15
Kansaigebiet 75
Kaschkarov, V. 23, 45
Keil-Methode 135, 136*
Keimung 142, 143*, 145, 147
Keimung, epigäische 34, 143*, 145
Keimung, hypogäische 143*, 145
Kelway 85
Kew Garden 45*, 85
Kingdon Ward, Frank **22**, 46
Klehm Nursery 103
Komarov, Vladimir Leontjevich **23**, 45
Kunming 56, 60, 61, 62, 63, 64, 65
Kyoto 75

Lanzhou 65, 66
Lauener, L. A. 29, 30, 31, 33, 36
Lemoine 87, 88, 93
Li, Jia-jue **23**, 23*, 29, 30, 31, 37, 38, 39

Li, Ming Rui 30, 39
Linxia 17, 50
Ludlow, Frank **23**, 24, 46
Luoyang 11, 13, 15, 17, 19, 49, 51, 54, 57, 58, 63, 64, 66, 70, 72
Lutea-Hybriden 76, 88, 93, 94, 95, 96, 100, 101, 102, 104, 106, 109,
112, 115, 119, 121, 122, 124, 125, 130*, 131, 133, 136
Lynch, Richard Irwin 25

Matthews, Victoria 36
Mei, Xiaochen 31
Meji-Zeit 75
Meristem-Vermehrung 133
Ming-Dynastie 17, 54
Moutan 25, 27, 28, 29, 30
Mudan **10**, 13, 15, 17, 41, 68, 75
Mulchen **122**
Müllerklein 72

Nara-Zeit 75
Neuanpflanzung 116
Niigata-Präfektur 75, 76

Onaepia 25, 29, 30, 138
Osaka 75
Osti, Dr. Gian Lupo 6, 22, **23**, 31, 32, 33, 35, 38
Ouyang Xiu **17**, 51
Paeon 11, 25, 27, 29, 30
Paeonia baokangensis 22, 30, **41**, 41*
- *brownii* 138
- *californica* 138
- *decomposita* 20*, 21, 22, 24, 28, 30, 31, **38**, 38*, 39, 140
- - subsp. *decomposita* 28, 29, 30, 39
- - subsp. *rotundiloba* 28, 29, 30, 39
- *delavayi* 5, 21, 22, 26*, 28, 29, 30, 31, **42**, 42*, 46, 87, 88, 90, 93, 136, 143*
- - var. *angustiloba* 22, 23, 24, 44*, **45**, 46
- - var. *ludlowii* 22

- – var. *lutea* 22, **42,** 43*, 46
- *forrestii* 45
- *jishanensis* 22, 27, 29, 30, **36**, 36*, 37, 37*, 39, 41
- *lactiflora* 12, 68, 135
- *ludlowii* 22, 23, 24, 28, 29, 30, 31, 43, 45*, **46**, 46*, 47, 138*, 140
- *lutea* 21, 22, 23, 27, 30, 31, 42, 87, 88, 90, 93, 94, 100, 109, 153, 154
- – var. *ludlowii* 24
- *mascula* 140
- *moutan* 21
- *obovata* 38
- *officinalis* 140
- *ostii* 22, 23, 24, 24*, 25, 29, 30, **34**, 34*, 35*, 35, 36, 140, 145
- – cv. 'Feng Dan Bai' 12, 22, 35, 36, 50, 60, 146*
- – cv. 'Phoenix Pink' 50
- – cv. 'Phoenix Purple' 50
- – cv. 'Phoenix White' 35, 50, 60
- *papaveracea* 39, 40, 41
- *potaninii* 23, **45**, 46
- – fo. *alba* 44*, **46**
- – var. *potaninii* 46
- – var. *trollioides* 46
- *qiui* 22, 23, 28, 29, 30, 37, **38,** 38*, 39, 41
- *ridleyi* 22, 30, **41,** 41*
- *rockii* 21, 22, 23, 24, 27, 29, 30, **31**, 31*, 32, 33, 34, 35, 39, 41, 65, 67, 69, 88, 90, 121, 140, 145, 147
- – subsp. *lanceolata* 34
- – subsp. *linyanshanii* 22, 30, 31, **33**, 33*, 34, 34*, 138*, 142*, 143*, 145
- – subsp. *rockii* 29, 30, 33
- – subsp. *taibaishanica* 29, 30, 34
- *spontanea* 36
- *suffruticosa* 22, 23, 27, 28, 29
- – subsp. *rockii* 33
- – subsp. *suffruticosa* 29, 30
- – subsp. *yingpingmudan* 27, 29, 30, 35

- – var. *spontanea* 23, 24, 36
- *szechuanica* 21, 22, 38
- × *baokangensis* 41
- × *papaveracea* 40
- × *suffruticosa* 29
- × *yananensis* 41
- *yananensis* 22, 30, **39**, 39*, 40, 40*, 41,
- *yunnanensis* 21

Paeoniaceae 28, 29, 30
Pan, Kai-Yu **23**, 27, 28, 29, 35, 36
Peace Peony Nursery 51, 65, 66, 67, 68, 70, 141*
Pei, Yan-long **23**, 28, 30, 34, 38, 41
Petalen 25
Pflanzenschutz **122**
Pflanztiefe **114**, 114*
Pflanzung **111**, 112
Pflanzzeit **115**
Pilzkrankheiten 50, 122
Pinyin 58
Potanin, Grigori Nikolaevich **23**, 45
protogyn 147
Purdom, William **23**, 36

Qing-Dynastie 17, 19
Qiu, Jun-zhuan 23, 38

Reath Nursery 96, 104, 135
Reath, Dr. David 93, **104**, 106
Registrierung 51
Rehder, Alfred **23**, 24, 36, 45
Reinigungsschnitt 117, 118, 119
remontierende Sorten 131
Rivière 5, 76, 87, 88, 91, 133, 135
Rock, Joseph Francis Charles **24**, 32, 33, 65, 72
Rockii-Hybride 26*, 50, 54, 54*, 65, 66, 67, 67*, 72, 91, 132*, 139*, 145
Rosenkäfer 147
Royal Horticultural Society (RHS) 58, 85

Rückschnitt **119**

Samen 132*, 136, 137*
Sargent, Charles S. 85
Saunders, Arthur Percy **93**, 94, 100, 104, 123
Saunders-Hybriden **93**, 94, 95, 104, 106, 131, 151, 152
Schädling 147
Scheibe 25
Scheide 25
Scheidenhaut 31, 32, 38, 39, 40, 41, 49
Schmitt, Eric 6, 46
Schnecken 147
Schnellkäfer 147
Schnitt **117**
Seidl, William J. 109, 136
Sepalen 25
Shaanxi 32, 35
Shandong 17, 54, 56
Shanxi 19, 36, 39
Shao-yao 68
Shen Nong 11
Shenzhen 58
Sherriff, George 23, **24**, 46
Shimanepräfektur 75, 76
Sichuan 17, 23, 24, 38, 41, 42, 46, 50
Siebold, Philip Franz von 85
Smirnow, Louis 76
Smith, Harald (Harry) Karl August 22, **24**, 38
Smithers, Sir Peter 5, 6, 76, 88, 91, 91*, 92
Song-Dynastie 10, 15, 31
Spaltverfahren 135, 136*
Standort **111**
Stapf, Otto 45, 46
Stern, Frederick Claude **24**, 25, 26, 27, 28, 31, 33.45, 46
Strain 66
Suffruticosa-Hybride 27, 50, 124
Sui-Dynastie 13, 15
Sun, Jing Yu 51

Tai Bai Shan 35
Taisho-Zeit 75
Tang, Xianzu 19

Tang-Dynastie 13, 15, 63, 75
Taylor, George 23, **24**, 28, 31, 46
Teilung 67, 116, 133, 134
Tek Sing 17*
Tibet 41, 50
Treiberei 58, 62

Umpflanzung **116**

Vaginatae 12, 25, 27, 29, 30, 31, 39, 137, 140
Verbreitungskarte 47*
Veredelung 76, 133, **134**, 135*, 136, 136*, 148*

Vico Morcote 91

Wang, Lianying 19, 58
Wang, Shou (Xinxin) 6, 55*
Warda, Hans-Dieter 127
Wasserversorgung **121**
Westrich, Josh 5, 6
Wilson, Ernest Henry 23, **24**, 45
Winterschutz **121**

Xi'an 12, 13
Xie, Z. X. 29
Yangxiu, Ao 10
Yang-ze 50

Yao Huang 16
Yatsuka 75
Yunnan 22, 41, 42, 46, 50

Zhang, Jia-xun 24*, **25**, 29, 30, 34, 35
Zhao, W. Z. 29, 30, 36
Zhou, Shihou 17
Zhou, Shi-liang 36
Zong, Xiao 12

Anhang